Reinhard Lämmel

Das Sachsen-Kochbuch

Ein Gang durch die Historie der sächsischen Essgewohnheiten

Husum

Umschlagabbildungen:
Vorderseite: Therese Richter, Ein Karpfen, Gemüse und Früchte, 1807
Galerie Neue Meister, Staatliche Kunstsammlungen Dresden
Rückseite: Foto Günter Pump
entnommen aus „Ardäppelsupp und Zwiebelquark“ von Ehrhardt Heinold, Husum 2006

Bibliografische Information Der Deutschen Bibliothek

Die Deutsche Bibliothek verzeichnet diese Publikation in der Deutschen Nationalbibliografie; detaillierte bibliografische Daten sind im Internet über http://dnb.ddb.de abrufbar.

Alle Abbildungen im Text entstammen den Archiven des Autors und Verlags.

Gesamtherstellung: Husum Druck- und Verlagsgesellschaft
Postfach 1480, D-25804 Husum – www.verlagsgruppe.de

ISBN 978-3-89876-274-8

Geleitwort

Ein wichtiger Bestandteil der deutschen und europäischen Kulturgeschichte stellt die Kochkunst der vergangenen Jahrhunderte dar. Zahlreiche Beschreibungen und Speisekarten legen davon Zeugnis ab.

Im Falle des Kurfürstentums und Königreichs Sachsen wurde bedauerlicherweise bisher nur wenig unternommen, um die Gaumenfreuden vergangener Jahrhunderte bekannt zu machen.

Umso bedeutsamer erscheint es mir als Wettiner, dass Reinhard Lämmel als anerkannter Fachmann in der vorliegenden Publikation sich besonders mit der Hofküche der Wettiner und ihren Rezepten befasst.

Als Ergebnis seiner langjährigen Betätigung als Küchenchef im königlichen Schloss Weesenstein legt er ein beachtliches Werk zur Geschichte wettinischer und sächsischer Kochkunst vor. Damit wird auch ein wesentlicher Beitrag zur Kenntnis der sozialen Entwicklung in den wettinischen Landen geleistet.

Ich darf daher dieser aktuellen Veröffentlichung zur sächsischen Kulturgeschichte einen breiten Kreis von Interessenten und eine weite Verbreitung im In- und Ausland wünschen.

Dr. Albert Prinz von Sachsen,
Herzog zu Sachsen

„Alles, was im Leben wirklich Spaß bereitet,
ist entweder illegal, unmoralisch oder macht dick."

(Aus Erfahrung)

Ein Wort zuvor

Gastronomische Pessimisten behaupten: Was der Bauer nicht kennt, isst er nicht – was heißen soll: „Mir schmeckt alles, was ich zu essen bekomme, Hauptsache, es ist immer das Gleiche."

Wenn das eine Tatsache wäre, hätten unsere Ahnen nie kulinarische Neuigkeiten ausprobiert und solche in ihren Aufzeichnungen verewigt, weil das Gleiche immer das Alltägliche darstellen würde. Es gäbe in den überlieferten Kochbüchern der Vergangenheit weder Veränderungen noch kulinarische Aufreger. Im Grunde würden wir heute noch ums Lagerfeuer tanzen und halb verbrannten Steckerlfisch oder Spießbraten „genießen".

Aber die Geschichte von der Esserei zu den bewusst zelebrierten Gaumenfreuden verlief anders.

In Wahrheit erkennt man gerade in der Kochkunst und der Kochbuchliteratur unverfälscht nicht nur die soziale Entwicklung der Gesellschaft wieder, sondern vor allem die Jahrhunderte dauernde Demokratisierung der Speisenherstellung und deren Vielfalt von der einfachen Hausmannskost bis hin zum komplizierten und gelegentlich strittigen Gourmetgericht, das man sich leisten kann oder nicht.

Am „Küchenherd" wurde immer wieder nach neuen Kombinationsvarianten essbarer Grundprodukte gesucht, nach geschmacklich wandelbaren Gerichten und idealen Zubereitungsmethoden. Sonst hieße es nicht schon in den ältesten Rezeptüberlieferungen: *Wildu machen ayn guet geritlein …*

Keine Menschwerdung ohne Kochtopf

Bei unseren ältesten Vorfahren gab es nur kalte Küche. Eine wirklich eintönige Angelegenheit. Gesucht wurde im Revier nach fetten Maden, herabgefallenen Früchten und dem, was Raubtiere übrig ließen. Das war wirklich noch Regionalküche pur. Den Rest des Tages verbrachten die Frühmenschen mit Verdauung und Schlaf. Vor etwa 1,5 Millionen Jahren *(nach anderen Quellen erst vor 500 000 Jahren, vgl. R. Tannahill – siehe Quellenverzeichnis)* war dann Schluss mit bloßem Mampfen und Faulenzen. Man begann gescheiterweise das Feuer für die Zubereitung der Nahrungsmittel zu nutzen. Durch Kochen und Rösten wurden die rohen und schwer verdaulichen Fleisch- und Pflanzenteile bekömmlicher und zudem haltbarer gemacht. Ein Großteil des bisherigen Verdauungsprozesses spielte sich jetzt gewissermaßen außerhalb des Körpers ab, nämlich im Kochtopf. Im Verlauf der Evolution verkleinerte sich deshalb unser Darm mangels Arbeit um einige Meter. Die damit frei werdende Verdauungsenergie kam unserem Gehirn zugute – dem größten Energieverbraucher des menschlichen Körpers. Nicht gerade zufällig hat es sich seit etwa diesem Zeitraum ziemlich drastisch vergrößert. Mit der Zubereitung von Speisen auf oder am „Urherd" gewann nicht nur der Speiseplan an Umfang und Vielfalt, auch die Freizeitreserven wuchsen beträchtlich. Jetzt wurde es sinnvoll, sich die Arbeit im prähistorischen Haushalt zu teilen. Hier begann die Entwicklung vom Kochamateur zum Kochprofi.

Homo sapiens konnte sich nun viel intensiver und länger nach Feierabend vergnügen, nachdenken, philosophischen Problemen widmen, handwerkeln, Pizza, Pasta, Pasteten, Tomatensalat, gefüllte Tauben, Sauerbraten, Salatteller mit Fetakäse, Rinderrouladen, Rösti, Fondue und Bauernomelett erfinden. Weltweit wurde dabei nichts ausgelassen. Es ist nur eine Frage des Kulturkreises, ob Hammelhoden, Insekten, Blut, Schlangen, Hunde, Katzen oder Eidechsen dazugehören. Der Mensch ist deshalb das erfolgreichste Lebewesen überhaupt geworden, weil er sich zum Allesesser entwickelte.

Nahrungsspezialisten hatten es dagegen schon immer schwer im Leben und Überleben. Nie mehr würde sich der durchschnittliche ‚Mensch' freiwillig kulinarisch auf Steinzeitniveau begeben und nur von Rohkost, egal ob pflanzlichen oder tierischen Ursprungs, leben wollen. Nicht nur wegen des Verzichts auf inzwischen gängige und lieb gewonnene diverse Gaumenfreuden. Er müsste nämlich auch wieder Teile seines Gehirns gegen eine Darmverlängerung eintauschen.

Nahrungs- und Genussmittel veränderten die Welt

Die Ansicht, nur Politiker, Könige oder Revolutionen könnten die Welt verändern, ist ein Irrtum. Direkt oder indirekt sind es immer Nahrungs- und Genussmittel oder andere Energieträger gewesen, deren Mangel, Beschaffung oder Sicherstellung, die einstigen Hochkulturen aufblühen und zugrunde gehen ließen oder zu Kriegen veranlassten. *(vgl.: M. Harris, Kannibalen und Könige – die Wachstumsgrenzen der Hochkulturen, Stuttgart 1990)*.

Weil sie ihre Bevölkerung nicht mehr ernähren konnten, verschwanden reiche antike Gesellschaften von der Bildfläche. Ob Sumerer, der pharaonische Ägypterstaat, die alten Griechen oder die Römer, sie alle erlagen dem gleichen Schicksal aus den gleichen Gründen. Trauriges Zeugnis dafür sind unter anderem die Bittschreiben der Römer an Ägypten wegen Getreidelieferungen sowie die Berichte über die Hungerrevolten und Versorgungskrisen zwischen 351 und 402 im römischen Imperium *(vgl. H. P. Kohns: Versorgungskrisen und Hungerrevolten im spätantiken Rom, Bonn 1961)*.

Die Völker des Mittelmeerraumes brachten es einst zur kulturellen und wirtschaftlichen Vorherrschaft in Europa, weil sie den europäischen Gewürzhandel kontrollierten.

Vor allem die italienischen Standorte für solche Warenumschläge (Florenz, Mailand, Venedig) profitierten ökonomisch beträchtlich davon, mehr noch – sie verdanken der Gewürzmanie im Europa dieser Zeit überhaupt erst ihre dauerhafte Existenz.

Als aber ab dem 17. Jahrhundert der Gewürzboom drastisch nachließ, war es auch mit Prunk und Protz vorbei. Sämtliche Kriege, Kreuzzüge und Völkerwanderungen und die meisten großen Entdeckungsreisen fanden ursächlich hauptsächlich dazu statt, an Nahrungs- und Genussmittel selbst, an deren Quellen oder an Mittel zu gelangen, sich solche überhaupt oder wenigstens billiger oder dauerhaft zu beschaffen.

So ist Amerikas „Wiederentdeckung" durch Kolumbus 1492 eigentlich nur ein Abfallprodukt auf der Suche nach preisgünstiger zu erlangenden Gewürzen, von Gold und Silber abgesehen, die ohnehin echte wirtschaftliche Hochpräsenz garantierten. Zwischen Nahrungs- und Genussmitteln und der Entwicklung von Kunst, Kultur, Wissenschaft und Wirtschaft besteht schon immer ein direkter Zusammenhang. In den vergangenen Jahrhunderten haben Gewürze, Zuckerrohr und Zucker, Kaffee, Tee und Kakao, Kartoffeln, Tomaten, Paprika, Bananen und Ananas kolossale wirtschaftliche und soziale Prozesse in Gang gebracht, die das gesellschaftliche Miteinander veränderten und neue Machtverhältnisse begünstigten. Bereits mit dem Wachsen der städtischen Bevölkerung im ausgehenden Mittelalter genügten die bis dahin existierenden Bauernmärkte den Anforderungen nicht mehr. Beispielsweise waren die Fleischhauer des Mittelalters nicht Besitzer ihrer primitiven Verkaufsstände (Fleischbänke), sondern erhielten diese als Lehen vom Fürsten, der Stadt oder der Kirche, je nach „Beamtenverständnis" vor Ort, und oft mit wirtschaftlich knebelnden Auflagen versehen. Überhaupt war die damalige Landwirtschaft den Bedürfnissen der Stadtbevölkerung nicht mehr gewachsen. Schon Ende des 17. Jahrhunderts bahnten sich Reformen an. Es begann zunehmend die bisher nur zaghafte Umwandlung von Hausarbeit in gewinnbringende gewerbliche Tätigkeit, dazu zählten das Backen, Schlachten, die Wurstherstellung und die einstige Frauensache Bierbrauerei. Mit dem Ziel einer kontinuierlichen und bedarfsgerechten Lebensmittelbereitstellung entwickelten sich ziemlich rasch und notwendigerweise dauerhafte Beziehungen zwischen Händlern, Produzenten und natürlich den Verbrauchern. In England entstanden im 18. Jahrhundert feste Kontore und Geschäfte für Kolonialwaren aus aller Welt. 1811 eröffnete in Paris der erste große Zentralmarkt seine Pforten. Thomas Lipton „erfand“ 1871 in Glasgow die sogenannten ‚food stores‘, in denen jeweils 200 Kunden gleichzeitig bedient werden konnten. Seit 1912 in Los Angeles der erste Supermarkt der Welt öffnete, hält der Existenzkampf zum „Wohl“ des Käufers zwischen Ketten und Diskontläden an. Die frühesten Produktgruppen, die einem industriell organisierten Prozess entstammen, waren Suppen, Fleisch, Eintöpfe, Eier und Gemüse, aufgebaut vor allem auf den Konservierungsmethoden des Franzosen Appert *(vgl.: Appert, L'Art de Conserver, Paris 1810)* und seines Nachfolgers Chevallier-Appert. Ursprünglich für den Massenbedarf der Armee entwickelt, fanden sie ab 1830 rasanten Absatz in den Geschäften der Lebensmittelhändler durch die Zivilbevölkerung.

Die Entfaltung eines echten kommerziellen Lebensmittelmarktes hing natürlich ab von der professionellen Verteilung und dem Wachstum industrieller Produktion. Dabei spielte die Erfindung des Fleischextraktes des Herrn von Liebig in den 40er Jahren des 19. Jahrhunderts eigentlich eine weltweit entscheidende Rolle. In Uruguay fand die Herstellung statt, anschließend verschiffte man die dehydrierten Produkte nach Europa. Liebigs Fleischextrakt- oder Brühwürfel hatten die damalige Küchenwelt ganz offensichtlich stark verändert. Hinsichtlich der Tatsache, dass ein Mittagessen ohne Suppe (oder nur aus Suppe bestehend) seinerzeit undenkbar war, bedeutete das gebrauchsfertige Produkt von Liebigs Compagnie für die Allgemeinheit beträchtliche Einsparungen, vor allem des Heizmaterials wegen, bei der Küchenarbeit und wegen des Fleischeinsatzes als teuerste Zutat pro Mahlzeit sowieso. Selbst in kleinen Haushalten wurden Brühen und Fonds nämlich bis dahin noch nach historischem Vorbild aus reichlich Rinder- und Kalbfleisch und jeder Menge Hühnern hergestellt. Der bis heute nach wie vor bedeutendste Küchenreformator des 20. Jahrhunderts, A. Escoffier, verwendete, wie in seinem bis heute fachlich unerreichten Werk *LE GUIDE CULINAIRE*, Paris 1902, dargestellt, für die Herstellung von 10 Litern fertige Grundbrühe unter anderem immerhin 7 kg mageres Ochsenfleisch und 3 kg Beinfleisch vom Rind. Wenige Jahre davor nahm ein „ordentlicher“ Koch noch 5–10 „alte Hühner“ – wie es in der Kochbuchliteratur heißt – zur Herstellung einer Consommé blanc simple dieser Größenordnung hinzu.

Aus Kochbüchern nach 1850 sind Liebigs Fleischextrakte sowohl für die Versorgung der privaten Haushalte, für die Krankenkost und die feine bürgerliche Küche nicht mehr wegzudenken. Insgesamt hatten die ersten fabrikmäßig hergestellten Nahrungsmittel aber vor allem enorme Auswirkung auf Markenbildung, Werbung sowie das Verpackungs- und Transportwesen. Hinzu kamen für die damalige Zeit neuartige Anforderungen wie beispielsweise gleichbleibende Qualität, garantierte Preise, kontinuierliche Zulieferung und ein gut ausgebautes Händlernetz. Der weltweite Handel mit Lebensmitteln wurde nochmals erheblich forciert durch die „Erfindung“ der industriell anwendbaren Kältetechnik durch Linde (1870). 1877 brachte der französische Dampfer Paraguay erstmalig in der Geschichte der Lebensmittelindustrie tiefgekühltes Fleisch aus Argentinien nach Le Havre.

Kühlzüge und Kühlschiffe transportierten nun nach Bedarf alles Essbare zu allen Jahreszeiten und zum richtigen Zeitpunkt in alle Gegenden der Erde. Auf das, was die Regionalküche gemeinhin ausmachte und charakterisierte, nämlich die Verwendung der Produkte der Region unter Berücksichtigung der Jahreszeiten, war nun niemand mehr wirklich angewiesen. Folgerichtig schrieb Dr. Naumann (Inhaber einer damals bedeutenden Firma zur Herstellung von Gewürzextrakten, Gewürzsalzen und Fruchtextrakten in Dresden-Plauen) in seinem damaligen Bestseller „Systematik der Kochkunst“, Dresden 1900: „Die Grundformen in der Zubereitung und die Grundprodukte der einzelnen nationalen Küchen sind in der zivilisierten Welt inzwischen fast gleich. Von Nationalküchen kann nur noch insofern gesprochen werden, als lediglich die vorhandenen Rohprodukte die Verschiedenheit der Speisen selbst bedingen.“

Liebig's Kochbuch um 1900

Die Globalisierung der Wirtschaft in den 90er-Jahren des 20. Jahrhunderts begann innerhalb der Lebensmittelindustrie schon mehr als 100 Jahre früher.

Alte Küche – Neue Küche – Regionalgerichte

Die gern apostrophierten unterschiedlichen nationalen oder regionalen europäischen „Urküchen“ scheint es in der Praxis nie wirklich gegeben zu haben. Vielmehr ist vieles, was lukullisch als lokale Tradition bezeichnet und von Legenden zum Inbegriff regionalen Küchen-Geistes und gebietsweiser Lebensart verklärt wird, irgendwann in der betreffenden Gegend zur Haustradition gemacht worden. Natürlich in Verbindung mit fremden Einflüssen und deren Verknüpfung mit örtlichen Gegebenheiten. Typisch ist für alle Regionen das Festhalten daran. Genauso energisch wird dann auch der Kampf um die Erhaltung und Popularisierung dieses vermeintlich einzigartigen kulinarischen regionalen Kulturgutes geführt. Meist handelt es sich nicht um eine regionale Küche, sondern lediglich um eine mehr oder weniger große Anzahl spezifischer Gerichte.

Für eine besondere „Küche“ bedarf es einiger Voraussetzungen hinsichtlich der Produkte, deren Verarbeitung und der Küchentechnologie, die eben anders sein müssen als anderswo.

Schon das antike Rom kochte eigentlich für damalige Verhältnisse generell zentraleuropäisch, trotz aller zeitbedingten territorialen kulturellen Umstände.

Die Köche am Tiber beherrschten noch nicht die Kunst des Kombinierens. Sie pflegten das Nebeneinander, häuften Nahrungsmittel, Düfte und Gewürze aufeinander, ohne zu wissen, dass nicht die Menge der Gewürze und Kräuter zählt, sondern ihre geschickte Verbindung.

Aromen neutralisieren sich gegenseitig, wenn alle Gerichte damit überschüttet werden.

Sie wussten nicht, wie wichtig es ist, beim Kochen den richtigen Augenblick abzuwarten, um einen Kräuterstrauß hinzuzugeben, damit dieser seinen Duft weitergeben kann. Dass beispielsweise ganz wenig Pfeffer zur rechten Zeit genügt, wenn man damit ein Ragout würzt, kurz bevor es vom Feuer genommen wird. Weder Pfeffer noch Safran, weder Basilikum, Oregano oder Salbei dürfen länger als eine Minute kochen.

Auch der Küche des Mittelalters haftete solche Überladung von Geschmacksstoffen permanent an, bis sie Ende des 17. Jahrhunderts in einem anderen Geschmacksverständnis verging.

Tatsächlich hat es bis ins Barockzeitalter in der Volksküche europaweit kaum territoriale Unterschiede gegeben, eher eine ziemlich eintönige sich gleichende zentraleuropäische Einheitsküche mit einigen Geschmacks- und Produktdifferenzen hauptsächlich von Nord nach Süd. Weit auseinander liegende Landschaften mit einigermaßen gleichen agrarwirtschaftlichen Bedingungen wie Klima, Pflanzenwelt und Tierbestand brachten auch fast identische bodenständige Gerichte auf die Speisetafel.

Ein Nord-Süd-Gefälle wird im deutschsprachigen Raum ziemlich dras-

tisch noch heute deutlich durch die herzhafte (salzige, sauere, pfeffrige) Geschmacksrichtung im Norden und der süßen Mehlspeisenküche im Süden.

Dass es beispielsweise in jedem Alpental einen anders schmeckenden geräucherten Schinken gibt, dass im Erzgebirge jede Familie ihr Neunerlei anders kocht, dass im Vogtland und in Thüringen alle 500 Meter ein anderes wahres Kloßrezept existiert und dass hier Sauerbraten ohne und dort mit Rosinen zubereitet wird, spricht für einige regionale Gerichte und eine gewisse Tradition, ist aber nicht gleichzusetzen mit einer „Küche der Region".

Zudem sind die heute bekannten sogenannten National- und Regionalgerichte kaum älter als 150 Jahre und die meisten Traditionsspeisen wurden oft noch vor 80 Jahren ganz anders zubereitet als heute. Der Begriff Regionalküche hat sich aber umgangssprachlich eingebürgert. Insofern soll er auch hier beibehalten werden.

Die alte Küche kann man nicht wirklich und schon gar nicht original wiederbeleben, auch aus dem fehlenden Geschmacksverständnis heraus. Selbst dann, wenn historische Essen ausdrücklich angekündigt werden, finden sie bei genauer Analyse eher nur verbal in historischem Ambiente statt.

Kulinarischer Wandel – Eigenes und Fremdes

Ohne Illusionen zerstören zu wollen – selbst die sogenannten echten Traditionsgerichte sind von regionalen und internationalen Herkunftsirrtümern nicht frei. Schwäbische Maultaschen kamen im 18. Jahrhundert aus der russischen Zarenküche ins Ländle und das Grundrezept für Leipziger Allerlei brachten einst französische Missionare auf der Rückreise aus China ins Leipziger Dominikanerkloster mit. Schon die alten Römer bereiteten lange vor den Franzosen Gänseleberpasteten und kannten auch bereits das Sauerkraut. Der Dichter Ludwig Uhland (1787–1862) irrte, als er reimte: „Und dann das edle Sauerkraut – Wir dürfen's nicht vergessen – Ein Deutscher hat's zuerst gebaut, drum ist's ein deutsches Essen", – falsch *(vgl.: H.H.v. Wimpffen, Das große Buch vom Sauerkraut, Wien 1992).*

Die Elsässer sind es gewesen, die Sauerkraut (mit Würstel und Speck) zu ihrem „Nationalgericht" erhoben. Sie stammen irgendwann einmal von den Allemannen ab und in Frankreich heißen die Deutschen oberflächlich „les allemands" der historische Trugschluss war perfekt. Denn der althochdeutsche Name Alaman steht für Mensch schlechthin.

Auch die sächsischen Rindsrouladen sind englischer Herkunft (roulade). Sie wurden einst aus „wildem Schweinefleisch" hergestellt, mit gutem Gewürz bestreut, mit Speckstreifen belegt, zusammengerollt und in ein Tuch eingewickelt drei Tage in Kräutermilch gekocht. Später in der französischen Küche zur Roulade verfeinert, blieb das Rezept nach der Völkerschlacht bei Leipzig in Sachsen liegen.

Das Neben- und Durcheinander von regionalen und internationalen Speisen kann bereits im Kochbuch des Apicius nachgelesen werden. Der in Europa herumgekommene Marx Rumpold, Küchenchef des Mainzer Kurfürsten und davor am Dresdner Hof tätig, weist in seinem „New Kochbuch“ von 1581 unter anderen auf zahlreiche ungarische, österreichische, polnische und böhmische Rezepte hin. Karl Friedrich von Rumohr (1785–1843), im sächsischen Reinhardtsgrimma bei Dresden geboren, wettert in seinem kulinarischen Brevier „Der Geist der Kochkunst“: Diese Kochbücher haben sämtlich die Tendenz, die National- und Provinzialgerichte zu verdrängen. Sie seien eine bloße Nachäffung der französischen Kochbücher.

Hier das Lieblingsrezept des „Sachsenkulinarikers“ von Rumohr:

FRISCHER AALSPIESS MIT SCHWARZEM PFEFFER UND ZITRONE

Frischen Aal nach dem Häuten in Stücke schneiden und locker auf einen Spieß reihen. Langsam im Ofen oder besser auf dem Holzkohlegrill erhitzen, sodass das Fett herauszuschwitzen beginnt. Darauf die Spieße nach und nach mit einer Mischung aus Semmelmehl und Salz bestreuen. Kurz vor dem Anrichten die Hitze verstärken, damit die Aalstücke außen knusprig werden. Mit schwarzem Pfeffer und Zitronenspalten servieren. *(vgl. C.D. Rath: Das Abenteuer der Esskultur, Hamburg 1984)*

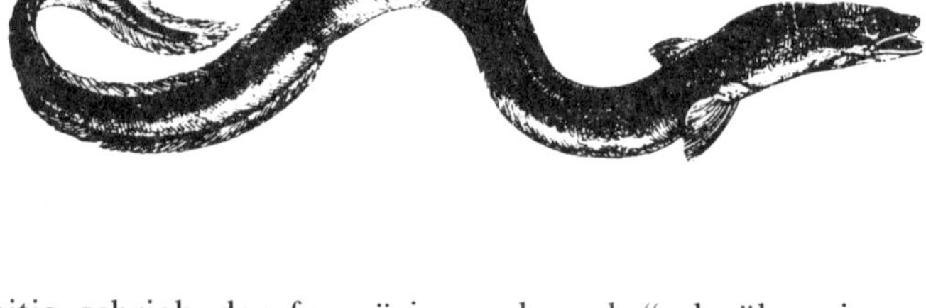

Fast gleichzeitig schrieb der französische Gastrosoph Brillat-Savarin 1826 in seinem Bestseller „Physiologie des Geschmacks“ darüber, in welch großem Maße das Aufkommen von „Restaurants“ die nationalen und regionalen

Gerichte der gleichmacherischen, aber auch weitertreibenden Dynamik des Marktes unterwerfen.

Abschied von und Rückbesinnung auf kulinarische Traditionen ist also nicht neu. Spätestens in den zwanziger Jahren des 20. Jahrhunderts existierten in allen europäischen Großstädten internationale Restaurants, die schon damals praktizierten, was im Deutschland der 1960er- und 70er-Jahre richtig Mode wurde: eine internationale Austauschküche.

Eine gebratene Fleischscheibe (meist vom Kalb) mit Ananasscheiben hieß nun Steak Hawaii, mit feinem Ragout wurde es „au four" genannt, mit Pilzen (aus der Dose) Jägerschnitzel und mit Salbei und Parmaschinken belegt Saltimbocca. Die „Sättigungsbeilagen" und Salatgarnituren warteten dösend am Tellerrand.

Essen ist heute in aller Munde. Nie wurde mehr darüber geredet und mehr dafür getan als in unserer Zeit. Die einst von der internationalen Köcheschaft für heilig gehaltenen klassischen Regeln sind bei der gesellschaftlich inzwischen akzeptierten Suche nach immer neuen Produktkombinationen weitestgehend auf der Strecke geblieben. Es gibt mittlerweile stillschweigende Koexistenz zwischen Pizza und Hummer, Hamburgern und heimatlicher Kost oder Currywurst und Kaviar.

Und – was ist uns an der heimatlichen Küche nicht alles „fremd", was am Fremden vertraut geworden?

McDonald's, argentinische Steakhäuser, Chinarestaurants (wenn auch europäisiert) oder Döner (wenn auch kaum noch mit ursprünglicher Echtheit) sind längst im kulinarischen Alltag vereinnahmt. Man kann Geschmack nicht nur erlernen, sondern auch forcieren. In den letzten 200 Jahren hat sich der vermeintliche nationale und regionale Geschmackskonservatismus erst langsam, dann immer schneller verringert. Die Ursachen für Veränderungen in der Ernährungsweise sind schnell ausgemacht: wachsender Reichtum der Industrieländer, rasante Entwicklung der Ernährungsindustrie, Standardisierung durch Lebensmittelkonzerne, speziell in Deutschland Zuzug von 20 Millionen Neubürgern in der Nachkriegszeit, 50 % der Bürger innerhalb Deutschlands leben nicht mehr in ihren Geburtsgegenden, wachsender Tourismus und steigendes Gesundheitsbewusstsein (ob ernährungswissenschaftlich begründet oder nicht).

Über standardisierte „One-Culture-Cuisine", Ketchup-Kultur, Pommes weiß oder rot oder Big Mäc abfällig zu sprechen, ist deshalb fernab jeder Realität, weil sie eben Realität sind.

Regionale Speisen werden bald in die Rubrik „Spezialitätenküche" abwandern. Sie verlieren deshalb nichts von der zweiten Seite des Essens. Denn jedes Essen, inklusive Fast-Food-Gerichten, behält nämlich etwas Außergewöhnliches: einen Rest seines ursprünglichen mythischen Reizes, über den Hunger hinaus. Und der geht nicht einmal beim Verzehr einer Currywurst verloren. Es bleiben oder bilden sich immer wieder neue individuelle Assoziationen und Phantasien, und damit die Lust am Essen selbst.

Aufzählung der Künste und Wissenschaften, die an der Zubereitung von Speisen beteiligt sind

- Die Malerei, die sich in der Farbgebung und Farbzusammenstellung der einzelnen Speisen darbietet.
- Plastik und Architektur, die im Aufbau und im Dekor Gestalt findet.
- Die Literatur, nicht nur wegen der stilistischen Form der Rezepte, sondern weil sie in den Anekdoten, Gedichten, Hymnen und Romanen die Erinnerung an Küchen und deren Meister bewahrt.
- Physik und Chemie, die in den Vorgängen im und auf dem Küchenherd und vom Beginn der Zubereitung bis zum Auftragen ihre Gesetze verwirklichen. Vor allem bei der Kenntnis des mehr oder weniger starken Feuerelementes, beim Kochen der Zutaten, beim richtigen Spießumdrehen und beim günstigen Auf- und Absetzen der Gerichte.
- Die Physiologie, welche die Wirkung der Speisen auf den Esser beobachtet.
- Die Psychologie, die zur Erfindung der Speisen beiträgt.
- Die Philosophie, die im Wesentlichen das Geistige der Kochkunst umschreibt, und die Geschichte, die eine Gesamtdarstellung erstrebt, wie sich der Geschmack im Laufe der Zeit herausbildet, denn Geschmack ist nicht zufällig.
- Die Geometrie, die dem Meister beim Anordnen der Speisen hilft.
- Die Mathematik, mit deren Hilfe die Schüsseln zu zählen und die Mengen zu berechnen sind.
- Die Medizin, in der Erkenntnis des Leicht- und Schwerverdaulichen und der Kunst der Zerkleinerung des Fleisches.
- Die Biologie, in der Kenntnis der Natur der Speisen und der richtigen Jahreszeiten.
- Die Önologie, für das Zusammenspiel im Geschmack zwischen Speisen und Wein.
- Schließlich und zuletzt die Unterhaltungskunst, sie sei heiter wie die Kochkunst, süß, sauer und bitter zugleich.

Sachsens Küche zwischen Mittelalter und Barock

Über die mittelalterliche deutsche Küche sind die Quellen dünn gesät und die Informationen spärlich.

Von den insgesamt bekannten 46 deutschsprachigen Kochbuchhandschriften wurde bisher nur etwa ein Viertel ediert. *(vgl. D. Aichholzer: „Wildu machen ayn guet essen …“, Bern 1999)*

Hinzu kommen Verständnisprobleme – alle diese Schriften setzten nämlich fachkundige Leser voraus und waren nicht für Kochlaien gedacht. Schließlich gab man das Berufswissen nur an direkte Schüler weiter, was mit der Wahrung von Berufsgeheimnissen zusammenhängt, und andererseits auch in anderen Handwerken des Mittelalters gang und gäbe war. Weiterhin diente Essen und Trinken für die Mehrheit der Bevölkerung in erster Linie der Erhaltung der Gesundheit und Vorbeugung gegen die zahlreichen, meist epidemieartig auftretenden Krankheiten, deren Ursachen oft noch unbekannt waren. Somit gehörte die „Kochkunst“ zur Diätetik und damit in den Bereich der Medizin. Wer sich in gehobenen Gesellschaftskreisen einen Koch leisten konnte, ließ sich von ihm die Rezepte seiner Leibspeisen aufschreiben oder diktieren, damit bei Verlust des Kochs dessen Nachfolger die Speisen weiterhin in der bewährten Form zubereiten konnte. Meist war der Koch des Schreibens nicht mächtig, der Schreiber aber kein Koch. Hier traten zunächst Hörfehler auf und manches Wichtige wurde nicht übertragen. Oftmals fehlen die Maßangaben oder man gab diese nur verschlüsselt an. Gleiches trifft auch zu auf Garzeiten, Mengenverhältnisse, teilweise auf Fleisch- oder Teigarten und die verwendeten Gewürze, die zwar Erwähnung finden, aber nicht präzise genannt werden. Wenn ein Braten ein Ave Maria lang braucht um gar zu sein. „Würz es“ heißt es, aber nicht, welches Gewürz zur

Anwendung kommt. Oder „schneidt Rindtfleisch zween Finger breit und eines Fingers lang“. Das rechte Maß beim Kochen wurde durchweg in (im Grunde noch heute stimmigen) Verhältnissen angegeben, man musste sie nur kennen. Elle, Fuß, Hand, Daumen und Finger spielten dabei eine entscheidende Rolle. Wie hätte man sonst auch messen sollen? Von Dorf zu Dorf existierten andere Maßvorstellungen.

Allein im historischen Sachsen sind bis Ende des 18. Jahrhunderts 1050 verschiedene Scheffelgrößen bekannt und einheitliche Maße für Volumen, Massen und Strecken wurden in Sachsen erst 1868 eingeführt. (Sächsische Maß- und Gewichtsordnung vom 17. 8. 1868)

In der Volksküche überlebten die regionalen Speisen durch meist mündliche Weitergabe. Dies führte logischerweise mit der Zeit zu Veränderungen in der Zubereitung und teilweise der Zutaten, weil natürlich Vorlieben und Abneigungen Berücksichtigung fanden. Nicht zuletzt veränderten sich die Gerichte aber mit den Generationen, indem die Entwicklung der wirtschaftlichen, gesellschaftlichen und küchentechnischen Verhältnisse schon immer Einfluss auf das Essverhalten nahmen und nehmen. Fast bis zum Ende des Mittelalters geschah in den europäischen Küchen wenig Aufregendes und wenig Unterschiedliches. Unsere Vorfahren lebten von dem, was um das Haus herum wuchs, „kreuchte und fleuchte“ und von den Produkten des Bauernhofes. Die gesamte Küche des Mittelalters blieb in den Zubereitungsmethoden der Lehre des Apicius treu. Die antiken Kochbuchhandschriften lagerten in den Bibliotheken der Klöster und Abteien und waren dem „gemeinen“ Mann kaum zugänglich. Insofern spielen die klerikalen Einrichtungen bei der Entwicklung der „Kocherie“ eine wesentliche Rolle. *(vgl. C. Biasci: Das Alte im Neuen, Bielefeld 1991)*

Sonst gab es keine innovativen Neuigkeiten, wenig neue Rezepte und gastronomische Prinzipien. Die Quantität war maßgebend und so halten Historiker die Zimmergewürze für die einzige gastronomische Neuerung des Mittelalters. Als Zimmergewürze bezeichnet man beispielsweise Ingwer, Wacholder, Anis, Mandeln oder Nüsse sowie in Zucker konservierte Früchte. Letztere kosteten so viel Geld, dass sie nur auf den Tafeln wohlhabender Herren zu finden waren. Sie wurden meist als Knabberei nach dem Essen gereicht und sind die Vorläufer heutiger Bonbons. In den weniger betuchten Gesellschaftskreisen wurde häufig nach den Mahlzeiten Lebkuchen verzehrt, aus Mehl, Honig und Anis bestehend, die seit der Existenz von Jahrmärkten dort angeboten wurden. Sie hatten in der Regel obszöne Formen und waren den Römern schon bekannt. Man bezeichnete solche Gebäcke als „gallische Scherze“. Auch das sogenannte Studentenfutter hat seinen Ursprung im ausgehenden Mittelalter. „Mendiants“ (Bettler) nannte man damals das aus Frankreich kommende Produkt, bestehend aus zerdrückten Mandeln, getrockneten Trauben und aller Art Nüsse.

Die Mahlzeiten der Wohlhabenden und Ritter im Mittelalter bestanden aus dem Frühmahl und der Hauptmahlzeit. Erzählungen älterer Schriftsteller nach zu urteilen, fand das Frühmahl um neun Uhr morgens, die Hauptmahlzeit aber zwischen drei und fünf Uhr nachmittags statt. Dieser Brauch war unabhängig von Regionen. Die Küchen in Burgen und an den Höfen wurden von Küchenmeistern geleitet, die zu den hohen Beamten zählten, wie überhaupt die ganze Kochkunst in den Händen männlichen Personals lag. Dies hing hauptsächlich damit zusammen, dass der Küchenchef mit ins Feld zog, was für Frauen in dieser Funktion sicherlich nicht vorteilhaft gewesen wäre. Zum anderen handelte es sich beim Küchenmeister auch um ein körperlich sehr anstrengendes Amt.

Die Speisen wurden kernig und kräftig zubereitet. Mit dünnen Suppen gab man sich nicht ab. Das Fleisch von Haustieren fand nur wenige Liebhaber, jedenfalls gaben ritterliche Gesellschaften dem Wildbret den Vorzug. Von den zahmen Tieren schätzten die Edlen nur das Geflügel, besonders Hühner, am Spieß über offenem Feuer gebraten und mit Pfeffersauce serviert. Meisten erhielt das Federvieh sogar eine würzige Fleischfüllung. Neben Kapaunen galten Fasane und Pfauen als Leckerbissen. Von den Wildvögeln wanderten Rebhühner, Haubenlerchen, Kraniche, Reiher, Trappen, Schwäne, Wildenten, Regenpfeifer und Haubentaucher in die Kochkessel.

Fische wurden frisch gesalzen verzehrt. Gepökelte Heringe gehörten zu den weit verbreiteten Handelsartikeln. Begehrt scheinen Lachs, Lachsforelle, Stör, Aal und Hecht gewesen zu sein. Aale servierte der Koch zumeist als gallertartige Speise oder als Pastete, Hechte in einer Sauce mit Pfeffer, Zimt und Nelken. Andere Fische kamen gebraten auf die Tafel. Dazu bereiteten die Küchenleute Gebäck zu: Simmeln (Semmeln), Schüsselbrot, Credemicken, Honigkuchen, Gewürztörtchen, Krapfen und Pfannkuchen.

Den Nachtisch bildete Kuh- oder Schafskäse. Butter war zwar in den nordischen Ländern bekannt, galt aber eher als Medizin. Als dicke Materie aus dem besten Teil der Milch, dem Rahm, wird Butter bezeichnet, und sie helfe als Arznei bei Mensch und Vieh, innerlich und äußerlich. Gegen Lungen Sucht, hilft den Zähnen heraus, lindert Seiten Weh und Hautjucken. Butter lindert Zahnfleischentzündungen bei jungen Kindern und heile Augentriefen.

Bis zum 11. Jahrhundert aßen beide Geschlechter getrennt in verschiedenen Gemächern. Später in einem Raum, aber an verschiedenen Tischen, bis ab dem 12. Jahrhundert Ritter und Frauen zusammen an einem Tisch speisten. Die Paare mussten sich durch Losentscheid finden.

Zu den Tischgerätschaften gehörte das Tischtuch, ein wichtiges „Hausgerät“, für das viel Aufwand betrieben wurde. Schüsseln und Teller bestanden aus Zinn oder Holz. Gegessen wurde mit Zinn- oder Silberlöffeln. Fleisch kam geschnitten auf die Tische. Brauchte der Ritter für sich oder seine Partnerin ein Messer, so benutzte er sein persönliches „Taschenmesser“. Zweizinkige Gabeln lagen bereit zum Vorlegen des Fleisches, nicht als Besteckteil.

Heitere Gespräche, Erzählungen, Vorträge von Minnereden, epische Ge-

Daniel Chodowiecki: Küchenszene 18. Jahrhundert

dichte, Saitenspiel, Gesang und Tanz begleiteten das Mahl. In der Regel sind stets Hochzeiten überliefert oder Krönungen beschrieben, also pompöse Feste des Mittelalters: Das Mittelalter bestand aber gut 1000 Jahre! Es wird auch banale Mahlzeiten gegeben haben, und das Leben wird vielschichtiger gewesen sein, als es die Überlieferungen darstellen können.

In den vergangenen Jahrhunderten war Sachsen territorial durchaus kein feststehender geographischer Begriff. Schon im Jahr 1000 erhielt eine Landschaft inmitten des heutigen Niedersachsen diesen Namen, zwischen Elbe und Ems, der Nordsee und dem Harz gelegen. Nach Zwistigkeiten in allerhöchsten Adelskreisen wurde bereits 1265 die Landgrafenschaft Thüringen dem Meißner Markgrafen übereignet. Infolge einer Belehnung des Meißner Markgrafen mit dem winzigen Herzogtum Sachsen um Wittenberg Anno 1423 dehnte sich die Landesbezeichnung Sachsen nunmehr auf den gesamten wettinischen Grundbesitz zwischen Thüringer Wald, Böhmen, Wittenberg und dem Erzgebirge aus. Kurfürst August erwarb 1560 die Ämter Plauen nebst den dazugehörigen Städtchen und Dörfchen des Vogtlandes, das dann seit

1569 zu Sachsen gehörte. Noch im Dreißigjährigen Krieg wurden die Ober- und Niederlausitz dem sächsischen Kurfürstentum angeschlossen. Mit der Spaltung Sachsens infolge der Erbteilung von 1485 in Albertiner und Ernestiner entstanden mehrere thüringische Herzogtümer, von denen einige sächsisch blieben, andere bald zum Land Hessen gehörten.

Bis 1918 bestand das Königreich Sachsen aus Teilen Thüringens, dem Vogtland, dem Erzgebirge, der Ober- und Niederlausitz, Leipzig und Umgebung sowie der ursprünglichen Mark Meißen mit der Residenz Dresden im Mittelpunkt. Kulinarisch gab und gibt es diese amtssächsische Einheit allerdings nicht. Deshalb ist der lapidare Begriff „Sächsische Küche" mithin ein überregionaler Ausdruck für hauptsächlich sechs recht eigenständige Volksküchen in Sachsen.

Über Jahrhunderte hinweg trug die Bevölkerung aller sächsischen Landschaften ihr ganz spezielles lukullisches Scherflein bei zur „Regionalküche Sachsens". Von Generation zu Generation überlebten die beliebtesten Speisen. Sie wurden mündlich weitergegeben, in Küchenbücher, auf alte Rechnungen oder Schmierzettel gekritzelt und weiterentwickelt. Regionale Gerichte bedeuten Heimatbindung und sind stark an das Brauchtum, an Elternhaus und Kindheit gekoppelt. Die im Kindesalter bevorzugten Speisen vergessen die wenigsten Menschen, sie bleiben in der Erinnerung bis ins hohe Alter. Ursache dafür ist das Faktum, dass Geruchs- und Geschmacksempfindungen die Emotionalsphäre hochgradig ansprechen und sich dazu noch mit einem ganz bestimmten Ambiente vereinigen. Man schmeckt in Gedanken nicht nur das jeweilige Gericht, man erinnert sich sogar an Einzelheiten wie die Schürze der Großmutter, Einrichtungsgegenstände oder Geschirrteile. Die Umgebung tut ihr Übriges: Was bei Muttern zu Hause schmeckt, kann andernorts ein langweiliges Essen sein. Vor allem auf dem Lande, in der Großfamilie, wurden Küchentraditionen und deren Erhalt durch die Großmütter gewährleistet, die meist das Kochen übernahmen und ihres Alters wegen zusätzliche Garantien für kulinarisches Brauchtum boten.

Neben anderen Gründen erklärt dies auch, warum neue Produkte wie die Kartoffel erst spät und langsam in die Speisepalette der Bevölkerung (und in die Festtagsgerichte ohnehin) Einzug hielten. Lange vor Bekanntwerden der seinerzeit noch recht runzligen schwarzen Knolle standen die Speisenfolgen

anlässlich der großen Jahresfeiern fest. Was bei Hochzeiten, beim Leichenschmaus, bei Richtfesten oder zur Kirmes auf die Tische gesetzt wurde,

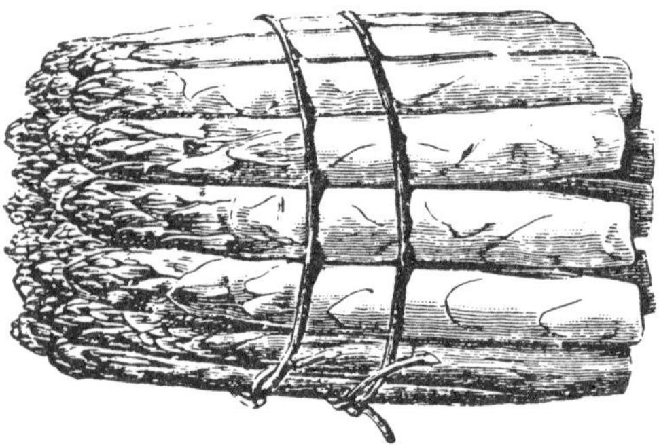

wiederholte sich immer wieder. Da war schwerlich Platz für Neues. Trotzdem – natürliche Abwechslung bot der Wochenrhythmus und das Produktangebot der unterschiedlichen Jahreszeiten. Denn Regionalküchen sind keine reglosen kulinarischen Denkmäler. Sie zehren von den Impulsen des täglichen Lebens. Vor allem erleben sie in jeder Generation irgendwann eine Phase der „nouvelle Cuisine", der Erneuerung der Küche des Marktes. Das unterscheidet sie eben nachdrücklich von der Bürgerlichen Küche als starrem System.

In allen Ecken des Landes Sachsen entwickelten sich über große Zeiträume hinweg spezielle Gerichte. Vogtländische Klöße, Thüringer Topfbraten, erzgebirgische Buttermilchgetzen, Lausitzer Hochzeitssuppe, Leipziger Allerlei oder Dresdner Plinsen, sie gingen nie pauschal unter dem Begriff „Sächsische Küche" in die Annalen der ernst zu nehmenden Kochbuchliteratur ein, sondern immer mit ihren konkreten Herkunftsbezeichnungen. Ihre Attraktivität schöpft die Regionalküche aus der Vielfalt der Angebote des Küchenjahres, naturrein und die Saisongenüsse hervorhebend. Lammbraten zu Ostern, schmale Fastensuppen aus Überzeugung, würzige Morcheln im April und Mai, köstlicher Spargel bis zu Johanni, danach ist Pfifferlingszeit, frühe Auguster (Äpfel), Beerenfrüchte, selbst gesuchte Pilze, duftende Obstkuchen, das erste Sauerkraut, Gänsebraten zu Martini und der Stollen zu Weihnachten – alles zu seiner Zeit. Kulinarische Erwartungen an Fixpunkte geknüpft, die sich erst wieder im nächsten Jahr erfüllen. Dahinter verbirgt sich der Hochgenuss regionaler Gerichte und die Freude auf den Wiederholungsfall.

Die objektiven Lieferbedingungen der Natur sind das Markenzeichen der Regionalküche, die sie zum Erlebnis werden lassen.

Vorlieben und Abneigungen, Ansichten und Verfügbarkeit bestimmten über die Verwendung von Kräutern und Gewürzen, und damit über territoriale Geschmacksunterschiede manchmal überregional identischer Gerichte. Aber Gewürze (und Kräuter) wirken intensiver auf die menschliche Psyche, als zuweilen angenommen. Sie enthalten gelegentlich morphine Stoffe oder solche, die dem Mescalin verwandt sind. Der Hopfen gehört dazu und die Muskatnuss. Schon die heilige Hildegard von Bingen wusste: „Muskat macht den Geist fröhlich.“ Und Safran macht den Kuchen gelb.

Lange ahnte man es, auch Safran birgt morphine Inhaltsstoffe – deshalb hatte dieses fast geschmacklose Färbemittel viele Liebhaber. Keiner konnte wahrscheinlich im ausgehenden Mittelalter erklären, welche Ingredienzien chemisch konkret die Auslöser für bestimmte Folgen waren. Unwichtig. Interessant blieb die Wirkung, auf die kam es an. Zwei Pfund Muskatnüsse kosteten in der Zeit des Gewürzbooms so viel wie eine stramme Kuh.

Art, Preise und Gewinne des sagenhaften Gewürzgeschäftes erinnern heute fatal an die Arbeitsweise moderner Drogenimperien. Heimische Würz- und Heilpflanzen hatten oft ähnliche Wirkungen. Bei Sumpfporst oder Bilsenkraut, um nur zwei bekannte Vertreter zu nennen, war es lediglich ein kleiner Schritt von der Droge zum Gift. Zwischen diesen Alternativen jonglierten die Verbraucher ganz bewusst.

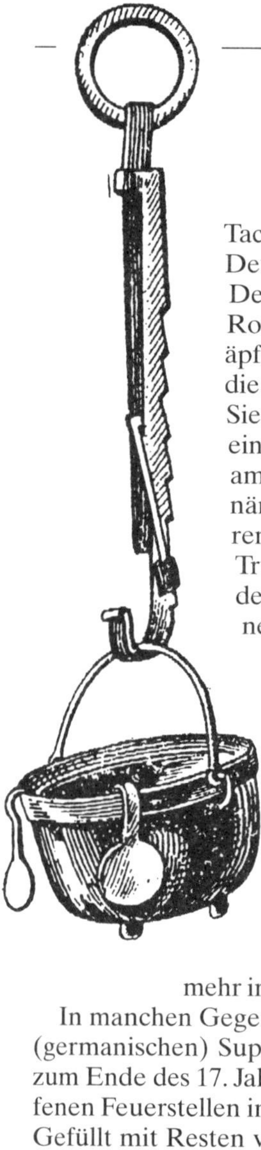

Zwischen Suppenkessel und Kochkunstausstellung

Tacitus berichtet, den Deutschen seien keine Delikatessen bekannt. Rohes Wildbret, Holzäpfel und Milch seien die gewöhnliche Kost. Sie verhandelten über einen Vertrag zweimal am kochenden Kessel; nämlich abends während eines Gelages in Trunkenheit, dann anderntags im nüchternen Zustand. Der Römer fand diese Methode der Diplomatie zweckdienlich: „Man berät, wenn man nicht mehr in der Lage ist, sich zu verstellen, und entscheidet, wenn man nicht mehr irren kann."

In manchen Gegenden hingen solche (germanischen) Suppenkessel noch bis zum Ende des 17. Jahrhunderts über offenen Feuerstellen in den Wohnküchen. Gefüllt mit Resten von Schlachtfleisch, Wild und Geflügel, Gemüsen, Kräutern, Wurzeln und ständig mit Wasser ergänzt, war stets ein heißes und in der Regel auch gehaltvolles Süppchen verfügbar. Diese Kesselspeise war die hauptsächliche Ernährungsform nahezu aller mitteleuropäischer Völker. Erst mit der Verbreitung von geschlossenen Herdstellen, Öfen mit Backröhren und regulierbarer Hitze änderte sich auch die Zusammenstellung der Mahlzeiten.

Wenn Geschichtsschreiber über Essen und Trinken unserer Altvordern berichten, handelt es sich zumeist um die allerüppigsten und ausgefallensten Festlichkeiten. Über das Herkömmliche sprach man nicht oder kaum. Essen am Werktag war geregelt, ohne Besonderheiten. Zu Papier gebracht wurden offensichtlich nur jene Festlichkeiten, die ihrer Opulenz wegen Sprachlosigkeit bewirkten. Schon immer prägten sich nur die extremen und ungewöhnlichen Ereignisse ein, besonders in der Geschichte der Kulinarik. Und immer, wenn eine Gesellschaft ihrem Ende entgegenging, verkam auch ihre Kochkunst, zumindest in bestimmten Schichten der Bevölkerung. Beredtes Beispiel dafür sind die Römer. Ihnen genügte nicht schlichtes Schweinefleisch, es mussten die Zitzen schwangerer Sauen sein. Es genügten nicht Brüste und Keulen von Singvögeln, es bedurfte der Zungen von Nachtigallen zum Kribbeln im Gaumenbereich. Auch in der Renaissance genügten bei manchen Wildessen nicht Hirschkälber, sondern man schnitt gelegentlich das noch ungeborene Kalb aus dem Leib der Hirschkuh, um es zu braten.

Die sächsischen nachmittelalterlichen Festgelage nehmen sich dabei wirklich noch harmlos aus. Als Kurfürst Joachim von Brandenburg mit Herzog Georgs Tochter am 6. November 1524 zu Dresden Hochzeit hielt, vermeldet der Speisezettel schon recht manierliche Gerichte, fein getrennt nach Fürstentisch, für Grafen, Prälaten und Räte, für Ritterschaft und Frauenzimmer, für Junker, Offiziere, Altfrauen und Mägde, für fremde Kutscher und schließlich für das Personal. Solche Gastmähler waren sicher weniger spektakulär als angenommen.

Dagegen verhalfen in Sachsen die Wettiner dem Phänomen der Trinkerei zu unvergänglichen Eintragungen in die Geschichtsbücher. Der Saufaus ließ nicht nach. Es bestand die Ansicht, das beste Mittel als Prävention gegen Krankheiten sei ein vollkommener Rausch. Wegen eines solchen handfesten Suffs verlor Kurfürst Johann Friedrich von Sachsen dann auch 1547 die Schlacht bei Mühlenberg und zugleich die Kurwürde. Chronisten berichten, der Kurfürst hätte sich vor dem Kampf so besoffen, dass das Wort betrunken dafür nicht ausreiche.

Es gibt Belege, wonach bayerische, mecklenburgische und württembergische Herzoginnen sich gegenseitig Rezepte schickten für Mittel gegen Teufel Alkohol. Gräfin Dorothea von Mansfeld hatte mit der sächsischen Kurfürstin Anna 1575 sogar eine Art Officin zur Herstellung von Salben und Wässerchen geschlossen. Anna wurde später die Gründerin der Dresdner Hofapotheke und Herausgeberin eines Arzneibüchleins. Anna sah Heilung von Krankheiten nicht im Verabreichen von alkoholischen Getränken. Heute wissen wir, dass Rauschzustände, unter bestimmten Bedingungen, egal ob über Drogen oder Alkohol, unter Kontrolle herbeigeführt, gewisse körperliche Entspannungen bringen können. Davon wusste August der Starke noch nichts. Für ihn war Branntwein die Lebensflamme schlechthin, die Vermählung von Geist und Materie auf höherer Ebene. Mit seinem preußischen Kollegen Friedrich Wilhelm stiftete August gemeinsam die Société des Antisobres, eine Gesellschaft wider die Nüchternheit. Besonders auffällig war der Kurfürst und König von Polen damit in seiner Zeit keinesfalls. Schon 1557 stellte Kurfürst „Vater“ August unwirsch fest: „Auf den Dörfern ist auch eine sehr schädliche Gewohnheit eingerissen, dass die Bauern auf und an den hohen Festen ihre Sauferei bald am Vorabend des Festes anfangen und die Nacht über treiben und morgens die Predigt gar verschlafen oder betrunken in die Kirche kommen und darinnen wie die Säue schlafen und schnarchen.“

Immerhin, die zahlreichen Jahresfeste, vom Klerus zumeist aus heidnischer Zeit übernommen, boten für den gewöhnlichen Landmann natürlich auch die Gelegenheit, nach getaner Arbeit zu feiern. Und was die Großen konnten, glaubte Bruder Bauer, das könne er schon längst.

Deutschland sei mit Saufen geplagt, schreibt Luther 1541 im „Wider Hans Worst“. Daraufhin erging allerdings erst zehn Jahre später ein sächsischer Sendbrief an die „vollen Brüder“ im deutschen Lande, in dem es hieß: „Es üben solche Laster jetzt nicht allein die Mannspersonen, sondern auch die Weiber, nicht allein die Alten, sondern auch die jungen Kinder, die können allbereits ein Halbes trinken."

In den Städten Grüneberg, Nürnberg, Frankfurt (Oder) und Zittau sollte wenigstens während der Kirchzeit das Schnapstrinken eingestellt werden. „Aber wer tut es" – fragt lauthals der Meißner Superintendent Strizenicus: „Es ist ein solches Gesäufe, dass es eine Sünd und Schand ist." Bei Aegidius Albertinus heißt es, wer die allergrößten Becher aussaufen kann und am längsten ausharrt, der ist ein tapferer Saxenkerl. Noch im 17. Jahrhundert nannte man einen tüchtigen Trinker schlicht einen Sachsen. Sogar die Frauen brachten sich in diese Statistik mit ein. Brauten sie das halbe Mittelalter hindurch Bier für die Herren der Schöpfung, so tranken sie es jetzt gleichberechtigt mit den geistlichen und weltlichen Vertretern der Gattung Homo sapiens aus der Abteilung starkes Geschlecht. Auch dem Wein gegenüber waren Frauen nicht abgeneigt. Nach französischer und deutscher Toilettenlehre verschönerte Wein die Gesichtsfarbe. So wundert es nicht, dass Weinlieder von Nonnen verfasst wurden und sächsische Prinzessinnen, wie Anna, die Tochter von Kurfürst Moritz, ihr Glas so oft leerten, bis sie schließlich in ein Delirium tremens verfielen und daran, wie besagte Anna, sogar zu Tode kamen. Es galt regelrecht als schicklich, sich zu betrinken. Als der sächsische Kurfürst Christian II. 1610 in Prag Kaiser Rudolf besuchte, dankte er zum Abschied mit dem bemerkenswerten Satz: „Kaiserliche Majestät haben mich gar trefflich gehalten, ich bin keine Stunde nüchtern gewesen."

1482 bestimmte eine sächsische Landesverordnung: Den Werkleuten seien allzeit zu ihrem Mittagessen und Abendmahl vier Gerichte zu geben. An einem Fleischtag eine Suppe, zweierlei Fleisch und ein Gemüse. An einem Freitag und anderen Tag, da man nicht Fleisch isst, eine Suppe, ein Essen mit grünem und dörrem Fisch, zwei Gemüse. Zwischen den Mahlzeiten sollte Käse und Brot bereitstehen.

Nach Schätzungen aßen die Menschen in den ersten Jahrzehnten des 16. Jahrhunderts in Deutschland durchschnittlich 100 kg Fleisch im Jahr (2003 ca. 60 kg pro Einwohner). Allerdings verstanden die Statistiker unter Fleisch nicht nur Muskelfleisch, sondern alles vom Tierkörper Essbare. Gerade in Sachsen wurde dieser relativ hohe Bedarf durch Fleischimporte aus Osteuropa abgedeckt, vor allem über die alten ost-westlichen Handelseinrichtungen aus dem späten Mittelalter. Im Mainzer „New Kochbuch" (1581) von Marx Rumpolt, der einige Jahre der sächsischen kurfürstlichen Küche vorstand, sind bis auf einige Pasteten hauptsächlich polnische, ungarische und böhmische Fleischzubereitungen erwähnt. Der östliche Einfluss war unverkennbar.

Verzeichnisse der Küchenschreiber im 15. Jahrhundert weisen für die kurfürstliche Hofküche in Dresden einen durchschnittlichen Jahresverbrauch von etwa 650 Ochsen, 400 Schafen, 40 Schweinen,

5 Schock (1 Schock = 60 Stück) Kapaune (kastrierte Hähnchen), 40 Schock Hühner, 650 Seiten Speck und Essfleisch (Geräuchertes), ca. 25 000 Stockfische, 60 Tonnen (Fässer) Heringe, etwa 100 Schock Hechte und Karpfen, 7 Fässer Stör aus Russland, 315 Pfund Pfeffer, 200 Pfund Nelken, 350 Pfund Ingwer, 86 Fass Butter und 60 Tonnen (Fässer) Käse, 74 Vollfass Wein (damals 1 Fass etwa 420 Kannen oder 393 Liter). Dazu kamen noch 43 Legal fremdländischer Wein (1 Legal etwa 45 Liter). Bier für den Hof wurde in der eigenen Brauerei in der Nähe der Sophienkirche gebraut, insgesamt mehr als 1000 Fass zu 393 Litern pro Jahr, was nicht ausreichte, denn Bier wurde zudem noch aus anderen sächsischen Regionen reichlich eingeführt. Bei des Prinzen Johann Vermählung 1604 wurde aus den Landes-Ämtern und Vorwerken für die Speisung der Gäste abgeliefert: 215 Stück Kälber, 37 Stück Lämmer, 43 Schock und 58 Stück Gänse, 9 Schock und 45 Stück Kapaune, 69 Schock und 45 Stück alte Hühner (wahrscheinlich für die Zubereitung von Hühnersuppe), 40 Schock und 36 Stück junge Hühner, 1750 Schock Eier, 108 und 18 Stück Forellen, 51 Schock geräucherte Forellen, 1 Schock frische Lachskunzen (junge Lachse), 3 Schock geräucherte Lachskunzen, 344 Kannen Schmerlein und 51 Kannen Eldritzen (kleine Flussfische, die im April und Mai am besten schmecken). Ob diese Mengen an Lebensmitteln von Verschwendung oder Normalität zeugen, kann vom heutigen Standpunkt aus kaum beurteilt werden. Auf jeden Fall wurde bereits im 16. Jahrhundert in der sächsischen Hofküche dem Küchenmeister ein Hausvoigt beigegeben, der über die Küchenbestände wachte und deren Verbrauch mitbestimmte. Die Küchenschreiber waren angehalten, täglich, wö-

chentlich und quartalsweise Kücheninventuren durchzuführen. *(vgl. Sächsisches Hauptstaatsarchiv, Geheimes Archiv/Geheimes Kabinett: Kurfürstlich sächsische Hof-, Küchen- und Lichtordnungen 1389–1664)*

Solche Verbrauchsmengen an Lebensmitteln hingen auch damit zusammen, dass die Bediensteten zum großen Teil mit Naturalien entlohnt wurden. Für das „Unternehmen" Fürstenhof eine auf Dauer viel zu teure Angelegenheit, die auch bald abgestellt wurde, wie späteren Küchenordnungen zu entnehmen ist.

Alsbald wurde dem Küchenmeister ein Officieninspector vorgesetzt, der für sämtliche Küchenwaren, die Hofconditorei, die Hofsilberkammer, die Hofkellerei, die Wäscheaufseherin und die Küchenökonomie verantwortlich war und dessen Amt nach 1909 in Hofwirtschaftsinspector umbenannt wurde. *(vgl.: Staatshandbücher des Königreiches Sachsen 1860 –1910)*

Für den einfachen Mann ging es immer wieder um Essen und Verdauung, Fasten und Schlemmen, Fett und Fleisch, Brot und Tod.

Dann tobte in Deutschland ein grausamer Krieg, dreißig Jahre lang, von 1618 bis 1648. Übrig blieben zerstörte Städte, Dörfer und verzweifelte Menschen, um Hab und Gut gebracht. Als am 24. Oktober 1648 in Münster und Osnabrück der Westfälische Frieden geschlossen wurde, verkündeten die Sieger, Schuld am Krieg wären die Teutschen. Sie hatten aber auch Schuld am Frieden. Denn das Metzeln, Rauben und Brandschatzen hörte nicht auf, weil

die Vernunft gesiegt hätte, sondern weil aus Deutschland nichts mehr herauszuholen war. Selbst für Aasgeier brachen karge Zeiten an. Statt Obstbau betrieb man Galgenbau und pflückte hernach die Gehängten, um sie zu verspeisen. Stellenweise fand widerliche prähistorische Barbarei statt. Bis zur Akzeptanz von Kannibalismus hinab ging der entsetzliche Abstieg menschlicher Essensmoral in dieser Zeit. Während die Bajuwaren als Entlohnung für ihre treulose Schlitzohrigkeit die Oberpfalz und die Kurwürde erhielten, begann das restliche Volk, eben die paar armen noch lebenden Zeitgenossen, den Schutt wegzuräumen, resultierend aus dem Chaos des Vergangenen. Nach drei Jahrzehnten Elend, Hunger, Pesttod und Mord schienen die Menschen aller Schichten des ewigen Verzichts überdrüssig, hatten die Entwürdigung ihrer Gefühle und Persönlichkeit in allen Belangen restlos satt.

Bald schon gewann die Sehnsucht nach Schönheit, Ruhe und Ordnung, nach Harmonie und Form die Oberhand, als Ziel und Triebkraft zugleich. Dieses Bedürfnis auf Lust am Leben war der Nährboden des Barock. Barock, das heißt gleichzeitig unregelmäßig, verkehrt, seltsam und wunderlich. Und wirklich – kulinarisch bot das Barock aus heutiger Sicht insgesamt doch äußerst Zwiespältiges. Eine treffendere Bezeichnung hätte deshalb für diese Ära nicht gefunden werden können. So abscheulich die Gründe für die Entstehung des Barock waren, nun kamen Glanz und Gloria auf, in neuen Dimensionen, aber auch wieder Elend und Armut. Nur – der höfische Prunk, Pomp und Flitter verzückte den kleineren Mann in seinem tiefsten Inneren verständlicherweise ebenso wie die barocken Herrscher selbst. Diese befleißigten sich, baldmöglichst ihrem Idol zu ähneln, dem Sonnenkönig Ludwig XIV. von Frankreich. Jeder deutsche Fürst war nun ernsthaft bemüht, wenigstens ein kleines, aber eigenes Versailles um sich herum aufzubauen. Bis auf August den Starken in Sachsen – der träumte von Versailles und Venedig zugleich. Er wollte das Flair beider geschichtsträchtigen Orte in Dresden zusammenführen. Nachdem er auf der bekannten Kavalierstour 1687 sowohl Versailles als auch Venedig kennengelernt hatte, begeisterten und beeinflussten ihn beide sein Leben lang.

Übrigens ist es bezeichnend, dass Ludwig XIV. bestimmte, 1680 solle in Versailles eine öffentliche Ausstellung der Produkte der gesamten im Dienst befindlichen Küchenmeister stattfinden. Bis 1696 geschah dies auch immer im Oktober jedes Jahres.

Der zweite europäische Monarch mit solchen Institutionen war August der Starke. 1695 erhielt sein ungarischer Küchenchef Nadöz den Auftrag, eine ebensolche Ausstellung zu arrangieren. Und auch der französische Küchenchef Vallié in der Warschauer Residenz von August II., König von Polen, musste auf dessen Geheiß hin eine Kochkunstausstellung mit den dortigen Gasthofbesitzern organisieren, in der hervorragende Gerichte gezeigt worden sein sollen.

Tafelfreuden und Produktvielfalt im alten Sachsen

Zum Ende des Dreißigjährigen Krieges sahen sich die einzelnen deutschen Regionen recht unterschiedlichen Ergebnissen ausgeliefert, von unversehrt bis katastrophal. Vor allem die nordwestdeutschen Hafen- und Handelsstädte hatten das schreckliche Inferno nahezu unbeschadet überstanden. Von dort aus, über Ost- und Westpreußen sowie Österreich, also über die alten Handelswege, schwappten dann auch die ersten Nahrungs- und Neuerungswellen nach Mitteldeutschland, und damit auch nach Sachsen. Unter anderem erreichten die Modegetränke Kaffee, Tee und Kakao zwar zögerlich, aber dennoch unaufhaltsam die Städte Dresden und Leipzig.

In Deutschland bildete sich immer mehr ein Gegensatz heraus zwischen der herzhaften Fleisch-Gemüsekost des Nordens, in Anlehnung an englisch-niederländische Gewohnheiten, und der Vorliebe für Mehlspeisen, mit Kontakten zur italienischen, österreichischen und böhmischen Küche, im Süden. Dazu kam die extravagante Vorliebe des Adels für französische Zubereitung und Tischmanieren, die teilweise sogar durch Beschäftigung französischer Bediensteter sichergestellt wurde.

Am barocken Dresdner Hof bestand zudem ein Hang zu althergebrachten, höfisch organisierten Festen der gigantischen Art. Und die Mahlzeiten fanden nach wie vor in mittelalterlichem Ambiente statt. Hier konnte der Gast noch Scherzgerichte sehen, wo aus Riesenpasteten kleinwüchsige Menschen auf Kommando heraussprangen und Speisen bis zur Unkenntlichkeit maskiert wurden. Für Hechte oder Zander bevorzugte man schwarze, rote oder grüne Anstriche. Forellen sahen plötzlich violett aus. Kalbslebern erhielten rechts eine rote, links eine grüne Panade oder durchweg eine güldene. Speisenträger servierten karmesinrote Hühnerpasteten, grünfarbene Spanferkel, kornblumenblaues Krebsmus, schwärzliches Dunstobst, gelegentlich auch Tauben, mit Safran oder Goldstaub gepudert. Diese Färberei von Speisenkomponenten zieht sich durch die ganze mitteleuropäische Küche, bis heute. Nur konnte man sich früher von der Schädlichkeit der verwendeten Rohstoffe keine Vorstellung machen, obwohl es an Warnungen zur größten Vorsicht im Umgang mit Farbstoffen nicht mangelte (Amaranthes, Elsholtz). So sind ehemals verwendete Färbungsmittel wie Berliner Blau, Mennige oder Gummi Gutti (gelbes Farbharz) für die Küche völlig ungeeignet, während etwa Smalte (Pigment aus zerstoßenem blauen Glas) zwar zwischen den Zähnen knirscht, aber ungiftig ist. Manche Färbehinweise in alten Kochbüchern ähneln Auszügen aus Chemiebüchern.

Markus Rumpolt, ehemals sächsischer und später „Churfürstlicher Meintzischer Mundkoch", nutzt noch in seinem Kochbuchbestseller „Ein new Kochbuch" – 1581 die durch langes Kochen eintretende Rötung der Quitten für die Herstellung von weißen und roten Quittenpasteten. Aber neben relativ unschädlichen Färbemitteln wie Safran, Eierschalen, Petersiliensaft, Gelbholz, Zuckercouleur, indischem Rotholz, roten Färbedisteln, rotem Rübensaft, Spinatmatte, Zitronenschale, Cochenille – einer ursprünglich in Mexiko zur Rotfärbung gezüchteten Schildlaus – oder Alkermes (Kernschildlaus der Mittelmeerländer, bis zur Entdeckung der Cochenille Basis für die Carminherstellung) wurden manchen Speisen auch echte Gifte zur farblichen Verschönerung zugesetzt, wie Berggrün (Malachitgrün), Bleioxyd oder Eisenzyanblau. Vielleicht hat hier die veraltete Kocheweisheit „Einer, der nichts von Alchemie versteht, wird nie ein guter Koch" ihren Ursprung. *(vgl.: Sigel/Morel: Von Farbe und Farben, Manesse Verlag Zürich 1980)*

Die eingemeindeten Sachsen im Vogtland stopften sich indes ihre Mägen zeitgemäß mit Eiern, Stockfisch, Salzheringen, Grütze und Graupen, Hirse und Rüben in erstaunlicher Zubereitungsvielfalt voll. Zum Frühstück stand Konventsuppe bereit: der zweite, dünne Aufguss vom Bierbrauen, zu einer Morgensuppe verkocht, die wirklich reine Geschmacksache war. Mittags genügte Rübensuppe oder Ähnliches. Den Sommer über speiste man abends Käse, im Winter Hering.

Einfluss auf bestimmte kulinarische Bräuche nahm natürlich auch die Religion, in Gestalt ihrer obersten und konsequentesten Vertreter. Beispielsweise war den Inquisitoren der katholischen Kirche der steigende mittelalterliche Konsum von Hühnereiern, als heidnisches Fruchtbarkeitssymbol, ein Dorn im wachsamen Auge. Prompt verteufelte der Klerus die Hühnereier wegen ihrer angeblich aphrodisierenden Wirkung. Gerüchte über grillige Hexen gingen durchs Land, welche die Eier dazu missbrauchen würden, Männern das zu rauben, was durchs Eieressen eigentlich gefördert werden sollte. Der Name des jeweiligen Opfers stünde an der Innenseite (!) des spitzen Endes vom Ei, welches zerschlagen werden müsse, um dem

Zauber Einhalt zu gebieten. Seitdem klopfen Liebhaber von Frühstückseiern am Morgen geduldig mit einem Löffel auf die besagte Spitze und zerschlagen damit nicht nur den Namen, sondern auch den Hexen ein Schnippchen.

Im Fundus der philosophischen Fakultät der Universität Leipzig sind Unterlagen erhalten, die genaue Aufzeichnungen über die Leipziger Magisterschmäuse beinhalten. Detailliert und minutiös sind Produkte, deren Preise und Preisvergleiche aufgezeichnet. Zwischen 1567 und 1569 fielen die Mahlzeiten recht bescheiden aus. Hammelbraten, Schweine- und Kalbskeulen, geräucherte Zungen und Kapaune gehörten dazu. Zu den Fleischgerichten kamen Ergänzungen wie Karpfen, Lachse, Hechte, Bratfische und Bricken sowie süße Suppen. Solche Suppen aus Mandeln, Sahne, Zucker und Zimtrinde oder Fischsuppe vom Hecht, mit Pfefferkuchen, Eiern und „geringem" Wein, muten noch heute ziemlich exotisch an. Zu den warmen Speisen gehörten Semmeln, Kompott von Kochbirnen oder Apfelmus, mit Mandeln veredelt. Weiterhin aßen die hohen Herren Salat von Roten Rüben oder Brunnenkresse, Salz- oder Pfeffergurken als Beilagen. Rinderbraten rieben die Köche mit Wacholder, Kümmel und Essig ein. Zur geräucherten Zunge gehörte unbedingt reichlich Senf, und Schweineleber ließen die Magister in Speck braten. Sollte Wildbraten die Tafeln bereichern, musste dies beim Kurfürsten beantragt werden. Dieser genehmigte in der Regel die Zuteilung mit Order an den Landesforstmeister, der schließlich den Preis festlegte. Auf dem Leipziger Markt boten Händler dazu „Hasenschwartz" oder „Farb zu Wildbret" an. Diese Färbemittel bestanden aus gebranntem Mehl und mussten mit Wasser angerührt werden. Als Dessert werden Spitz-, Propheten- und gebrannter Kuchen bereitet, Birnen, Nüsse und Borsdorfer Äpfel genannt. Für die Kuchenherstellung verwendeten die Bäcker Hirschhornsalz wegen seines Natrongehaltes als Triebmittel; Hefe kam erst später in Gebrauch. Beliebteste Würzmittel waren Wacholder, Kümmel und Petersilie. Frisch oder getrocknet diente Petersilie für „das grüne zu den Fischen in der Tütsche" (Sauce) oder als „grünes zur Titze uffn Lachs". Schweineköpfe erhielten Lorbeerkränze aufgesetzt.

Bemerkenswert sind einige Preisvergleiche: Zwischen 1570 und 1680 sank der Pfefferpreis um 50%. 1628 kostete ein Zuckerhut (7–8 Pfund) zwei Taler, dagegen das Pfund Pfeffer 64 Groschen. Allerdings befriedigten die Damen und Herren ihr Bedürfnis nach Süßstoff weniger durch Zucker als vielmehr durch süße Früchte. Noch 1568 stand das Lot Gewürznelken im Preis 3 Pfund Kalbfleisch gleich. Ein Lot kandierter Zimt kostete so viel wie ein Pfund Kalbskeule. Auf den Märkten, vorrangig in Leipzig und Dresden, war alles erhältlich, was die damaligen Konsumentenherzen höher schlagen ließ: kandierte Oliven, Zitronen, Pomeranzen, Aepfel de Sina (Stück zu 2 Groschen), gewöhnliche Äpfel (Schock 2 Groschen), Borsdorfer Äpfel (Schock zu 10 Groschen), Datteln, Pinienkerne, Pistazien. Birnen galten sowohl als Obst als auch als Gemüsebeilage zum großen Braten. Eingelegte oder getrocknete Kirschen kosteten (1676) 3 Groschen das Pfund. Kirschsaft zum Würzen von Saucen, Haselnüsse, Pflaumen, Stachelbeeren und Johannisbeeren gehörten zu den teuren Angelegenheiten. Für ein Pfund Johannisbeersaft mussten die Käufer 1695 immerhin 14 Groschen hinlegen. Weiterhin bot der Markt nahezu alle Fleischsorten, Rosenwasser, fertige Fischsaucen (aus Mehl, Eiern, Kapern und einer Vielzahl Gewürzen bestehend), Hagebutten, Pfefferkuchen zum Andicken der Saucen, Mandelmus, der mit Milch oder Rahm versetzt auf keiner Tafel fehlte.

Von den Käsesorten lagen Limburger, Parmesan und holländischer bereit. Die einheimischen Sorten Kuh- und Schafskäse erhielt vorrangig das Dienstpersonal vorgesetzt. Ein Pfund Reis kostete 16 Groschen (1678), ein Blumenkohl (mehr Strunk als Blumen) 6 Groschen. Marzipan, kandierte Importfrüchte, gezuckerte Mandeln oder Muskatbrot waren nicht unter einem Gulden das Pfund zu haben (1624).

Im 16. Jahrhundert betrug das Verhältnis in den Ausgaben für Brot und Kuchen zum Fleisch in Sachsen 1:4. Die Mahlzeiten enthielten viel mehr Fleisch (und alkoholische Getränke) als Brot. Bis in die Mitte des 18. Jahrhunderts veränderte sich das Verhältnis auf 1:2. Dahinter verbarg sich eine drastische Wandlung im Essverhalten. Die Mahlzeiten wurden erheblich durch Obst, Gemüse, Zuckerwerk, Brot und Kuchen gegenüber dem Fleischanteil angereichert.

Bei der Zubereitung von Speisen gingen die Köche nicht gerade zimperlich mit den zur Verfügung stehenden Produkten um. Bestrebungen, den Geschmack von Fisch, Fleisch oder Geflügel zu verbessern, führten zu eigenwilligen Praktiken. Lebende Aale wurden langsam mit heißem Essigwasser übergossen, bis sie den Geist aufgaben. Zappelnde Flussfische mussten geschlagene Eiermasse schlucken, bevor ihnen das Maul zugebunden wurde und sie im kochenden Wasser landeten. Krebse riss man lebend aus ihren Panzern, weil das Fleisch dann saftiger wäre. (Heute schlitzen Mitarbeiter der Kaviarmafia in Astrachan lebenden Stören die Bäuche auf, weil deren Kaviar qualitativ besser sei und demzufolge einen höheren Marktwert habe.) Nach einer anderen Rezeptur werden für ein Scherzgericht lebende Krebse in einem hohen Gefäß mit Branntwein übergossen und angezündet. Beim Service hob man den Deckel an, und hervor krochen zur zweifelhaften Freude der Anwesenden die roten brennenden Scherenträger.

Ein wahrlich erschreckendes Rezept erscheint 1740 im „Buch der auserlesenen Künste für das Frauenzimmer sowohl in den Städten als auch auf dem Lande“, die lebend gebratene Gans: „Nimm eine Gans, berupfe sie bis auf den Hals und Kopf. Mache ringsum ein Feuer auf, nicht allzu nahe, dass die Gans nicht ersticke, sondern dass sie allgemach brate. Setze zu ihr mehrere Gefäße mit Wasser, Honig und Salz vermischt, daran sie sich labe. Darnach nimm Äpfel, röste sie in Schmalz und bringe sie an Stäbchen in die Nähe der Gans, und rücke das Feuer näher. Es verschließt dem Tier, das zu fliehen ver-

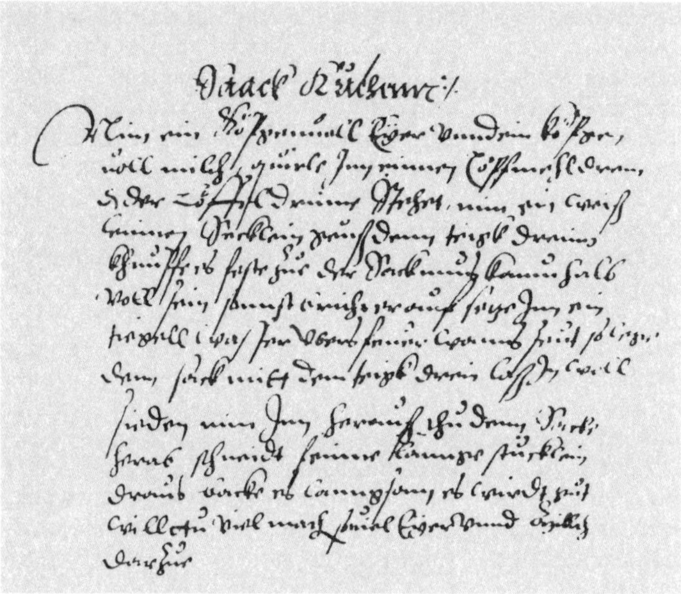

Rezept für Sackkuchen aus dem Meißnischem Küchenbuch von 1571, der erste Hinweis auf die Zubereitung von Klößen in Sachsen

sucht, den Ausweg. Du musst ihr aber ohn Unterlass Herz und Kopf kühlen. Die Zusätze zu dem Trinkwasser wirken abführend und lösen so die Entleerung der Eingeweide aus. Weil sie durch das Feuer nicht davon kann, trinkt sie immerzu. Wenn sie anfängt zu zappeln und zu fallen, nimm sie weg, leg sie in eine Schüssel und gib sie den Gästen zu essen. Sie ist gebraten, lebt dennoch und schreit, wenn von ihr geschnitten wird.“ Es gehört schon eine große Portion Gefühllosigkeit dazu, sich überhaupt einen solchen Braten auszudenken. Wahrscheinlich aber war die Gans doch tot, das Fleisch noch halb roh und das Lebendige nur Muskelzucken, wie es bei geschlachteten Karpfen immer wieder zu beobachten ist.

Auch ungelegte Eier wurden verarbeitet: „Nimm die vorzeitigen Eier, die in den Hennen zu finden sind, setz sie auf und lass sie sieden, zieh die Haut ab, steck sie auf einen Spieß zwischen Speck, dann brat sie auf einem Rost“.

Zu den großen Delikatessen zählten Hammel- oder Pferdehoden: „Wirf die Hoden ins Feuer und zieh die zähe Haut ab, in kräftiger Rinderbrühe mit Äpfeln und Pfeffer koche sie gar.“ Dann vollendete sie der Koch mit Zimt, Nelken und Safran. Karpfenzungen in Butter gebraten, Ochsenaugen, paniert und in tiefem Fett gebacken, und Sackkuchen, das waren echte Spezialgerichte in Sachsen. Sackkuchen sind eine Art Serviettenkloß, der Vorläufer des Kartoffelkloßes in Sachsen. Darüber berichtet eine der ältesten Kochbuchhandschriften Sachsens, das „Küchenbuch nach Meißnischer Art“, aus dem Jahr 1571: „Nim ein Köpgen uoll Eyer unnd ein Köpgen uoll milch, quirlls inn einen Topf mehl drein (dass) der Löffel drinne steht, nimm ein Weißleinen Secklein, geuß den Teig dreinn, knupfe es feste zu, der Sack muss kaun halb voll sein, sonst bricht er auf, setzt in ein Tiegell wasser ubers Feuer, wann seut, so lege den Sack mitt dem teigk dreinn, lass ihn woll sieden. nimm ihm heraus, thue den Sack herab, schneidt feine lange stuecklein drauß, backe es langsam, es wird gut."

Sachsens Viktualien und Speisen seien in diesem wohl eingerichteten Land überaus gut, erfährt der interessierte Bürger 1720 aus der kurfürstlichen Residenz Dresden von amtlicher Seite. Ausländische Gewürze und Delikatessen gäbe es mittels der Messen in Leipzig und Naumburg zur Genüge, aber auch durch die Geschäftstätigkeit der eigenen Kaufleute. Trotzdem mussten entsprechend der Leipziger Stadtordnung von 1701 bei Hochzeiten acht Tage vor der Trauung die Speisezettel in die Ratsstube zur Durchsehung und Censur gebracht werden. An Feld- und Gartenfrüchten sei das Sortiment reichhaltiger als in anderen Ländern, des milden Klimas, guten Bodens und der fleißigen Menschen wegen. Fleisch von Rindern, Schweinen, Schafen und Ziegen sei von herausragender Qualität, dass sich andere Provinzen, so sie fettes Vieh wollten, es aus Sachsen holen würden.

In Hohnstein (Sächsische Schweiz) existierte seit 1765 eine Merinoschäferei, die erste in Sachsen überhaupt. Geflügel gäbe es in Abondanz – im Überfluss. Auch Flüsse und Teiche hätten einen stattlichen Vorrat schmackhafter Fische zu bieten.

Sachsens Bauern und Gärtner lieferten ein reichhaltiges Sortiment zahlreicher Gemüse- und Obstsorten: Radieschen, Meerrettich, grüne Gurken, Sellerie, Quedlinburger und Braunschweiger Grünkohl, grüne Braunschweiger, Halberstädter und holländische Bohnen, deutschen und spanischen Lauch, Prinzen- und Romanerkopfsalat, braunen, gelben, grünen Ackersalat und braune, gelbe und rote Endivie. Die aus Spanien stammende Scorzoner Wurzel wurde in den Gärten immer öfter angetroffen. Man nennt sie heute Schwarzwurzeln. Schwarzwurzeln „stärken das Herz, öffnen die verstopfte Leber und Milz, und lindern hitzigen Urin". Zum Fisch und Fleisch wurden sie gesotten gegessen, mit deutscher Sauce, bestehend aus Butter, Salz, Muskat, Essig und süßem Rahm. Brokkoli, eine italienische Spezialität, war schon Anfang des 18. Jahrhunderts eine bekannte Gemüseart in Sachsen, genau wie die aus Amerika stammende Zucchetti. Roter und weißer Mangold gehörten dazu und eine Riesenpalette an Gartenkräutern. Herrliche Früchte lieferte das Obstland um Meißen. Im vorigen Jahrhundert erhielt die Lößnitz bezeichnenderweise den Namen „Dresdner Erdbeer-, Kirsch-, Pflaumen-, Pfirsich- und Spargelgarten". Dort wurden aber auch zahlreiche Apfelsorten, Walnüsse und Aprikosen geerntet. Entlang des Elbtales gedieh auf saftigen Wiesen erstklassiges Futter für das Weidevieh. Milch und Käse aus dem Erzgebirge gehörten zu den besonderen Köstlichkeiten, weil die Kühe, Schafe und Ziegen reichlich Kräuter mit dem Gras der Gebirgswiesen aufnahmen, die der Milch einen reizvollen Geschmack gaben. Beinahe eine Frage der Ästhetik muss wohl der Spinnenkäse aus Würschnitz (heute Sachsen/Anhalt

gewesen sein, oder der Altenburger Milbenkäse. Während des Reifeprozesses bearbeiteten winzige Spinnen den Käseteig. Wenn die Zeit gekommen war, verspeiste man den Käse mit den lebendigen Tierchen auf frischem Roggenbrot mit Zwiebeln und Lauchstreuseln. Milben- und Spinnenkäse kam aus seinem Herstellungsort nicht heraus. Dagegen exportierten die Meierhöfe Schafs- und Ziegenkäse in großen Mengen bis in die Mark Brandenburg und nach Hamburg. Erstklassiges Getreide wuchs in den Ebenen nach Leipzig hin, rings um Lommatsch, eines der fruchtbarsten Gebiete Mitteleuropas. Feines weißes Mehl erhielten die Bäcker, und sie buken daraus nicht nur Brot schlechthin, sondern verwendeten pikante Zusätze zur Geschmacksverbesserung wie Muskat, Kümmel-, Anis- oder Fenchelsamen, zerlassenen Speck und Zwiebeln. In der vorzüglichen Qualität des Mehles liegt auch die breit gefächerte sächsische Kuchentradition begründet. Abgesehen von den traditionellen Kult- und Gebildegebäcken, zu denen historisch der sächsische Christstollen gehört, von dem Seelen-, Toten- und Sonnenwendbackwerk, das weder bei den Festen der Germanen noch den Volksbelustigungen unserer direkten Vorfahren fehlte, waren die großen sächsischen Blechkuchen immer Streitobjekt zwischen Vernunft und Magen. Gerade zur Kirmeszeit oder Kirchweih bogen sich die Schragen unter der Last des weithin duftenden Backwerks. Hauchdünn musste der Teigboden sein, nur zwei Messerrücken dick ausgerollt, aber prall aufgetürmt der fruchtige Belag oder die Butterstreusel. Schon die Frühmenschen riskierten haufenweise Bienenstiche, um an den süßen Honig heranzukommen. Süßes wird in der ganzen Welt gern gegessen. Die östlichen sächsischen Landesteile galten als reiche Honiggegenden. Von dort wurden immer schon die berühmten Lebkuchen geliefert (Radeberg, Pulsnitz).

Die Sachsen sind wegen der süßen Sachen nichts Besonderes, nur dass sie aus ihrem ein Kuchenland machten: Dresdner Eierschecke (mit Mandeln), Kleckselkuchen, Bienenstich, Streuselkuchen, Butterkuchen, Kartoffelkuchen, Sandkuchen, Marmorkuchen, sächsische Bäbe (Gugelhupf), Quarkkuchen, Lebkuchen, Käsekäulchen, Mandelkuchen, Heidelbeerkuchen, sächsische Hohlhippe, sächsische Torte (mit Mürbeteig, Heidelbeermarmelade, Mandeltortenmasse und Orangenblütenwasser).

In den bis 1815 zu Sachsen gehörenden Teilen des Flämings fanden sich zahlreiche rechteckige Waffeleisen, die das sächsische Wappen, die gekreuzten Meißner Schwerter und das quer gestreifte Feld mit dem Rautenkranz zeigen. Holunderkuchen, Käsekuchen, Leipziger Strumpfsohlen, Quittenkuchen, Speckkuchen, Zwiebelkuchen, Aschkuchen, Dickkuchen, Rahmkuchen, Spritzkuchen, Reibekuchen, Rosinenkuchen, Mohnkuchen, Kirschkuchen, Gewürzkuchen, Grieskuchen, Windbeutel, Arme Ritter, Hahnbutten(Hagebutten)kuchen, Lachstorte, Haasentorte, Macronen, Kartoffeltorte, Leipziger Lerchen, sächsische Müffchen, kalter Hund oder die Palette der Blechkuchen zeugen von einer bemerkenswerten Kuchenvielfalt, zu der auch die Plätzchen, Schmätzchen und Kringel zum Weihnachtsfest gehören. Die Sachsen entwickelten zudem die hohe Kunst des „Titschens“, des Eintauchens des Kuchens in den Kaffee, als innige Vereinigung, bevor er in die Mundhöhle geschoben wird. Verfechter dieser Kuchenveredlung schwören, von getitschtem Kuchen würden die Mädchen noch schöner, als sie es in Sachsen ohnehin schon sind.

Ein touristisches Zeugnis des 19. Jahrhunderts bescheinigt den Sachsen, sie machten ihre Eroberungen nicht durch Waffen, sondern durch Witz, nicht durch ihre Soldaten, sondern durch ihre Frauen, nicht mit Kugeln, sondern mit Kuchen, nicht mit Schießpulver, sondern mit Backpulver.

Fast alle sächsischen Kurfürsten und späteren Könige waren leidenschaftliche Jäger. Die Wälder des Erzgebirges, um Tharandt und Moritzburg herum, galten als Eldorado für Waidmänner. Wildbret zählte zu den bevorzugten Leckerbissen der Aristokratie. Seit Jahrtausenden galten Adel und hohe Kirchenfürsten als zum Wildessen geboren, schlichte Bauern dagegen zum Essen der Feldfrüchte. Der Gedanke, man würde sich mit dem Fleisch der Wildtiere auch deren edles, zuweilen erhabenes Auftreten einverleiben, steckte tief verwurzelt im Bewusstsein der Herrschaften. Nach den Regeln der Kochkunst musste das erlegte Wild lange abhängen, bis zum haut-goût, einem Reifestadium mit fast penetrantem Geruch. Für den Adel war haut-goût der hohe Geschmack, hart an der Grenze zum Verdorbenen. Fasane und Auerhähne hingen so lange mit der Kopfschlinge am Haken, bis der restliche Körper genüsslich duftend zu Boden fiel. Natürlich waren die Leute nicht so töricht, verdorbenes Fleisch zu essen. Tatsächlich muss Wild wenigstens zwei bis drei Tage reifen, wie jedes andere Fleisch. Gröberes länger als feines, solches zum Kurzbraten länger als solches zum Kochen oder Braisieren. Beim haut-goût handelt es sich um eine übertriebene Form der Fleischreife.

Der sächsische Untertan schlug sich richtig den Magen voll, falls er in den

Küchenzettel

bei der Vermählung des Kurfürsten Joachim von Brandenburg

(geb. 9. Januar 1505, gestorben 2. Januar 1571)

mit der Prinzessin Magdalena von Sachsen

(geb. 7. März 1507, gestorben 28. December 1534)

am 6. November 1524 zu Dresden.

I. Am Vorabend der Vermählung.

A. Fürstentisch.

Erster Gang.
Hasen-Wildpret
Gebratenes
Aepfel in Butter
Geröstete Vögel
Ein Schau-Gericht.

Zweiter Gang.
Schmerlen, treug heiss
Gebratenes
Torten von Quitten und Birnen
Pasteten von Hasen
(übergoldet) als Schau-Essen.

Dritter Gang.
Karpfen mit Drapes und süssem Wein
Geronnene Milch mit Reis
Schau-Essen
mit Gebackenem.

B. Tisch der Grafen, Prälaten und Räthe.

Reh-Wildpret
Gebratenes
Schmerlen, treug heiss
Gelbe Vögel
Apfel-Mus (kalt)
Gänse-Gekröse (schwarz)
Hühner (weiss) mit Muskatblumen
Gebackenes.

C. Für die Ritterschaft und Frauenzimmer.

Hirsch-Wildpret
Gebratenes
Gänse-Gekröse
Apfel-Mus (kalt)
Hühner (weiss) mit Muskatblumen
Gallerte
Gebackenes.

D. Für die Speise-Küche.

Hasen-Wildpret
Gebratenes
Wurst
Rindfleisch-Suppe mit Graupen
Rindfleisch, treug.

II. Am Hochzeitstage, den 6. November 1524.

A. Fürsten-Tafel.

1. Mittags.

Erster Gang.
Ein Auerhahn mit einer geschmorten süssen Sose (geschlagene Sauce)
Grüne Foren (Forellen)
Gebratenes
Mandeltorten mit Compot
Ein Schau-Essen.

Zweiter Gang.
Schweine-Wildpret
Gebratenes von Span-Ferkeln
Wilde Hühner mit gelber Sose
Ein Schau-Essen.

Dritter Gang.
Grüne Hechte
Heisse Kuchen mit Oblaten
Pasteten, darin eine Rehkeule, vergoldet für ein Schau-Essen.

Vierter Gang.
Gepresste Schweinsköpfe mit Aepfeln und Weinessig
Birnen in einer süssen Brühe
Gebackenes
Eine hohe Gallerte von Fischen, vergoldet für ein Schau-Essen.

2. Abends 6 Uhr.

Erster Gang.

Salat
Zwei Reis-Schüsseln
Gebratene Tauben
Kalbs-Braten
Gekochte Karpfen
Rindfleisch
Gekochte Aale
Hammelbraten
Gerösteter Kalbskopf
Erbsschocken
Krebse
Hammelfleisch
Leber-Kuchen
Geschnittener Ochsen-Kopf.

Zweiter Gang.

Kalbfleisch
Gekochte junge Hühner
Pastete von Ochsenzungen
Hirschbraten
Gebratene Rehkeule
Lammbraten
Reh-Wildpret
Ochsen-Kaldaunen
Pflaumen-Kuchen
Stachelbeeren-Torte
Hirsch-Wildpret
Ochsen-Klauen
Gekochte Karauschen.

B. Das Gefolge.

1. Mittags.

a. **Für Grafen, Räthe und Prälaten.**
(10 Schüsseln).

Rehrücken mit brauner Sose
Grüne Fören
Gebratenes
Wein-Mus
Schweins-Wildpret
Gebackene Aepfel
Gelbe Vögel
Synandt-Fladen
Fisch-Gallerte
Gebackenes.

b. **Für die Ritterschaft und Frauenzimmer.**
(8 Schüsseln).

Schweine-Wildpret
Grüne Fören
Gebratenes
Wein-Mus
Hasen-Wildpret
Synandt-Fladen
Fisch-Gallerte
Gebackenes.

c. **Für die Speise-Küche.**
(6 Schüsseln).

Hasen-Wildpret
Gebratenes
Karpfen treug
oder Gelbes Fleisch
Gebratenes
Reis mit Milch
Rindfleisch.

2. Abends.

A. Die Junkertafel.

Erster Gang.

Salat
Zwei Reis-Schüsseln
Junge Hühner, gekocht
Gekochte Aale
Kalbsbraten
Gebratene Tauben
Schweinebraten
Erbsschocken
Ochsen-Klauen.

Zweiter Gang.

Hirsch-Wildpret
Lammfleisch
Gekochte Karpfen
Lammfleisch-Pasteten
Kalbskopf, geröstet
Gekochte Karauschen
Pflaumen-Kuchen
Krebse.

B. Der dritte Nebentisch.

Erster Gang.

Reis
Kalbfleisch
Hirschbraten
Ochsen-Kaldaunen.

Zweiter Gang.

Gekochte Karpfen
Hirsch-Wildpret
Rindfleisch
Reh-Wildpret.

C. Der Offizier-Tisch.

Erster Gang.

Zwei Reis-Schüsseln
Zwei Salate
Rindfleisch
Kalbfleisch
Hirsch-Wildpret.

Zweiter Gang.

Hammelfleisch
Kalbskopf
Hammelbraten
Ochsen-Klauen
Sauer Gebratenes.

D. Die Dienerschaft.

a. **Altfrau und Mägde.**

Salat
Kleine Krebse
Bückinge
Rindfleisch
Reis
Kalbfleisch.

b. **Zwei Tische für fremde Kutscher.**

Salat
Geröstete Hammelköpfe
Rindfleisch
Kleine Krebse.

c. **Sieben Tische für Dienerschaft.**

Salat
Kleine Krebse
Rindfleisch
Bückinge.

Genuss solcher Leckerbissen kam. Erstens sollten keine Reste bleiben, weil niemand etwas davon wissen musste. Legte man sich doch einen kleinen Vorrat an, wurde dieser in Sauermilch, Salz oder Essig konserviert. In Rezeptbüchern des Erzgebirges ist oft die Rede von Sauerbraten aus Wildschweinkeule, Hirsch oder Hasenschlegel.

Johann Georg II. erlegte zwischen 1656 und 1680 immerhin 13 700 Hirsche. Kurfürst August brachte es am 4. 10. 1562 allein auf sagenhafte 540 Borstenviecher. Der Tierbestand litt nicht darunter: Immerzu klagten die Bauern über die Verluste auf den Feldern durch herumziehendes Wild. Und so wird wohl mancher unartige Schwarzkittel trotz Verbotes im Kochtopf der zornigen Landarbeiter gelandet sein. Neben Rot- und Schwarzwild, Fischotter (Fastenspeise), Dachs und Eichhörnchen, Hase und Biber, Birkhuhn, Auerhahn und Fasan, Feldhuhn und Haselhuhn, Wasserhuhn, Schnepfe und Krammetsvogel, Wildtauben, Wildenten, Schwan und Trappe, Kiebitz, Regenpfeifer und Fischreiher leistete man sich auch gern Singvögel. Finken, Zeisig, Pirol, Meisen und Lerchen, in Wein gekocht, mit gedünsteten Äpfeln und eingeweichten Rosinen serviert, gehörten zu den Delikatessen des barocken Hofes am Taschenberg in Dresden.

Von den Lerchen wurden jährlich viele tausend Schock in Leipzig benötigt, allein im Oktober 1720 genau 404 340 Stück. Die wurden gerupft, einzeln in Papier gewickelt und in Kisten verpackt. Im Leipziger Salzgässchen boten später sogenannte „Lerchenfrauen“ die nicht exportierten Vögel an, inklusive folgendem Rezept: „Wenn die Lerche gerupft, so blas sie am Hals, mit einem Federkiel auf, nimm frischen Speck, Muskatblumen und ein wenig Salz, hakke es untereinander, thue Butter in ein Pfännlein zum Feuer. Rühre die Fülle darein, nebst einem Eyer Dotter, siehe, dass die Fülle nicht zu dicke werde. Tue es bey dem Halse durch ein klein Trichterlein ein, saltze sie, und binde sie in Lorbeerblätter, stecke sie ein, brate sie fein gemach, dass sie nicht aufspringen, begieß sie mit zerlassener Butter.“ Fast schon ein Nationalgericht in den Gaststätten der Messestadt waren die Lerchen mit Sauerkraut. Mitunter packten die Bäcker Lerchen in Brotteig ein und buken diese als Überraschungslerche. Als dann der Rat zu Leipzig 1876 den Lerchenfang verbot, entwickelten pfiffige Zuckerbäcker das schmackhafte Makronentörtchen in zartem Mürbeteig mit den überkreuzten Mürbeteigstreifen obenauf, die Leipziger Lerchen von heute.

Alle Flüsse und Flüsschen Sachsens, so berichten die Chronisten einhellig, seien von Gott reichlich mit Fischen gesegnet. In den kleineren Nebenflüssen der Elbe im Elbsandsteingebirge fing man bereits das ganze Mittelalter über Weißfische (Ukelei) und Lachse. Lachsbach und Weißfischbach heißen noch heute die Unterläufe der Polenz und Sebnitz. Knechte und Mägde weigerten sich, dort eine Arbeitsstelle anzunehmen, wo es mehr als zweimal in der Woche Lachs zu essen gab. Aus dem Jahr 1575 existiert ein Dokument mit klaren Anweisungen über Mindestmaße der zu

fangenden Fische, deren Verkauf und den Gebrauch von Fanggeräten. Bereits seit 1547 galten die kleinen fischreichen Gewässer dieser Sandsteinwelt als Gemeindefischwasser. „Handwerkgesellen, Knechte und anderes müßiges Gesinde“ durften bei Strafe dort nicht selbstständig fischen. Karpfen, Lachse und Hechte in der Elbe. Aale, Lachse, Aalraupen, Schmerlen (Grünlinge) in der Mulde. Aufzeichnungen der Stadtverwaltung in Mittweida überliefern, der erste in der Mulde gefangene Lachs in jedem Jahr sei an den kurfürstlichen Hof nach Dresden zu senden.

Krebse gab es so reichlich, dass von Krebsernten die Rede war. Ihre Hauptsaison liegt zwischen Mai und September. Im letzten Viertel des 19. Jahrhunderts raffte dann die Krebspest nahezu alle Exemplare von Astacus fluviatilis dahin. Den ehemals so berühmten sächsischen Wildbachforellen ging es schon in der ersten Hälfte des 16. Jahrhunderts immer schlechter. Agricola (Arzt und Bürgermeister in Chemnitz 1494–1555) schrieb voller Empörung für die Nachwelt, unsere Gebirgsbäche seien voll schwarz gesprenkelter Forellen gewesen, dass Köhler und Waldarbeiter, die zur Sommerzeit in den Bächen badeten, sie mit der Hand fingen und sich gegenseitig zuwarfen. Die Bäche seien durch den Schlick und Schlamm der Pochwerke, Berghallen und Erzwaschungen sehr verwüstet worden. Berühmt für Forellenreichtum waren die Gewässer des Erzgebirges, um Freiberg und Waldheim, der Lockwitzbach bei Dresden und die Weißeritz bei dem Städtchen Rabenau. Mit der Einführung der amerikanischen Regenbogenforelle 1880, die höhere Temperaturen verträgt und sich bequem züchten lässt, begann die Haltung von Teichforellen in großem Maßstab. In den Dörfern verwendete man Forellenfett zur Behandlung von Warzen. Sonst aber wurden die kleinen Räuber gern mit Wildkräutern eingerieben und auf Spießen steckend über offenem Feuer gebraten. Zu den geheimnisvollsten Fischen gehörten die Aale, weil deren Fortpflanzung bis zum Anfang des 20. Jahrhunderts ziemlich unklar blieb. Aalfett wurde in Apotheken gehandelt. Haare wüchsen schneller und üppiger, schmiere sich der Patient Aalfett auf den Kopf. Es heile zudem Wunden, mache hörend und lindere Schmerzen bei Hämorrhoiden. Aalköpfe taugen gegen Körperwarzen, wenn solche mit dem blutenden Aalkopf in Berührung kämen und die Häupter danach vergraben würden. Aalblut mit Wein eingenommen lindere Schmerzen und Koliken. Und die Haut des Aales gehöre um verrenkte Glieder gebunden, meldet eine Leipziger Gelehrtenzeitung von 1700.

Der Oberlandes Fischmeister von August dem Starken berichtet 1719 von einem 32 Jahre alten Hecht im Klein Bosischen Garten bei Leipzig, der jedoch viel Moos angesetzt habe. Auch Hechte wurden nicht nur gegessen, sondern medizinisch interessant vermarktet: Hechtgalle vertrieb Fieber, äußerlich angewandt taugte sie gegen blöde Gesichter, geriebenes Hechtkiefernpulver eingenommen half bei einer harten Geburt. Hechtfett pflege die wunden Fußsohlen und der Rogen regele zufriedenstellend den Stuhlgang, deswegen ihn auch der gemeine Mann öfters zu speisen pflege. Hechte brate und koche man, setze sie in Pasteten, Fischtorten und forme aus gehacktem Hechtfleisch mit würzigen Kräutern zarte Klößchen. Über die reichlich vorkommenden Brassen, im halbwüchsigen Zustand auch Bleie genannt, stritten sich die Geschmäcker. Im schlammigen Grund von Seen und Flüssen lebend, hieß es vom Vetter der Karpfen, je kleiner desto gemeiner (der Geschmack). Vor allem die Dresdener Hofküche hielt sich im Zwingerteich aalähnliche Wanderfische, Neunaugen oder Pricke genannt. Diese fettreichen, weißfleischigen Tiere bereicherten hauptsächlich zwischen Martini und Fastnacht als Bratfisch sauer eingelegt, geräuchert oder in Bierbrühe gekocht die Tafel des Kurfürsten.

Als Besonderheit wurden im Erzgebirge vor gut 250 Jahren Schmerlen gefangen, gekocht, mit Petersilie belegt, in

Kartons gepackt und als Spezialität nach Dresden und Leipzig verschickt. 1842 machte sich ein Fischer in den Vogesen um die künstliche Aufzucht der Flossentiere in angestauten Gewässern verdient. Schon 1852 eröffnete daraufhin die Tharandter Forstakademie eine Forellenaufzucht-Anstalt. Auch Lachsbrut wurde verstärkt in den Hälterungsbecken ausgesetzt, allerdings zunächst nur mit kläglichem Erfolg. Trotzdem arbeiteten die Tharandter intensiv an der künstlichen Aufzucht von Forellen und Lachsen. Immerhin steckte die Flussfischerei in der Krise. Die zunehmende Schifffahrt und Verunreinigungen der Flüsse verhinderten die Lachszüge und störten die Brutentwicklung aller anderen Wassertiere.

Nach 1870 erlangte die sächsische Binnenfischerei enormen Aufschwung. Schon 1882 existierten um Dresden 82 private und königliche Fischzuchtanlagen, begünstigt durch die konsequente Einführung nordamerikanischer Regenbogenforellen. Zwischen Tharandt und Edle Krone bei Dresden wurden in der Zuchtanlage von Rudolf Linke jährlich drei Millionen Lachseier ausgebrütet und 100 Zentner Zuchtforellen in den Handel gebracht. Für die Vernichtung lästiger Fischfeinde zahlten die Teichheger und Fischzüchter hohe Prämien. Allein 1897 wechselten 6098 Mark den Besitzer, für 250 tote Fischotter, 1114 erlegte Reiher und 27 gefangene Fischadler, zu jener Zeit ein schönes Sümmchen. Selbst die Karpfenhaltung nahm Ende des 19. Jahrhunderts wieder zu. Ursache dafür war der gelungene Import besserer Karpfenrassen aus Galizien, Böhmen und Schlesien, die vor allem schneller heranwuchsen und frisches Blut unter die Laichfische brachten.

Sächsischer Küchenkalender

Was Wald und Flur, Teich und Fluss für die Kochtöpfe der Dörfler und Städter in den einzelnen Monaten des Jahres bereithielten, war seit Jahrhunderten die Ernährungsgrundlage der Menschen, danach richtete sich der Speiseplan. Schließlich freute man sich auf die immer wiederkehrenden Genüsse – oder hungerte, wenn sie ausblieben. Diesen Produkterhythmus verrät ein Küchencalendarium, gut 120 Jahre alt, wahrscheinlich wesentlich länger im Gebrauch, und immer ergänzt mit den Neuzugängen des Marktes.

Januar

Gemüse
Zeller (Sellerie), Petersilien- und Zuckerwurzeln (Wasserpastinake), Meerrettich, Möhren, Schwarzwurzeln, Kartoffeln, Lauchzwiebeln, Porree, Knoblauch, Rocambol (spanische Schalotte oder Schlangenknoblauch), viele Kohlsorten wie Wirsing und Blumenkohl, Rüben, Wintersalat, Endivien, Brunnenkressen und Rapunzel, Kastanien, Rettich und Pastinaken.

Fleisch
Rind-, Kalb-, Hammel- und Schweinefleisch, alte Gänse und Enten, Poularden, Kapaune, Truthühner, Haushähne und Tauben.

Wildbret
Wildschwein, Hirsche, Rehe, Rebhühner, Wildenten, Krammetsvögel, Fasane und Hasen. In Januar war die berufenste Zeit für Damwild.

Wassertiere
Äschen, Amaul (Zander), Barben, Brachsen (Brassen), Grundeln, Hechte, Karpfen, Aalraupen, Schleie, Austern und Schnecken.

Neben Dörrobst liegen noch die berühmten Borsdorfer Äpfel im Keller. Heute ist diese Sorte nicht mehr in den Gärten zu finden.

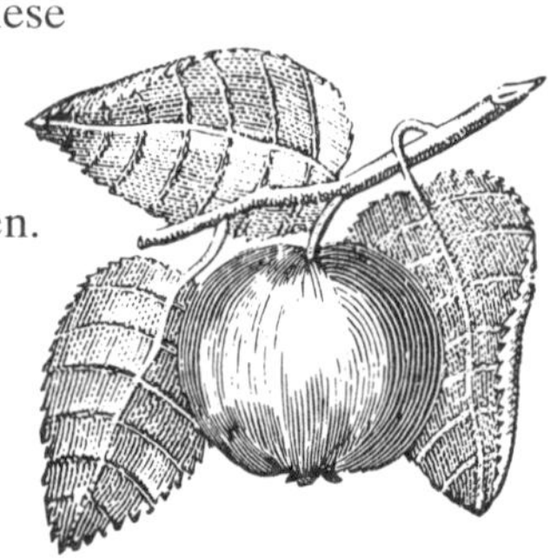

DAS LIEBLINGS-SCHNECKENREZEPT VON AUGUST DEM STARKEN IST ÜBERLIEFERT:

„Zwei Dutzend Weinbergschnecken in viel rotem Burgunder, etwas Südwein, Thymian, ein Lorbeerblatt, etwas Knoblauch, Salz, Pfeffer und Petersilie kochen. Nach einer Stunde Kochzeit müssen die Schnecken aus dem Fond genommen werden. Mit einer Spezialgabel werden sie aus dem Häuschen geholt und gesäubert, dann mariniert in Olivenöl, Salz, Cayennepfeffer und zwei geschlagenen Eiern. Diese Prozedur dauert mindestens drei Stunden. Anschließend müssen die Schnecken in feinem Semmelmehl paniert und auf Spieße gesteckt, gut fünf Minuten gebraten, und bei milder Hitze im Backofen vollendet werden.“ Der Kurfürst soll Safranreis dazu bevorzugt haben.

Schneckenpfanne

Februar

Gemüse
Bei gelindem Wetter gibt es die ersten Rapunzel, Endivien, Schnittlauch, Brunnenkresse, Petersilie, Spinat, Lattich und Kerbelkraut. Außerdem sind im Mistbeet die ersten Champignons groß genug. Es heißt dazu: „Die ersten Champignons, so in der Küche gar wohl zu gebrauchen, wachsen auf eine wundervolle Art. Man gräbt nemlich ein Mist-Beet in die Erde, füllt es mit Pferdemist aus, macht es der Erde gleich und begeußt es mit Pferde Urin. So werden durch die Hitze und Feuchtigkeit in kurzer Zeit ohnfehlbar Champignons daraus wachsen.“ *(vgl.: G. H. Zinke, Allg. Ökonom. Wörterbuch für Haus, Küche und Keller, Leipzig 1780)*

Fleisch
Rind-, Kalb-, Hammel- und Schweinefleisch, Spanferkel und Lämmer. Junge Hühner vom vorigen Jahr, Kapaune und Zicklein.

Wildbret
Bei strenger Kälte Anfang des Monats Hasen, dann nicht mehr.

Wassertiere
Äsche, Amaul, Barben, Brachsen, Forellen, Hechte, Karpfen und Lachse.

März

Gemüse
Von den meisten gibt es im Keller noch Vorräte, dazu im Freien bereits Spinat, Petersilie, Sauerampfer, den ersten Spargel, Salbei und die ersten Hopfensprossen. Hopfensprossen gehörten zu den beliebten Gemüsen der sächsischen Volksküche, in Salzwasser gekocht, mit Rahm gebunden und mit Kresse bestreut. Keimende Kartoffeln im Keller müssen jetzt ausgelesen werden.

Fleisch
Wie im Vormonat. Zum Teil schon junge Gänse und Enten, Tauben und natürlich Lämmer und Zicklein.

Wildbret
Auerhähne, Birkhühner, Schnepfen.

Wassertiere
Aale, Amaul, Barben, Barsche, Brachsen, Lachse, Schleie, Grundeln, Forellen, Hechte, Karpfen und Frösche.

April

Die Hühner legen wieder Eier im Überfluss. Schon im Frühjahr bevorraten sich die Bauern, indem sie reichlich Eier mit Kalklösung bestreichen oder in Gläsern mit Salzlösung aufbewahren.

Gemüse
Spargel, Kohlkeimchen, Wintersalate, Rapunzel, Artischocken und Waldpilze.

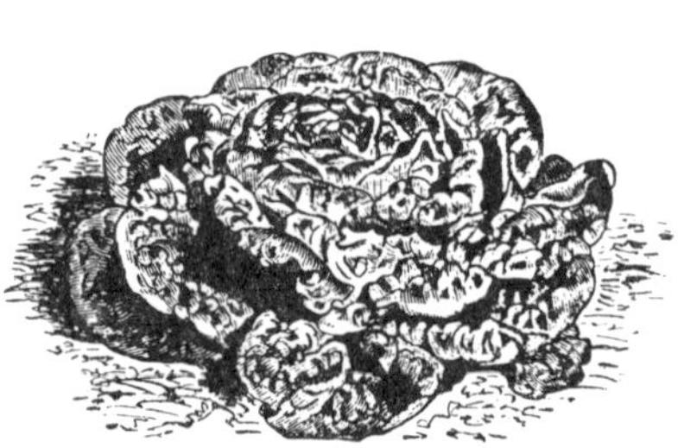

Zu den Frühlingssuppen sind jetzt Brunnenkresse, Sauerampfer, Löffelkraut und Morcheln verfügbar. Grüne Gurken, Spinat, Sellerie, Kopfsalat und Monatsrettiche.

Fleisch
Außer dem gewöhnlichen Fleischsortiment mangelt es nicht an Schaf- und Ziegenlämmern sowie Spanferkeln. Vom Federvieh gibt es junge Tauben, Kapaune, Poularden und junge Gänse.

Wildbret
Auerhühner, Birk-, Haselhühner und Hasen. Mitte April, wenn die Schnepfen und Bekassinen aus dem Süden wiederkommen. Sie gehören zu den Delikates-

sen, Salmi von Schnepfen in Burgunderwein und Schnepfendreck. Solche Speisen erschienen bevorzugt auf der kurfürstlichen Tafel sowie auf der der Oberen des Hofstaates.

Wassertiere
Aale, Barben, Forellen, Karpfen, Lachse, Aalraupen. Frösche schmecken derzeit besonders kalbfleischig. Zu den begehrten Aprilgerichten gehörten Kiebitzeier und die wie Schnepfendreck zubereiteten Kiebitze selbst.

Mai

Der Mai brachte die beste Butter. Mit neun Kräutern vermengt machten die Hausfrauen daraus Mayenmus: Brennnessel, Kerbel, Löwenzahn, Schafgarbe, Huflattich, Brunnenkresse, Schnittlauch, Petersilie und Bertram gehörten dazu.

Gemüse
Wie im Vormonat. Außerdem kommen noch grüne Salate, Spargel, Blumenkohl, Kohlrabi, grüne Bohnen, Sauerampfer, Gurken, Morcheln und alle Gewürzkräuter sowie Meerrettich dazu. Vom Meerrettich meint der Volksmund: Mit Brot und Hering wird er fröhlich genossen.

Fleisch
Es gibt noch Spätlinge von Lämmern und Spanferkeln, junge Hühner und Gänse, Tauben, Wachteln und Enten.

Wildbret
Rehböcke und Hasen.

Wassertiere
Aale, Forellen, Lachse, Aalraupen, gepökelte Heringe, Frösche, die Krebse werden langsam wieder schmackhaft, und mit den Austern ist es bis zum Herbst vorbei. Der Mai ist der Monat für das Leipziger Allerley, denn es gibt noch frische Morcheln und die ersten Krebse, beides unabdingbare Ingredienzien.

Juni

Gemüse
Zuckerpastinaken, Gurken, Lattich, Staudensalat, Radieschen, Rettiche, Petersilie, grüne Bohnen, Blumenkohl, Kohlrabi, Rüben und Borretsch. Die Champignons sind jetzt vollends an der Tagesordnung, und die grüne Zuckererbse. Grüne Erbsen – vor gut 300 Jahren stellten sie eine Rarität und Neuheit zugleich dar.

Sie wuchsen damals einzig in den Gärten von Fontainebleau zur Zeit des Sonnenkönigs. In sächsischen Küchen waren sie noch völlig unbekannt. Aber auch die französischen Fräuleins kochten die Erbsen nicht, sondern knabberten die grünen Kugeln roh wie Konfekt vor dem Einschlafen. Erst 1745 finden sich bei einem Souper des sächsischen Kronprinzen auf dem Tischzettel „grüne Erbsen Französisch“. Dafür gab es gute Gründe. Bereits 1564 hatte der kursächsische Leibarzt Johann Näve öffentlich geäußert: „Grüne Erbsen schmecken wie roher alter Spargel.“ Genau – den grünen Erbsen fehlte noch, was später ihre allgemeine Wertschätzung ausmachte, nämlich die milde Süße. Erst Ende des 17. Jahrhunderts züchteten findige Holländer aus der gewöhnlichen Gartenerbse zunächst die Stiefelerbse, danach die Zwerg-Zuckererbse. Beide Sorten verbreiteten sich nur sehr langsam über den alten Kontinent und blieben lange eine Rarität und damit teure Spezialität.

Erdbeeren, Kirschen und Muskatellerbirnen werden geerntet, genau wie die grünen Gartenbohnen. Die Bauersfrauen kochten das Schmalz aus der Butter, eben für Butterschmalz zum Braten.

Fleisch
Hammel- und Kalbfleisch ist noch vorzüglich. Vom Federvieh sind junge Tauben, Hühner und Gänse exquisit.

Wildbret
Nach wie vor werden Rehböcke, Wildgänse und Wildenten geschossen. Deren Fleisch sei leichter verdaulich, weil sich durch die viele Bewegung weniger Unrat im Körper ansammeln könne.

Wassertiere
Aale, Äschen, Amaul, Barsche, Brachsen, Forellen, Hechte, Lachse, Aalraupen und gegen Ende des Monats die ersten frischen Matjesheringe. Der professionelle Krebsfang beginnt.

Juli

Für Stachelbeeren, Kirschen, Johannisbeeren und Himbeeren ist Haupterntezeit.

Gemüse
Es gibt viele frische Gemüse, und die ersten Kartoffeln sind da. Im Wald sind alle Pilze zu finden.

Fleisch
Wie im vergangenen Monat, besonders junge Hammel und Jungschweine. Junge Tauben gibt es. Truthähne, Gänse und Enten.

Wildbret
Hirsche, Rehe, Wildenten und Krammetsvögel.

Wassertiere
Wie im vergangenen Monat, besonders Aale, Lachse sowie frische Matjesheringe mit der Eisenbahn von Hamburg. Für herrschaftliche Küchen wurden im Juli ganz besonders die Helgoländer Hummer interessant. Juli, das war die Haupterntezeit und bereits Beginn der Bevorratung für den Winter. Die Krebse sind jetzt am besten, bis Ende August

etwa. Immerhin haben sie nun den zweiten Schälungsprozess hinter sich und nehmen an Schmackhaftigkeit sehr zu.

Sachsen gehörte schon immer zu den Honigparadiesen. Infolge der Landeskulturmaßnahmen des 19. Jahrhunderts, in deren Ergebnis mit zahlreichen Heidelandschaften und Ödländereien die wichtigsten Bienenweiden verschwanden, wurden der Imkerei natürlich die hauptsächlichsten Grundlagen entzogen. Anfang Juli sammelten Hausfrauen die noch grünen Walnüsse, stachen diese mehrmals an, wässerten sie öfters und kochten dann die Nüsse in Zuckerlösung, bis sie schwarz wurden und prall süß.

August

Gemüse
Gibt es jetzt in großen Mengen. Das Weißkraut ist herangewachsen. Von den Pilzen sind Champignons, Steinpilze und Ziegenlippe reichlich zu haben. Um Lützen herum wird Knollenfenchel angebaut, nahe dem Stift Merseburg, ganze Felder voll. Nach der Ernte wird er nach Leipzig, Dresden, Hamburg, Frankfurt/Main und Nürnberg verkauft, der Zentner zwischen 8 und 9 Talern. Fenchelsamen finden in der sächsischen Küche oft Verwendung, zum Einlegen von Pfeffergurke, angeröstet zum Würzen grüner Salate und in den Bäckereien als raffinierter Zusatz zum Brot. Auf Fenchelwurzeln warten schon die Apotheker, die daraus urintreibende Mittel herstellen.

Obst
Es gibt Wassermelonen, Pflaumen, schwarze Johannisbeeren, Brombeeren und Preiselbeeren.

Das Sommerobst wird abgenommen, gedörrt oder eingekocht.

Fleisch
Spanferkel sind vorzüglich, auch Kalb- und Hammelfleisch. Alles, was Flügel hat, sei nun sehr fleischig und geschmackvoll – meldet das Wirtschaftsministerium.

Wildbret
Rotes und schwarzes Wildbret ist sehr gefragt. Die Hirsche sind jetzt bestens, die Hasen dagegen noch nicht. Vom Wildgeflügel empfehlen sich besonders Rebhühner, Wachteln, Lerchen, Zugenten, Wildtauben, Bekassinen und junge Fasane.

Wassertiere
Sehr wohlschmeckend sind die Aale, Äschen, Forellen, Hechte, Lachse und Krebse.

September

Gemüse
Gemüse gibt es wie im Vormonat, namentlich Artischocken, Kartoffeln, später Blumenkohl, junges Kraut, Trüffel (in der Gegend um Gelenau lohnt es jetzt zu suchen), Porree und Perlzwiebeln. Bei den Obstsorten sind die Pfirsiche reif sowie die Weintrauben und Quitten, aus denen Quittengelee und Quittenwein hergestellt wird. Überall in den Dörfern kündet fruchtiger Duft vom Sieden des Pflaumenmuses.

Fleisch
Rindfleisch gilt nun als besonders saftig. Fett und schmackhaft sind Kalb- und Hammelfleisch. Vom Federvieh bieten sich junge Enten, Truthühner und Gänse an. In der Nähe von Großenhain hielten Züchter Gänse in Herden zu Tausenden. Fleisch, Eier, Fett und Federn machten die großen Vögel zu einem nützlichen Haustier.

Wildbret
Hirsche, Rehböcke, Hasen, Fasane, Rebhühner, Wildenten, Haselhühner, Schnepfen und Bekassinen.

Wassertiere
Wie im Vormonat.

Oktober

Gemüse
Gibt es noch im Überfluss. Bei mildem Wetter sind noch Gurken, Bohnen, Kürbisse, späte Erbsen, Blumenkohl, Artischocken, Kardonen frisch im Angebot.

Fleisch
Das Fleisch aller Haustiere ist im Oktober vorzüglich. Es beginnt bereits das Einsalzen und Räuchern von Schlachtfleisch. Truthähne, Gänse, alte Hähne und Kapaune werden angeboten.

Wildbret
Die Jäger haben alle Schussfreiheit. Oktober ist Rehmonat. Hasen, Feldhühner und Fasane gehen zuhauf in die Fänge der Waidmänner, genau wie Hirsche, Wildschweine, Rebhühner, Haselhühner, Wildenten, Bekassinen, Schnepfen und Krammetsvögel.

Wassertiere
Von den gängigen Sorten sind alle gut zu essen, außer Forellen und Schnäpel. Am 27.10. ist Ende der Lachssaison.

November

Gemüse
Wie im Oktober. Im November gibt es den besten Kohl.

Fleisch
Wie im Vormonat. Der November ist dem heiligen Martin (von Tours) gewidmet, am 11.11. ist Martinstag. Martinstrunk und Martinsgänse gehören zusammen, nur der fromme Kirchenmann hat damit wirklich wenig zu tun. Außer, dass sein Ehrentag (der 11. 11. ist der Tag seiner Beerdigung) mitten in die Gänsesaison fällt. Hätte es Martin nicht gegeben, man äße trotzdem zu diesem Zeitpunkt Gänse, weil sie jetzt mit 6–8 Monaten einfach gut schmecken. Neben den üblichen Gänsegerichten wird in Sachsen geräuchertes Gänsefleisch mit grünem Kohl serviert, berichtet Marperger 1716 im Küch- und Kellerdictionarium. Nur eine zarte, nicht gemästete junge Gans liefert den wahren Gänsebraten, mit Äpfeln, einem Sträußchen Beifuß oder Estragon und Kastanien gefüllt.

GÄNSEBRATEN NACH EINEM BAROCKEN SÄCHSISCHEN REZEPT

„Eine Gans, gefüllt, zu braten: Mache die Gänse zurecht wie es sich gehört, koche die Gänseleber, vermische sie mit Sahne und Eyern, Kräutern, Gewürzen, Salz, zerlassener Butter, die bald heiß geworden, und geriebener Semmel, querle und zurühre dieses wohl untereinander und mache ein gefülltes daraus, das es aber nicht zu hart werde. Dann füll es in die Gans, binde sie zu, stecke die Gans an und brat sie fein saftig. Du kannst sie auch unten mit Sardellen und gepflückten Heringen füllen.“

Wildbret
Alt- und Schmaltiere (einjährige Rehe oder Hirsche bis zur Brunst), Kälber, Rehböcke, Hasen, Fasane, Rebhühner, Wildenten, Bekassinen, Schnepfen und Krammetsvögel.

Wassertiere
Äschen, Amaul, Barben, Barsche, Hechte, Karpfen, Schleie.

Dezember

Gemüse
Wie im Vormonat, jedoch nur als Dauerspeisen (konserviert: salzen, trocknen, säuern), oder frisch aus dem Keller.

Fleisch
Hauptsächlich gutes Kalbfleisch und Truthühner.

Wildbret
Rehböcke, Schmaltiere, Kälber, Frischlinge und Hasen. Federwild wie im November, ausgenommen Rebhühner.

Wassertiere
Wie im November. So wie den Gänsen im Vormonat, geht es bis zum April den Karpfen.

Im Dezember ist großes Schweineschlachten und Kuchenbacken zu Weihnachten angesagt, und das nicht zu knapp. Und die Karpfenteiche wurden abgelassen. Gevatter Karpfen gehört zu den ältesten Bekannten in Küchenkreisen, wo er als Klosterfisch Einzug hielt. Bereits 1339 legten die Herren vom Deutschen Orden zahlreiche Teiche an, worin Karpfen wie Haustiere gehalten wurden. Karpfen fressen alles, was ihnen vor das Maul kommt, und nach drei Jahren sind sie reif für den Kochtopf. Feinschmecker rühmen die Zunge des Karpfens. Abergläubige suchen den Karpfenstein im Kopf, der dem Besitzer viel Glück bringen soll. In der jüdischen Küche wird aus dem Rogen feiner roter Kaviar hergestellt. Zu den Delikatessen gehört die Karpfenmilch, die im Barockzeitalter von den Köchen als Auster hergerichtet wurde. Am sächsischen Hof, zur Zeit der Cosel, schwärmten Karpfenliebhaber: mariniert errege er die Hirne, gebacken bringe er Befriedigung, in schwarzer Sauce gäbe es allgemeine Anerkennung, als Ragout ungeteilte Zustimmung, gebraten lauten Beifall, in Gelee aufrichtige Bewunderung und blau gesotten inniges Entzücken.

FRIEDRICH AUGUST VON BRANDENSTEIN, 1746 VERSTORBENER OBERKÜCHENMEISTER ZWEIER SÄCHSISCH-POLNISCHER KÖNIGE, BEREITETE KARPFEN IM MORITZBURGER SCHLOSS WIE FOLGT ZU:

Den Karpfen filetieren, ohne die Haut zu entfernen. Aus den Filets Portionsstücke schneiden und diese in Butterschmalz braten. Für die krönende Sauce pulverisierten Lebkuchen nehmen, feingehackte süße Mandeln und klein geschnittene Pflaumen in Butter anbraten. Dann Honig und Korinthen zugeben und mit Quittenwein auffüllen. Nachdem diese Sauce stark reduzierte, wurde mit dickem Rahm und gestoßenem Pfeffer verfeinert. Zwischenzeitlich sollte die Karpfenzunge gekocht werden. Letzten Endes überzog der Küchenchef die gebratenen Filets mit der pikanten Sauce und legte die Zunge(n) obenauf.

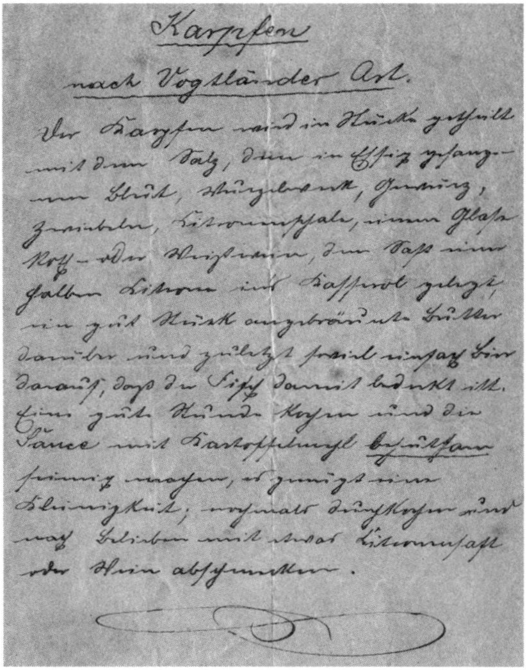
Karpfen
nach Vogtländer Art.

Aus der Rezeptsammlung der Hausköchin Sophie (?) im Pfarramt Roßwein, Stadt in der Amtshauptmannschaft Döbeln, 1887

Im Winter, bei strengem Frost, gönnte sich der einfache Sachse an den langen Abenden hin und wieder Glühwein, mit Zucker, Nelken, Zimt und Kardamom. Ärmere Zeitgenossen begnügten sich mit einem Aufguss aus zerquetschten und manchmal vergorenen Holzäpfeln. Dazu brieten die Hausfrauen Quittenscheiben auf der Herdplatte in der Küche, bestreut mit Zucker und Zimt, dem wohl sächsischsten Exotengewürz und der Lieblingskombination des Erzgebirges, das zudem weithin angenehme Düfte verbreitete. Je kälter die Jahreszeit, desto kräftiger wurden die Speisen gewürzt. In Sachsen entweder süßer und zimtiger, pfeffriger und salziger, oder eben kontrastreicher säuerlich.

Für Eingeweihte begann im Dezember die Trüffelzeit. Keine Truffe Rousse aus Verona, keine grauen Champagner- oder Burgundertrüffel aus dem südlichen Frankreich. Auch keine der weißen Exemplare aus dem Piemont, sondern kleine schwarze runzlige Gekrösetrüffel, welche vorzugsweise in der Normandie, in England, aber vor allem in Mitteldeutschland zu finden sind. Eigentlich sind es nur bescheidene Leckerbissen, aber es waren eben sächsische. Schon im Oktober 1719 hatten Schäferhunde in Sedlitz bei Dresden Trüffel aus dem Boden der dortigen Eichenwälder geschnüffelt, später auch in der Gegend um Gelenau im Erzgebirge.

Daraufhin besorgten August der Starke 1720 und Graf Wackerbarth 1724 italienische Trüffel-Suchhunde, das Stück für hundert Taler.

Die Giftprobe

Zu den seltsamsten, offensichtlich jedoch notwendigen Praktiken vor offiziellen, aber auch intimen Mahlzeiten, gehörte jahrhundertelang die Giftprobe. Seit Römerzeiten wurde sie veranstaltet, sicherlich aber schon von anderen Völkern zuvor. Giftproben gehörten zu den Ritualen für die Sicherheit bestimmter Personen, wenn auch zweifellos zu den erfolglosesten. Für die Durchführung solcher Sicherheitskontrollen benötigen die dazu berufenen Personen Gerätschaften, welche in eigens dafür bestimmten Mobiliaren lagerten, den Kredenzen. Prominente hatten es immer schon schwer, aber gelegentlich traf es auch arme Schlucker. Vor Giftattentaten war eigentlich niemand sicher, und auf kulinarischem Weg, bei genügend Ausdauer, gelangen diese Anschläge in der Regel ohne bemerkenswerte Schwierigkeiten. Im alten Rom probierte ein Vorkoster vom Wein und den Speisen, die aufgetragen werden sollten. Danach musste der Ärmste dreimal

1. Stechapfel, 2. Tollkirsche, 3. Bilsenkraut, 4. Einbeere, 5. Eisenhut, 6. Fingerhut, 7. Herbstzeitlose, 8. Lolch, 9. Schierling

um ein Canapeum schreiten. Fühlte er sich noch wohl, konnte serviert werden.

Eine auf dem Regensburger Reichstag 1532 von Kaiser Karl V. erlassene peinliche Gerichtsordnung (Carolina) schrieb den Stadtobrigkeiten vor, Gifthandel unter Eid zu stellen. Alle Apotheker oder Spezereienhändler sollten deshalb an Privatpersonen solche als Gift gekennzeichnete Stoffe nur dann abgeben dürfen, wenn diese einen städtischen Erlaubnisschein vorlegen.

Gifte dienten aber schon immer auch als Heilmittel. Arsenik, beliebtestes Mordgift, wurde in Form asiatischer Pillen zur Behandlung von Hautkrankheiten verabreicht oder in Bädern gegen Blutarmut und Nervenleiden genommen. Gift als Heilmittel oder Mordwaffe – der Unterschied lag und liegt in der Höhe der verabreichten Dosis. Wer Schlimmes im Sinn hatte, verwendete zur eigenen Sicherheit stets geringe Mengen. Schritt für Schritt wurde dem Opfer die tödliche Zutat unter das Essen gemengt. Opfer und Vorkoster hatten diesbezüglich keine Chance. Giftproben gehörten deshalb zu den unzuverlässigen Sicherheitsvorkehrungen. Marperger stellt 1715 am Hof Augusts des Starken fest: Giftproben ruhen auf schwachen Füßen, weil es ein unerhört penetrantes Gift sein müsste, das sofort wirkt. Zusätzlich wurden Giftproben mit zweifelhaften Mitteln wie Natternzungen, Einhornpulver und Beozarsteinen vorgenommen. Sowohl bei Ludwig XIV. als auch August dem Starken wurden die Teller mit Weißbrot abgewischt. Traten Verfärbungen ein, stimmte etwas nicht. Dahinter verbarg sich in den seltensten Fällen Gift. Vielmehr ist zu erfahren, in manchen deutschen Klöstern hätten Köche die Fleischtöpfe nicht recht ausgewaschen, Fett sei darin geblieben. Als eines Tages in diesen verschmutzten Töpfen Fleisch gesotten wurde, seien alle gestorben, die davon gegessen. Überhaupt waren die vor allem in herrschaftlichen Küchen verwendeten Kupfertöpfe und -pfannen höchst gefährliche Gegenstände. Für den Kochprozess selbst besaßen sie unbestritten Vorteile. Aber hinsichtlich der beim Stand der Technik höchstwahrscheinlich mangelhaften Qualität der Metalllegierung lösten sich nicht selten Kupferspäne, die über das Essen in den Körper gelangten und dort chronische Krankheiten hervorriefen.

Ende des 18. Jahrhunderts verloren Giftproben in der Sache an Bedeutung. Sie wurden höchstens noch aus Gründen der Bewahrung der Tafelzeremonie durchgeführt. Es gibt in der Historie keinen nachweisbaren Fall von Vergiftung als Kriminalfall, der durch eine Giftprobe bekannt geworden wäre.

Sächsische Tafelzier

Tafel-Aufsatz – Die Musik: Aus Croquant, Marzipan und Konserve

Die eher schnörkellose Volksküche hatte mit der Tafelzier kaum Probleme. Sie kam bequem ohne rosenwasserpinkelnde Putten zwischen Zuckerschaustücken aus. Es musste auch kein Springbrunnen frisches Quellwasser durch nachgebaute Landschaften auf den Buffets sprudeln.

Anders hingegen die Küche des Adels und auch die des Großbürgertums. August der Starke wünschte auf den Festtafeln ganze Pfauen im Federkleid, riesige Schaugerichte aus Talg, handwerklich hervorragende Nachbildungen von Tierhatzen aus Tragant oder ganze Bergmannsparaden aus Zucker geformt. Gegen Ende des Barockzeitalters kamen sogenannte Kabaretts auf, meist zierliche und nicht selten drehbare schalenähnliche Gerätschaften auf Füßen, mit Einfassungen für Schüsseln, in denen Konfekt, aber auch Obst und Salate angerichtet wurden. Unter Konfekt verstand man mit Zucker überzogene Äpfel, Birnen, Samenkerne wie Nüsse oder Mandeln, oder Marzipan. Sächsisches Konfekt war weithin ein Begriff. Im Dreißigjährigen Krieg stellte Wallensteins General Tilly an das neutrale Sachsen unverschämt hohe Forderungen: Unter anderem verlangte er 80 Pfund überzogenen Anis, 80 Pfund überzogene Mandeln, 200 Pfund große Rosinen, 200 Pfund Oliven und 80 Pfund Marzipane. Vielleicht kommt daher der Ruf der süßen Sachsen. In Radebeul-Oberlößnitz existierte im 19. Jahrhundert bis etwa 1914 eine Fabrik für Marzipan (und Feigenkaffee).

Die großen Tafelprunkaufsätze wichen zum Ende der augustinischen Zeit vergoldeten Streublumen. Löffel und Messer wurden eingedeckt. Zwei- und dreizinkige Gabeln gab es längst, allerdings hauptsächlich als Bestandteil von Tranchierbestecken. Sogenannte Reisebestecke beinhalteten auch Gabeln, die natürlich auch Verwendung fanden. Vom Hof Ludwigs XIV. wissen wir, der Monarch benutzte ungern Messer und Gabel im Duett. Er soll ein Ragout perfekt mit den Fingern zu essen verstanden haben. Die Vornehmsten halten die Gabel zwischen zwei Fingern der linken Hand, stecken mit der Rechten einen Fleischbrocken auf die Zinken, und führen dann die Gabel zum Mund, so berichten Zeitzeugen aus Versailles. Es wird im barocken Dresden nicht anders gewesen sein.

Auf jeden Fall wurden Besteckgabeln bald zu üblichen Gerätschaften. 1781 begann in Chesterfield der Engländer James Reaves mit der maschinellen Gabelproduktion, 1798 eröffnete der Franzose Patoulet in Frankreich und 1843 der Stahlkönig Krupp in Deutschland eine solche Produktionsstätte. Die Aufklärung hatte wohl die vom Klerus über Generationen als Teufelswerk verrufenen Esshilfen endlich gesellschaftsfähig gemacht.

Schon im Barock war es Mode, festliche Tafeln mit mehreren Tüchern zu bedecken und diese jeweils einzeln mit dem Ende des servierten Ganges abzutragen. Unter dem letzten Tafeltuch befand sich noch das Tapet, eine Art Tischteppich, der bis zum Boden reichte. Oft aus Leder hergestellt, handelte es

Tafel-Aufsatz – Tempel: Croquant

Croquant- oder Nougat-Aufsatz – Unterteil aus Konserve gegossen

sich bei dieser Unterlage offensichtlich um Vorfahren heutiger Moltondecken. Bei größeren Diners liefen in Frankreich ausgesuchte Speisenträger mit Stofftüchern über den Schultern um die Esstische und reichten bei Bedarf den Gästen die Tücher zum Abwischen der Finger. Berichte von italienischen Festmählern erwähnen schmückende gefaltete Servietten, solche wird auch der barocke Dresdner Hofstaat verwendet haben. Bei Empfängen lagen zumindest unter Stoffservietten Röstbrotscheiben zur individuellen Entnahme bereit.

Tafelwäsche war ein wichtiger und zugleich kostbarer und teurer Bestandteil der Hofwirtschaft. Genau wie heute in großen Hotels gab es deshalb auch an den Kaiser-, Königs- und Fürstenhöfen sogenannte Wäscheaufseherinnen und Wäschenäherinnen für die Tischwäsche, die bei Verlusten Ersatz leisten mussten. Über die weitere Verwendung von unbrauchbar gewordener Tischwäsche entschied der Kurfürst höchstselbst. Bereits 1576 sprach am Dresdner Hof ein Damastweber vor, der vermutlich aus Flandern kam und von dem es heißt: „weil er die Arth auf Damaschken zu wirken erstlich gegen Dresden brachte, welches kein Meister bishero daselbst im Werk richten können".

Aber diese Art der gezogenen Musterweberei konnte zu diesem Zeitpunkt nicht heimisch werden. Es fehlte jede technische und vor allem künstlerische Voraussetzung für diese komplizierte Webart. Genau 90 Jahre später (1666) begründeten die wahrscheinlich auch aus Flandern stammenden Brüder Friedrich und Christoph Lange mit dem Musterzeichner Christoph Löffler und dem Zugstuhlbauer Krause die Leinendamastweberei auf einem Zugstuhl in Großschönau bei Zittau. Großschönau wurde zu einem der wichtigsten deutschen Damastweber-Standorte. Ende des 17. Jahrhunderts versuchte man sich an der Zwei-Farben-Weberei, also Weiß mit allen möglichen eingewebten Schattierungen von Blau, was derzeit im Westen Europas noch unüblich war. In Schlesien und Sachsen wurde erstmalig versucht, beim zweifarbigen Gewebe der Tafeltücher und den sogenannten Coffeetüchern den „Schuss" aus Seide zu bilden und damit die Farbscala zu erweitern. Bekannt sind deshalb nicht nur die üblichen weißen und blauen Farben auf Tafeltüchern, sondern auch rote Töne, vom zarten Rosa bis zum Bordeauxrot, seltener gelb und grün. Die sächsischen Damaste unterschieden sich von den schlesischen durch ihre weit feinere Textur. Wegen dieser hervorragenden Qualität des Damastes übernahm im 18. Jh. Sachsen in der europäischen Branche diesbezüglich eine Führungsrolle. *(vgl. Braun-Ronsdorf: Alte Tafeldamaste, Darmstadt 1955)*

An den europäischen Fürstenhöfen wurden die Tafeln über Jahrhunderte hinweg mit sächsischem Leinen gedeckt, auch beim Kaiser in der Wiener Hofburg. Dortigen Unterlagen ist zu entnehmen, dass bis 1849 der Bedarf an Hoftafelwäsche aus einer sächsischen Fabrik (Großschönau) bezogen wurde. *(vgl. I. Haslinger: Der kaiserliche Haushalt, Wien 1997)*

Offizielle Essen waren genau durchorganisiert. Erst wirkten die Tafeldecker, dann ließ der Truchsess Speisen und Getränke bringen, worauf dem Kurfürsten Meldung gemacht wurde. Er betrat darauf mit seinen Gästen den Saal. Ihm folgten die Trancheurs, dann Höflinge mit Handwaschbecken, Gießkannen und Handtüchern. Vorschneider gingen ans Werk und die Mundschenke präsentierten Wein und Bier. Jetzt wurden Spanferkel, Kalbsköpfe, Truthühner, Rehrücken, Auerhähne, Hammelkeulen und Hasen öffentlich tranchiert, ganze Schinken kamen unter das Messer.

Frische Austern, am Morgen mit der Küchenpost aus Hamburg eingetroffen, sowohl roh eine Delikatesse, aber auch in Gewürzbrühe oder gebraten ein Genuss, mussten sich ihren Platz mit Hummern, Hechten, Artischocken, Pasteten und Fleischtorten teilen. Die Trancheure stellten wunschgemäß auf Tellern Sortimente zusammen. Niemand aß von allem, was da bereitgestellt den Gaumen lockte. Man probierte von da und von dort. Es gab auch nicht mehr die gefährlichen spitzen Messer bei Tisch. In Sachsen hatten sich die abgerundeten Klingen mehr und mehr durchgesetzt. Der Legende nach soll der Kanzler Séguier (Herzog von Villemor, 1588–1672) an der Tafel des Kardinals Richelieu gesessen haben. Der Kanzler hatte

Ein kaltes Büffet bei Hofe aus der Zeit Napoleons I.

von allen die schlechtesten Tischmanieren. Erst wühlte er in der Sauce, dann riss er das Fleisch in Fetzen und benutzte anschließend die Messerspitze als Zahnstocher. Dem Kardinal war so etwas zuwider und er befahl, die Messerspitzen abzuschleifen. So werden Trends geboren.

Für besondere Besucher hielt der Haushofmeister am Dresdner Hof eine Maschinenspeisentafel bereit, an der man „à la table de Confideuce" zu essen pflegte. Solche Tische bestückten die Tafeldecker vor Gebrauch mit Speisen und Getränken und ließen sie im rechten Augenblick entweder von der Decke herab oder aus einer sich öffnenden Wand heraus, oder sie schoben sie durch eine Klappe im Boden empor. Plötzlich stand vor den staunenden Gästen ein Tischleindeckdich.

Als barocker Tafelschmuck befanden sich in der Dresdner Hofsilberkammer wahre Meisterwerke der Gold- und Silberschmiedekunst. In Augsburg bestellte August der Starke 1718 ein umfangreiches Tafelservice. Unter anderem vier große Soupieren für die berühmteste Suppe zwischen Mittelalter und Barock, die Olla potrida. 90 Zutaten gehören da hinein, und die meisten davon konnte man in den Verzierungen auf den Gefäßen wiedererkennen.

Noch am Anfang des 18. Jahrhunderts versah man gern Geschirr mit Teigbordüren, richtete darin Speisen an und verschloss alles mit einem Teigdeckel. Ließ man das Geschirr weg, entstand eine Schüssel, ganz aus Pasteten- oder Blätterteig, ein Pastetenhaus, Vol-au vent genannt. Von einem Deckel verschlossen, sei dies sehr nützlich. Es gab zunächst den Schüsseln ein feines Aussehen, hielt die Speisen warm und schützte sie vor dem Poudre und anderem Wulst, der sonst von den Köpfen derjenigen herunterfallen könnte, die sie auftrugen, war aus vertrauten Kreisen zu vernehmen. Sehr praktisch schienen diese Deckelpasteten nicht zu sein. Ab 1721 verwendete die Hofküche in Dresden Clochen aus Silber, welche über die mit Speisen angerichteten Teller oder Schüsseln gestülpt wurden. Zahlreiche solcher halbkugelförmigen Stürzen, nicht einmal besonders verschnörkelt, eher nur zweckdienlich, befanden sich reichlich im Tafelgeschirr des starken Kurfürsten August.

In diese Veränderungen der Tafelkultur und der Entwicklung bestimmter Speisengerätschaften hinein gelang die Erfindung des europäischen Porzellans, und bald darauf erfolgte die Gründung der Manufaktur in Meißen 1710. Porzellan ist dem Silber vor allem überlegen, weil es die Möglichkeiten farbiger Behandlung eröffnete. Heute sind weit mehr Werke der Porzellankunst erhalten als solche aus Edelmetall. Und sie vermitteln ziemlich detailgetreue Einblicke in das Tafelwesen seit dem 18. Jahrhundert. Für die Esskultur ergaben sich seitdem enge Verbindungen mit dem weißen Gold. Ausschließlich aus Asien bezogen, dienten die Porzellanstücke des 17. Jahrhunderts in der Regel lediglich Dekorationszwecken. Nicht nur des hohen Preises und der Seltenheit wegen, auch weil asiatische Porzellangestalter viele der in Europa üblichen Geschirrformen gar nicht kannten und deshalb solche in Porzellan auch nicht modellierten, standen die edlen Scherben hauptsächlich als Prunk- und Ausstellungsstücke in den Vitrinen ihrer Besitzer herum. Beispielsweise wurden Untertassen und Tassenhenkel (1720) erst auf europäische Initiative hin ergänzt. Durch seinen weißschimmernden Glanz empfahl sich Porzellan als gediegenes Material für Tafelgeschirr, mehr noch wegen seiner Geschmacksneutralität und Säurebeständigkeit. Herkömmliches Zinn- und Silbergeschirr, seinerzeit europaweit benutzter Hausrat, setzt bei Berührung mit bestimmten Speisen (eiweiß- und säurehaltig) chemische Prozesse in Gang, die unangenehmen bitteren und sauren Metallgeschmack bewirken.

Selbst mit Stahl ist Porzellan nicht ritzbar. Auch die Eigenschaft des Porzellans, Wärme recht schwach zu leiten, idealisierte es geradezu für die Anfang des 18. Jahrhunderts immer populärer werdenden Exotengetränke Kaffee, Tee und Schokolade, aber auch für heiß zu servierende Suppen. Deshalb produzierten die Hersteller des weißen Goldes zunächst vorwiegend Kaffee- und Teeservices, ergänzt mit Mittel- und Dessertteller. Als in den 30er-Jahren des 18. Jahrhunderts die Schwierigkeiten mit dem Brennen großer Porzellanstücke überwunden waren, schuf die Manufaktur in Meißen bald imposante Speiseservices mit allen Teilen entsprechend den europäischen Bedürfnissen. Es entstanden Bestecke mit Porzellangriffen, Messerbänkchen, Kerzenhalter und Tafelaufsätze, Brauchbares und Nippes aus dem Grundstoff, den ein Genie oder ein Scharlatan einst seinem Kurfürsten anstelle von Gold bescherte.

Sächsisch Confect.

ES war ein starcker Tisch in einem Breiten=felde
Vnd stunden hart darbey zwen fromme Tapfre Helde/
Confect war drauff gesetzt so Edel zugericht/
Daß man fast weit vnd breit dergleichen fande nicht.
Nemlich Religio, vnd Regio darneben/
Freyheit vnd Dignitet, Gut/Bluth/ja Leib vnd Leben/
Da kam ein frecher Mann/vnd wolte diß Confect
Auß lauter Geitz vnd Haß vom Tische nehmen weg.
Die Helden schaweten/wie mit raubrischen Händen
Er in geschwinder eyll zugriefff an allen enden/
Darumb der eine kam sehr Eyffrig vnd geschwind/
Nahm eine Schal vnd schlug dem Räuber auff den Grind.
Der Ander sahe/daß Er billich war geschmissen/
Vnd schlug ingleichen zu frewdig mit gutem Gewissen/
Biß daß der Rauber ward erschrocken vnd verzagt/
Vnd endlich Ritterlich ins freye Feld verjagt.
Nun höre liebe Welt/kom her von allen Enden/
Vnd laß dein Augen sich hieher zur Tafel wenden/
Sih! Was doch GOttes Raht vnd vnbefleckter Muth/
Sih! Was Gerechtigkeit vnd Gute Sache thut.
Sih! die Confect begehrn/die wurden zu Confecten
Den wilden Thieren selbst/Ihr Bluth die Hunde leckten/
Den Vogeln haben Sie sich zum Confect gemest/
Die tragens zum Confect den jungen in ihr Nest.
Ihr hoher General der Mann von grossen Thaten/
Die Welschen Cavaliers, Signori, vnd Crabaten/
Viel grosse Teutsche Herrn hoch Gräfflich vom Poppier/
Theils lieffen gar darvon/theils liegen todt allhier.

Mich deucht/ich könte wohl jtzt Sprichtworts weise sagen:
Es kan sich beym Confect zu letzte viel zutragen/
Vnd: Es bekömmet dir das oder jenes Ding
Wie es mit seim Confect vor Leipzig Tylly gieng.
Ich glaub es hat dem Herrn gefählet am Vorschneiden/
Die Finnen sind darzu zu grob vnd vnbescheiden/
Sie schnitten zwar genug/Sie schnitten gar zu viel/
Bald Arm bald Köpffe weg/vnd endlich strumpff vnd stiel.
Ihr weret lieber dort zu Magdeburg gesessen/
Vnd hettet vors Confect Keß vnd Brod mögen essen/
Alß daß Ihr kommen seyd zu kosten Marcepan/
Davon jhr seyd verjagt vnd meistentheils erschlahn.
Es wundert mich nichts mehr/alß von dem alten Narren/
Daß Er so näschig ist/vnd wil darnach nicht harren/
Wenn Er nun essen sol: Denn sonsten pflegt ein Kind
Zu naschen/vnd was nur die jungen Leute sind.
Von alten Weibern ists gesaget/daß Sie lecken
Wie Ziegen gerne Saltz/vnd nicht von alten Böcken/
Den Näschern gehets so/Ach Reputation
Ist auff einmal vernascht sambt der Munition,
O GOtt/der du nu hast Jhnn diß Confect vergifftet/
Vnd dir ein ewig Lob in aller Welt gestifftet/
Dir sey die Ehr vnd Preiß/dir sey der Ruhm vnd Danck/
Von Morgen bis hienein zur Sonnen Vndergang.
Ach fahre ferner fort so vnsern Feind zustraffen/
Regiere immerzu so deiner Diener Waffen/
Auff daß Wir gantz vnd gar erlöst auß vnsrer Noth/
Hier vnd dort ewiglich dich preisen vnsern GOTT.
AMEN.

Im Jahr/ M. DC. XXXI.

Druck aus dem Jahr 1631

Die Kunst, sächsisch Kaffee zu trinken

Das Woher steht in zahlreichen Kaffee-Kulturgeschichten geschrieben. Man sollte nur jene lesen, die von Kaffeetrinkern geschrieben wurden, nicht von Kaffe Trinkern. Denen kam bekanntlich das innige Verhältnis zum braunen Trunk irgendwann abhanden.

„Caffee macht Wallungen im Blute, Bangigkeit, Gliederzittern, Herzklopfen, dickes und schleimiges Blut. Er greift die Nerven an, insbesondere bei Personen von melancholischem Temperament. Unter gewissen Bedingungen und gehöriger Behutsamkeit kann er den Magen stärken und den Kopf aufmuntern. Am besten wäre es, den Coffee aus dem Kramladen in die Apotheke zu verweisen, und ihn nur zuweilen als medizinisches Getränk zu nehmen". *(Zinkens ökonomisches Lexikon, Leipzig 1780)*

Natürlich ist Kaffee eine Droge, sonst gäbe es nicht Millionen abhängiger Kaffeetrinker weltweit.

Marperger schreibt 1715 in Dresden, Kaffee sei eine unnütze Exotika, die mit hoher Akzise belegt werden müsse. Aber im Dresdner

Wirtschaftsministerium erkannte man die kommende wirtschaftliche Bedeutung des Kaffees nicht, höchstens seine repräsentative. Ein Getränk des Adels wurde der Kaffee dennoch nicht. Im Schatz Augusts des Starken befand sich eine Kaffeekanne, von der Hand Melchior Dinglingers geschaffen. Ein bombastisches Stück großer, prachtvoller Einzigartigkeit. Niemand würde sich heute aus diesem Denkmal barocken Snobismus' Kaffee einschenken wollen. Wilde Embleme aus Gold und Email, Krokodile, Schlangen und Hühner ringelten sich um den Kannenbauch. Verhältnisloser konnten sich Zweck und Form nicht gegenüber stehen. Zunächst blieb der Kaffee eine Liebhaberei. Erst als sich Produktion und Liebhaberei gegenseitig steigerten, machten die daraus folgenden ökonomischen Maßnahmen eine echte Ware aus dem Kaffee, mit Preisbildung und Steuerertrag.

Nachdem bereits in Venedig (1624), London (1652), Paris (1671) und Amsterdam (1672) Kaffeeausschenker wirksam wurden, tranken auch bald die Kaufleute in den großen Handelsstädten Hamburg (1679), Nürnberg (1686), Köln (1687) und Leipzig (1694) regelmäßig Bohnenkaffee. Zunächst wurden fertig geröstete Kaffeebohnen importiert. Gegen 1720 führten die sächsischen Handelshäuser grüne Kaffeebohnen ein und rösteten diese selbst oder in Röstereien vor Ort.

Den ersten Kaffee in Sachsen soll allerdings ein braver Kirchenmann mitgebracht und getrunken haben. Am 2. türkischen Krieg 1683–1699 nahm nämlich auch der Ortspfarrer von Lorenzkirch (bei Riesa), Georg Heinrich Sappuhn, als Feldprediger teil. In jenem Krieg hinterließen die Osmanen in ihrem Lager bei Wien große Mengen von Kaffeebohnen. Ein Herr Kolschitzky, Pole von Herkunft, Dolmetscher beim Sultan und dann in österreichischen Diensten, kannte die Herstellung von Bohnenkaffee und erbat sich die Bohnen als Belohnung für seine Dienste. Mit Kolschitzky hatte auch Sappuhn zu tun, und von ihm erlernte er die Kaffeezubereitung. Von Wien aus nahm sich der Feldprediger und Ortspfarrer Kaffeebohnen mit nach Lorenzkirch. Dort trank man nun im Pfarrhaus die anregende Neuheit, so lange der Vorrat reichte. Selbst der Dresdner Hof schickte Boten zu Sappuhn, um den Trunk zu probieren. Ob Sappuhn damit der erste Kaffeesachse war, ist nicht zu erfahren. Zumindest ist aber Sappuhn einer der ersten namentlich genannten Kaffeetrinker im Kurfürstentum.

Die Story des Ortspfarrers Sappuhn beruht auf einer mündlichen Überlieferung, ist aber bisher durch kein einziges Beweisstück zu belegen. Auch die Inschrift seines Grabsteines auf dem Friedhof von Lorenzkirch erwähnt die Kaffeelegende nicht. Sappuhn selbst soll die Anfertigung der Grabsteininschrift noch zu seinen Lebzeiten persönlich in Auftrag gegeben haben, das war durchaus üblich. Nach menschlicher Logik hätte er sicherlich seine Beziehungen zum Kaffee genau dort verewigt, tat es aber nicht.

Es gibt einen merkwürdigen Beleg, der den Kaffeehandel in Sachsen um mehrere Jahrzehnte vorverlegt. In einem Brief vom Mai 1637 beschwert sich eine Frau Hervano aus Merseburg bei ihrem Händler Herrn van Smiten in Amsterdam, sie habe das Kaffeegetränk aus grünen Kaffeebohnen und guter Fleischbrühe gekocht, worauf das gesamte Personal krank geworden sei. Sie würde ihm nunmehr 16 G. (Groschen) für Purgiermittel (Abführmittel) in Rechnung stellen. Van Smiten antwortet im September 1637, er habe bereits „fünf Ballen Koffey nach Leipzig verladen lassen und jeder, der dort davon getrunken, lobt es. Ein Beweis, dass die Leipziger einen feineren Geschmack haben als ihr Merseburger.

Und somit Gott befohlen – van Smiten“. *(vgl. Hartwich: Die menschlichen Genussmittel, Leipzig 1911)*

Der sächsische Adel bevorzugte Bohnenkaffee deshalb, weil damals die Ansicht weit verbreitet war, er sei französischer Herkunft. So falsch lagen die Herrschaften damit nicht. Ludwig XV. vergab voreilig das Kaffeemonopol an die Französisch-Westindische Gesellschaft, die den Großteil des europäischen Kaffeebedarfs deckte. Als der Monarch den ökonomischen Kuhhandel mit der Gesellschaft bemerkte, war es für die Rücknahme der Entscheidung viel zu spät. Damit war Frankreich zwar kein Ursprungsland, aber zumindest Importeur (und Großverdiener).

Vor allem für Handwerker, Kaufleute und das geschäftige Bürgertum bedeutete Kaffee das anregende Getränk am Morgen gegenüber der bisherigen gedankentrübenden Biersuppe. Dort wo starker Fremdenverkehr pulsierte, konzentriertes Wirtschaftsleben stattfand und der Handel florierte, entwickelte sich der Brauch des Kaffeetrinkens besonders rasch. Allein diese Tatsache erklärt den Lustfaktor Kaffeetrinken natürlich nicht genügend. Der sich zum Ritual entwickelnde Kaffeegenuss führte zusehends zu antibacchantischen Tendenzen. So präsentierte sich der Kaffee plötzlich als geistig beflügelnder Gegensatz zum Wein, der immerhin einst als wichtigster Mörtel der gesamten antiken Kulturszene Karriere gemacht hatte.

Schließlich steht dem geistigen Höhenflug der Kaffertrinker gegenüber, dass alle antiken Philosophen, Wissenschaftler und Künstler ihre bedeutenden Werke und Erkenntnisse hinterließen, ohne Kaffeetöpfe am Schreibtisch zu parken.

In den großen Städten, und im damals fortschrittlichen Sachsen ohnehin, machte sich zudem eine weitere importierte Neuigkeit breit: die mit Butter bestrichene Brotscheibe als Alternative zur Wein- oder Biersuppe am Morgen. Butterschnitten (Bemmen) sind niederländischer Herkunft. In sächsischen Breiten fanden sie rasend schnell Akzeptanz, vor allem auch in Verbindung mit dem Kaffeetrunk.

So simpel es erscheint, beides war kein Ersatz für Wein- und Biersuppe, sondern eine willkommene Neuerung, für die nichts aufgegeben werden musste. In Salzburg erschien 1819 das Kochbuch der Maria Neudecker „Die baierische Köchin in Böhmen“, worin das Rezept nachzulesen ist für „Eine gute Mayenbutter zum sächsischen Brot zu bereiten“. Die Butterbemme war somit schon über die Grenzen des Königreiches hin-

aus zum Begriff geworden. Zeitgenössischen Quellen ist zu entnehmen, dass auch die Hessen und Westfalen bald zu den starken Kaffeetrinkern gerechnet werden mussten, und dass auch dort eine Vorliebe für Butterbrote nachweisbar ist. Die Verbreitung des Bohnenkaffees in der Bauernschaft und dem Kleinbürgertum ist allerdings hauptsächlich dem Kaffee-Ersatz zu verdanken.

Man muss wissen, im Sachsen des ausgehenden 18. Jahrhunderts verstanden sowohl Besitzer als auch Gäste der Wirtschaften unter einer Portion Kaffee wenigstens 6–8 Tassen. *(Dohm: Über die Kaffee Gesetzgebung, Leipzig 1777)* Mit der Demokratisierung des Kaffeetrinkens schlechthin führte natürlich die verstärkte Nachfrage zu Engpässen, selbst wenn sich beileibe nicht jeder dieses Getränk leistete. Logischerweise stiegen die Preise merklich an.

Eitel waren die Sachsen aber dennoch, und Grund dazu hatten sie. Wurden 1828 noch 7000 fremde Besucher in der Stadt Dresden gezählt, so waren es 1838 schon 36 000 Touristen. Ein Chronist behauptet, Dresden wäre zu bestimmten Zeiten ein einziges Hotel garni gewesen. Um sich mit internationalem Flair zu schmücken, gab man Kaffeehäusern und Konditoreien mit Kaffeeausschank beispielsweise in der Residenzstadt gern ausländische oder zuminderst vielsagende Namen wie: Café Francais, Café d'Angleterre, Café Reale, Café de l'Europe, Café Torniamenti (Bonbonniere Torniamenti, nach dem Besitzer benannt), das „Au bon goût" oder das Residenz Café. Berühmte Künstler kehrten zu ihrer Zeit in solchen Etablissements ein: Richard Wagner, Ludwig Richter, Gottfried Semper, Robert Schumann. *(vgl. Dresdner Jahrbuch 1957, Verlag der Dresdner Monatsblätter, Erinnerungen an Dresden, Oberlahnstein a. Rhein)*

In Leipzig waren es neben dem „Arabischen Kaffeebaum" unter anderen das Café Francaise, das Café Royale, das Café Römisches Haus oder das Café Merkur.

Der „Arabische Kaffeebaum" wurde 1694 in der Leipziger Kleinen Fleischergasse eröffnet, eben als Spezialausschank für gebrühten oder „gekochten" Kaffee. Die Kaffeebohnen erhielten die Betreiber noch bis in die Mitte des 18. Jahrhunderts hauptsächlich in Apotheken. August der Starke soll als junger Churfürst sein erstes Tässchen Mokka im „Kaffeebaum" geschlürft haben, und „dieweil ihm das neumodische Zeug so gut schmecket", ernannte er den Kaffeehauswirt zu seinem (einem) Hof-Schokoladier! Dazu stiftete der Landesherr für die Haustür einen reich skulptierten und vergoldeten Schlussstein mit der Inschrift: „Zum arabischen Caffé-Boom“. Bald trafen sich hier Dichter wie Gellert, der Schriftsteller Kotzebue, der junge Lessing und später Stammtischrunden wie die Davidsbündler um Robert Schumann, da war der „Kaffeebaum“ zur Biedermeierzeit bereits eine beliebte Bier- und Speisewirtschaft geworden. Echter Kaffee blieb aber eine teurer Genuss.

Allerdings fand der Mensch für teure Genüsse schon immer auch Surrogate. Mit Zichorienwurzeln, geröstet und gemahlen, als Ausgangsstoff für Kaffee-Ersatz, wurde bereits seit 1763 experimentiert. 1769 konzessionierten die Behörden eine Zichorienpulverfabrik in Braunschweig und 1770 in Berlin. „Wie die Menschheit eigentlich auf dies niederträchtigste aller Kaffeesurrogate verfallen konnte, bleibt rätselhaft, da der bekannte und gefürchtete Aufguss Zichorienbrühe höchstens in der Farbe, sonst aber in absolut keinem Stück auch nur im entferntesten Ähnlichkeit mit dem Kaffee hat, und überdies bei fortgesetztem Genuss nicht bloß die Zunge, sondern auch den Magen ruiniert.“ *(Habs/Rosner: Appetitlexikon, Wien 1894)* Zunächst liefen die Geschäfte auch schlecht. Erst die napoleonische Kontinentalsperre half der Zichorienpulver-Industrie auf die Beine, unterstützt von der Braunschweiger Regie-

Richters Kaffeehaus in Leipzig – 18. Jahrhundert

rung und Privilegien des Königs von Preußen.

Kaffee-Ersatzpulver erschien geschmackvoll in zylindrischen Paketen auf dem Markt, blau die Verpackung und mit dem Aufdruck einer Schutzmarke, verkauft zu volkstümlichen Preisen und mit großem Werbeaufwand.

Zichorienkaffee bildete ab dem 19. Jahrhundert, zusammen mit dem Getreidekaffee, die Basis der proletarischen Kaffeemahlzeiten, vor allem auf dem Lande und in den Familien mit bescheidenen Lebensverhältnissen. Dieses ständige (Ersatz)Kaffeetrinken wochentags bewirkte natürlich das folgerichtige Verlangen, sich an Sonn- oder Festtagen eine gute Tasse Kaffee (Bohnenkaffee) zu leisten. Demzufolge stieg auch der Verbrauch von Bohnenkaffee wieder an. Interessanterweise ist es eine Tatsache, dass große Mengen Kaffee über Sachsen in das Königreich Preußen geschmuggelt wurden. Zichorie, wie alle anderen teilweise abstrusen Ersatzstoffe, trübt den Kaffeesud erheblich und reichert ihn mit Schwebstoffen an. Mit Recht können die Sachsen von sich behaupten, in vergangenen Zeiten ihren Kaffee nie entehrt, nie verpanscht und mit Surrogaten egal welcher Art vermischt zu haben. Nur durch den reinen Kaffee hindurch, pur und ohne Zusätze, konnte man am Tassenboden die rot, blau, gelb oder grün schimmernden Blümchen der Manufaktur in Meißen in unverfälschter Kraft erkennen. Diesen reinen Kaffee nannte man seit etwa 1770 Blümchenkaffee, eine Wortschöpfung aus der Berliner Gegend. Vergeltung übend, bezeichneten die Sachsen ihre nördlichen Nachbarn an der Spree als Kartoffelpreußen. Im barocken Dresden von 1751 wurden zur Kaffeezubereitung 3 Lot gestoßenes Kaffeepulver auf eine Kanne Wasser abgemessen, also ziemlich genau 6,8 Gramm pro Tasse. Ein nach heutigem Verständnis ausreichendes Verhältnis.

Das mag eine hinreichende Begründung für die umgangssprachliche Bezeichnung „Kaffeesachse“ sein. Eine zweite, mündlich überlieferte und keinesfalls beweisbare Version besagt, im 18. Jahrhundert habe die Heeresführung zum Ansporn den Soldaten Kaffee ausgeschenkt, um sie munter zu halten. Deren Ausruf, ohne Kaffee nicht kämpfen zu können, soll ihnen den Namen – Kaffeesachsen – eingebracht haben.

Die Sachsen entwickelten ihr Kaffeetrinken zunehmend zum Zeremoniell, mit feststehenden Abläufen. Allein aus der Einladung zum Kaffeetrinken ging hervor, man wurde am Nachmittag erwartet und es würde gemütlich werden. Eine Tasse Kaffee trinken bedeutete, sich kurzfristig Entspannung zu gönnen. Böswillige übersetzen das Gurren der Tauben mit dem sehr sächsischen „goch Gaffee“ (koche Kaffee), was einer schlichten Verballhornung des Dialektes gleichkommt. Barbsiger (barfüßiger) Kaffee hieß solcher, zu dem weder Kuchen gereicht wurde noch eine Butterbemme oder Buttersemmel.

Unter Körnel Kaffee verstand man Malz- oder Gerstenkaffee. Lachkaffee ist derjenige, den eine als Patin zu einer Gevatterschaft gebetene Frau ihren Freundinnen überreichte. Bei männlichen Paten verstanden alle Beteiligten unter Lachkaffee eine Flasche Branntwein als Mitbringsel.

Im Meißner Land sprach man von einer Kaffee Féte, wenn zum Kaffeeklatsch oder Kaffeekränzchen geladen wurde. Und die Teilnehmerinnen hießen Kaffeezippen. Kaffeezippen eröffneten ihren Kaffee-Nachmittag öfter mit Gedichten aus eigener Feder, wie:

Liebste Schwestern kommt herbei.
Jetzo schlägt die schwarze Stunde.
Macht euch von Geschäften frei
und genießt mit vollem Munde
diesen wunderreichen Saft
von der edlen Bohne Kraft.

Im alten Sachsen gab das Vorsetzen einer Speise zuweilen symbolisch Auskunft darüber, ob ein Freier willkommen war oder nicht. Setzte man ihm Lauch mit Eiern vor, war ihm das Jawort gewiss. Bot man ihm aber Mehlbrei oder Kaffee an, durfte er sich lediglich als Hausfreund betrachten.

Aus der Dröppelminna, der Kaffeekanne, wurde eingegossen in das Kaffeeköppgen, die Kaffeetasse. Und die Kaffeekiekersch, die Wahrsagerin, las auf Bestellung aus dem Kaffeesatz die Zukunft heraus. In Notzeiten verlängerte die Hausfrau den Kaffee zu Milchkaffee. Der wurde in Schüsseln aufgetischt, worin man mit Butter bestrichene und gezuckerte Schwarzbrotscheiben tauchte (titschte).

„Die Franzosen essen ihren Kaffee, indem sie Semmeln darin einbrocken und das ganze auslöffeln. In Schweden trinkt man drei Tassen Kaffee mit Milch und Zucker nach dem Mittagsmahl. Die Holländer verbrauchten wenig Kaffee, bevorzugten aber dafür eine starke Brühung. Wenn Engländer Kaffee trinken, so nur am Morgen, mit einem Butterbrot. Die Deutschen aber vereinigen alle diese Gewohnheiten“, heißt es bei Krünitz, und damit meint er sicherlich die Sachsen. *(Krünitz: Enzyklopädie Teil 32, Brünn 1789)*

Schon im Verlauf des 19. Jahrhunderts entstanden die ersten brauchbaren Haushaltgeräte zur Bereitung von Kaffee, sogenannte Kaffeeaufgussmaschinen mit einsetzbaren Metallsieben. Spitzfilter aus Porzellan, Keramik oder Blech verhinderten allerdings nicht den Kaffeesatz in der Tasse.

Den Versuch eines Erfinders aus dem 18. Jahrhundert, Kaffee mit Papier zu filtern, nahm niemand ernst, worauf er schnell wieder in Vergessenheit geriet. Am 8. Juli 1908 wurde im Berliner Patentamt der „Gebrauchsmusterschutz für einen mit Filtrierpapier arbeitenden Kaffeefilter mit auf der Unterseite gewölbtem Boden sowie mit schräg gerichteten Durchflusslöchern“ erteilt, an Frau Melitta Bentz aus Dresden. Dabei soll ihr ein Löschblatt aus dem Schulheft des Sohnes, mit der Schere rund geschnitten, als Filter sowie eine durchlöcherte Blechdose als Ur-Filterkörper gedient haben.

Technisch verbesserte Kaffeefilter wurden schon ab Dezember 1908 in der eben gegründeten (15. 12. 1908) Firma M. Bentz, einer 4–5 Zimmerwohnung in der Marschallstraße 31, hergestellt. 1936 erlangte die Firma das Patent für die Erfindung der Filtertüte, die noch heute weltweit benutzt wird.

Da war Frau Bentz allerdings schon nach Minden (1929) umgezogen und ihr Unternehmen kein sächsisches mehr.

Vom sächsischen Weinbau

Als die ersten Sachsen einst ins fruchtbare Elbtal kamen, siedelten hier bereits seit Generationen slawische Volksstämme, beschäftigt mit Imkerei, ein wenig Viehzucht, Hühnern, Gänsen, mit Holzäpfeln und Fischfang. Die vom Kaukasus im 5. und 6. Jahrhundert herzugewanderten Sorbenwenden pflanzten später in der Gegend um Luziwize (Loschwitz) und Borize (Poyritz) bei Dresden Weinstöcke, die aus Dalmatien von der Adriaküste stammten.

Chronisten berichten von der Zerstörung vieler Weingärten nahe dem Fluss Misny im Jahr 888 durch den böhmisch mährischen Herzog Swatpoluk (830–894). *(vgl.: C.Ch.Schramm, Neues Europäisches Historisches Reiselexikon, Leipzig 1744)*. Somit kann davon ausgegangen werden, dass wenigstens schon seit dieser Zeit in der Meißner Gegend Weinbau betrieben wurde. Weitere Nachrichten über den Weinbau im Elbtal gehen in die Zeit des Sachsenherzogs und seit 936 deutschen Königs Heinrich I. zurück. Für die bald folgende Konjunktur des Weinbaus zeichnen in hohem Maße die kirchlichen Einrichtungen verantwortlich, die reichlich Messwein für ihre Schäfchen benötigten. Ab 1224 schenkten die Geschwister Große dem St.-Afra-Kloster in Meißen und dem Franziskaner-Bettelorden zu Dresden jährlich einen halben Eimer

Kötzschenbrodaer Wein. Allerdings galt der Kötzschenbrodaer Wein während des 16. und 17. Jahrhunderts als Getränk, dem gegenüber allgemein eine unüberwindliche Abneigung bestand. *(Erler: Leipziger Magisterschmäuse im 16.–18. Jahrhundert, Leipzig 1905)*

Bischof Albert II. überließ dem Meißner Domkapitel 1226 seinen gerade angelegten Weinberg in Oberwartha bei Dresden zur Nutzung. Schon seit 1233 schien der Weinbau im Elbtal gut zu florieren und Gewinn abzuwerfen. Unter Androhung der Exekution im Ablehnungsfall befahl Bischof Witigo I. die rigorose Eintreibung des klerikalen Weinzehnten. Der Adel gab sich derzeit noch recht spendabel. Beispielsweise übergaben die Burggrafen von Dohna 1286 dem Maternihospital in Dresden ihre zwei Weinberge in Kötzschenbroda. Nach einem Gebot des Markgrafen Wilhelm III. im Jahr 1400 durften weder fremde noch böhmische Weine in Fässern gekauft und zum Ausschank gebracht werden. Nur die Weine aus Kötzschenbroda, Dresden und Meißen erhielten dieses Privileg. Die dafür vorgesehenen Schankstätten waren dem Gesetzgeber zinspflichtig. Bischof Konrad von Wallhausen hob 1373 hervor, an der Elbe wüchsen gute Weine. Zitzschewiger Weine und die aus Kötzschenbroda seien wegen ihrer Dauerhaftigkeit und Lieblichkeit besonders zu loben.

Bekannt ist, dass den Weinen Zucker, Honig und Pflanzenextrakte beigegeben wurden, eben des Geschmacks und der Haltbarkeit wegen. Weinverfälschungen gehörten zu den gängigen Praktiken, teilweise mit lebensgefährlichen Zusätzen. Für solche Vergehen hoben die Landesherren das Strafmaß erheblich an, bis hin zum Strangulieren auf dem Marktplatz. Weinpanscher bevorzugten geschmacksintensive Weine, mit typischem, prägnantem Aroma. August der Starke besaß in seinem gut geführten Weinkeller mehrere Abteilungen, untergliedert in Bacchuskeller, Burgunderkeller, Landweinkeller und den ungarischen Fassweinkeller mit seinem Lieblingswein, dem Tokajer.

Einen Tokajer-Weinkeller hat es im Dresdner Schloss nie gegeben, sondern lediglich einen heute verschütteten Zwischengang unter der Auffahrt zur Augustusbrücke zum Ungarweinkeller, mit einer Ablage für diese Spezialität. *(lt. Aussage des Landesamtes für Archäologie Dresden, 2003)*

Bis 1918 gehörten die verhältnismäßig geringen Erträge echten Tokajer-Weines dem Kaiser in Wien und einigen wenigen renommierten Weinhändlern. Sie waren somit käuflich nur höchst selten zu erhalten. Zur Zeit Augusts des Starken und weiter bis 1918 verschenkte der Kaiser in Wien aus Wohlwollen und auf Bitten alljährlich je nach gesellschaftlicher Bedeutung der Antragsteller einige Bouteillen an die europäischen Fürsten- und Königshöfe. Sogar der Papst musste sich quasi „anstellen“. Die Quellen besagen sogar, dass aus dem Weinkeller in Wien an weniger bedeutende Monarchen Europas zeitweise nur zweitklassiger Tokajer Wein abgegeben werden durfte. *(vgl.: Cachée, Die k.u.k. Hofküche und Hoftafel, Wien 1985)*

Tokajer Wein wurde massenhaft nachgemacht, mit Zucker gesüßt und mit Couleur gefärbt. Sicherlich hatte auch der Kurfürst hin und wieder gepanschten Tokajer im Lager stehen, ohne es zu wissen. Sobald gut bezahlte Qualitätsweine auf den Markt kamen, wurden sie auch imitiert, trotz hoher Strafen. In Preußen existierte seit dem 1. 1. 1722 ein Edikt wider die Wein- und Bierfälschung, und ab dem 20. 7. 1747 in Franken eine General-Weinvisitation sämtlicher Keller mit der Auflage an alle Apotheken, jeden Ankauf verdächtiger Stoffe hinsichtlich der Weinverfälschung unverzüglich anzuzeigen. 1751 drohte der Landgraf von Hessen jedem mit dem Galgen, der Wein mit Zusätzen versah, außer was die Natur selbst dem Wein zu geben pflegte.

Im 16. Jahrhundert spricht man von schweren Meißner Weinen. Waren das besonders gute Jahrgänge, oder handelte es sich um Beimischungen von Pflanzenextrakten und Zucker, die dem Wein Kraft gaben? Oder waren es die ersten Erfolge der Initiative von Kurfürst August (1553–1586), der Rebstöcke aus dem Rheinland und Ungarn kommen und in den Lößnitzbergen anpflanzen ließ? Für die Beschaffung des notwendigen Düngers richteten die Winzer gleichzeitig den Viehhof in Kreyern ein. In Dresden, Meißen und Torgau entstanden Hauskellereien und zum obersten Chef wurde ein Oberweinmeister berufen. Auf Empfehlung des Kurfürsten (1564) sollten unter den Rathäusern sächsischer Städte Trinkgemächer eingerichtet werden, in denen der Wein aus der kurfürstlichen Produktion zum Ausschank kam. Es war die Geburtsstunde der späteren Ratskeller. Auf höchste Order hin durften die Dresdner seit 1556 keine rheinischen, böhmischen oder „sonst wie fremde Weine“ ohne Wissen und Erlaubnis des Rates zu Geld machen. Sei es, dass die Elbtalweine Nachteile in der Haltbarkeit gegenüber Importen hatten, oder dass die kurfürstlichen Weine zuerst an den Mann gebracht werden mussten.

Schwierigkeiten machte den Winzern hingegen das einfache Volk, das viel lieber dem Bier frönte als dem Wein zusprach. Das 16. Jahrhundert trug den Beinamen Zechjahrhundert, und die Nation war gespalten in Bier- und Weintrinker. Zu den Bierländern gehörte Sachsen, während Schwaben, Franken

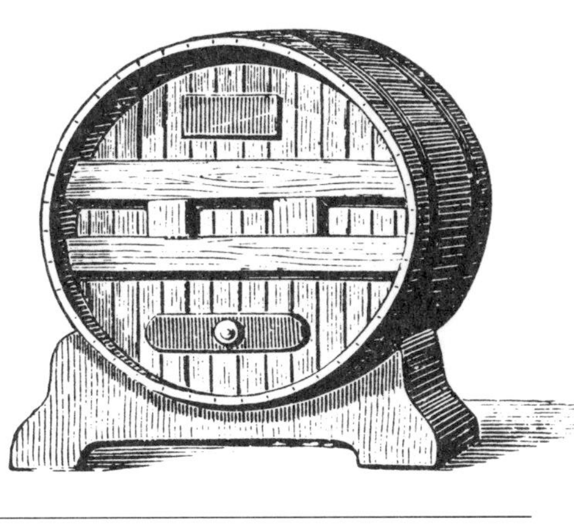

und das Rheinland als Weinländer in die Geschichte eingingen.

Zum Verkauf der kurfürstlichen Keltererzeugnisse ließ Christian I. 1586 das große Kufenhaus in Dresden erbauen. Das im Jahr 1725 als damals größtes deutsches Weingefäß auf dem Königstein geböttcherte Fass verfügte über ein Fassungsvermögen von 3709 Eimern. Allein in Dresden befanden sich zu dieser Zeit sieben Zeughauskeller. Sie waren bestückt mit 250 großen und kleineren Kufen, wovon jedes mindestens 20 Eimer oder 20 Fuder Inhalt hatte. Paul Knoll, kurfürstlicher sächsischer Winzermeister auf Schloss Hoflößnitz, legte 1663 eine beinahe wissenschaftliche Abhandlung über die Weinkultur vor. Zuvor hatte 1629 ein gewisser Abraham von Dahm-Rothenfelsen ein Buch über den Weinbau veröffentlicht.

Offenbar gab es unter den Winzern nicht immer Einigkeit. Die Weinbergbesitzer von Meißen und Dresden beschwerten sich 1670, manche Bauern auf den Niederungen pflanzten Weinstöcke, welche viel Most, aber nur sauren Wein lieferten, was den allgemeinen Kredit des Weinbaus gefährde. Zadel, Zscheila, Bohnitzsch, Gröbern, Roitzberg, Oberau, Zaschendorf, Cölln, Spaar, Sörnewitz, Coswig, Kötzschenbroda(!), Zitzschewig, Radebeul, Trachau, Loschwitz und Wachwitz – da befanden sich

um 1700 die vorzüglichsten sächsischen Weinberglagen. Zwischen 1670 und 1710 brachten die fetten Weinjahre großartige Gewächse hervor, berichten die Chronisten. Für die ehemaligen sorbischen Rundangerdörfer Loschwitz und Poyritz sorgte der Weinbau neben dem ertragreichen Fischfang für sichtbaren Wohlstand. Als Würdigung wurden im Loschwitzer Gemeindesiegel zwei Männer dargestellt, an einer geschulterten Stange riesige Weintrauben tragend.

Auf seiner Kavalierstour durch Frankreich und Italien hatte August der Starke offenbar schäumenden Champagner getrunken. Dieser „Teufelswein", so wegen seiner Sprengkraft genannt, wurde vom Geschmack her zu dieser Zeit recht unterschiedlich bewertet. Auf jeden Fall konnte man jeden jungen grünen Wein im Winter an der Gärung hindern und dann im Frühjahr zur zweiten Gärung bringen. Probleme gab es mit der Zusammenstellung des Cuvée, worum sich der Benediktinerpater Dom Perignon in der Abtei zu Hautvillers verdient gemacht hatte, der Abnahme des Depots und den Glasflaschen, die dem hohen Druck widerstehen mussten. Technisch war man in Sachsen damals nicht in der Lage, solche stabilen Flaschen zu produzieren.

Trotzdem erging 1717 vom Dresdener Hof aus die Order an die Kellerei in der Hoflößnitz, aus hiesigen Mosten einen moussierenden Wein herzustellen. Über die Ergebnisse ist nichts bekannt geworden.

Sicher dagegen ist, dass um 1827 der Oberforstmeister von Bredow, der damals das heutige von Minkwitzsche Grundstück besaß, von seinen eigenen Gewächsen Schaumwein herstellte. *(vgl. Schubert: Der Weinbau in den Marktflekken Kötzschenbroda, Hof- und Niederlößnitz, Nauendorf, Zitzschewig und Lindenau, nebst Notizen über den königlich sächsischen Weinbau überhaupt und über die Nebenkultur im Meißnischen insbesondere, Dresden 1862)*

Beachtlich bleibt dennoch, dass nach der Kellerei Grempter (1826) im schlesischen Grüneberg und der Firma Kessler (1. 7. 1826) in Esslingen am Neckar seit 1836 in der Niederlößnitz die Kellerei Bussard als drittes Unternehmen in Deutschland Schaumwein herstellte, noch vor solchen später berühmt gewordenen Produzenten wie Deinhard (1843) und Kupferberg (1856). Allerdings explodierten noch 1840 mindestens die Hälfte der Sektflaschen in der Warteschleife der Bussard-Produktion.

Bereits im ersten Geschäftsjahr wurden 38 000 Flaschen mit Schaumwein gefüllt und verkauft. Bis 1848 beschäftigte man zur Erfolgssicherung den Kellermeister Mouzon aus Reims. Sein Nachfolger war wieder ein Franzose, Monsieur Camuset, der von 1848 bis 1853 den Lößnitzer Schaumwein betreute, als Chef de cave, als Kellermeister.

Mangel an Erfahrung, unvorhersehbare Geschmackstendenzen und die oft ungünstige Witterung führten zu herben Rückschlägen im sächsischen Weinbau. Zu Veränderungen in der Qualität des Weinbaus im Elbtal und einer Förderung der Winzer sollte die Gründung der Leipziger Ökonomischen Gesellschaft 1763 beitragen. Einen Durchbruch in dieser Hinsicht erreichten die Beteiligten jedoch erst mit der Schaffung der landesherrlich zur Beförderung des Weinbaus bestätigten königlich sächsischen Weinbaugesellschaft 1801. Im Zuge der Bemühungen um den Weinbau im Elbtal entstand zudem 1812 auf dem Fürstenberg zu Zaschendorf die erste Winzerschule Deutschlands, mit einem Herrn Fleischmann als Initiator.

Im Königreich Sachsen existierten auch Weinberge in der Nähe von Bautzen (Kloster Sankt Marienthal), Grimma, Torgau und Thallwitz bei Wurzen.

Qualitätsweine erzeugten die Winzer in diesen Lagen allerdings nicht.

Auch die Messestadt Leipzig konnte einst auf eine Weinproduktion zumindest für den Hausgebrauch verweisen, die durch Mönche und Nonnen betrieben wurde. So befanden sich Weinlagen der Georgennonnen vor dem Peterstor, an der Parthe vor dem Gerbertor und um Schkeuditz herum. Auch am Groitzscher Burgberg befand sich ein Weinberg. Noch 1727 gab es im Raum Schkeuditz eine Ernte (Lese) von 1082 „Eymern" (1 Eymer ca. 70 Liter).

Infolge des immer dichter werdenden Verkehrsnetzes der Eisenbahn gelangten preisgünstigere (und sicherlich auch bessere) Weine von der Mosel, der Ahr, dem Rhein, der Nahe oder der Pfalz zu Sachsens Märkten. So wie deren Präsenz zunahm, sanken die Abkäufe der Elbtalweine. Für Meißner Elbling, Ruländer, Traminer, Clävner, Schieler und Burgunder begannen schlechte Zeiten. Statt für 15 bis 20 Taler pro Eimer Most zur Weinherstellung verkauften die Winzer nun eher den Eimer Most für 5 bis 8 Taler zur Essigproduktion.

In südlicheren Weinanlagen, rings um das Mittelmeer, reiften die Trauben schon im Juli, wurden aber absichtlich erst im September gelesen. Dann lagen die Beeren noch einige Tage auf den flachen Dächern der Weinbauern, der prallen Sonne ausgesetzt, die noch den letzten verbliebenen Saft verzehrte. Hier entstand Wein praktisch aus Rosinen, aus einem zuckerreichen Most, der den Alkoholgehalt auf 17 % trieb, doppelt so hoch wie bei den Sachsenweinen. Häufig enthielten diese Südweine noch reichlich unvergorenen Zucker, der in Zusammenhang mit dem Alkoholgehalt konservierend wirkte.

Auf dem Seeweg und mit der Bahn gelangten diese begehrten Produkte regelmäßig in großen Mengen zu den deutschen Verbrauchern. Zudem wurden die Märkte reichlich mit spanischen und italienischen Dessertweinen überhäuft und mit gehaltvollen Rotweinen aus Frankreich. Dagegen fanden die sächsischen Winzer kein Mittel. Aber nicht nur Schwierigkeiten mit der Konkurrenz traten auf, unberechenbare Erträge und deshalb unverträglich hohe Preise führten zu erheblichen Nachteilen im Absatzgerangel des ausgehenden 19. Jahrhunderts. Genau genommen hatten sächsische Weine beim Verbraucher keine Chance. Zu ungünstig gestaltete sich das Preis-Leistungsverhältnis. Das konnte letztlich auch nicht mit der Begründung der Reinheit der Weine aufwogen werden. Zudem besiegelte zwischen 1885 und 1889 die Fresslust der Reblaus das Schicksal der Winzer im Elbtal. Zur Wiederbelebung des sächsischen Weinbaus erfolgte 1906/07 der Erlass eines Schutzgesetzes, das der Kellerwirtschaft neuen Aufschwung verleihen sollte. Aus Statistiken ist ablesbar, dass der sächsische Wein nach der Reblauskatastrophe selbst bei ungünstiger Witterung nicht weniger als 56, im Schnitt aber 80 bis 105 Grad Oechsle brachte. (Oechsle: Ferdinand Oechsle erfand 1828 eine Waage, mit der er den Zuckergehalt des Traubenmostes ermittelte. Oechslegrade geben an, um wie viel Gramm ein Liter Most schwerer ist als ein Liter Wasser. Je höher die Oechslegrade, desto besser der Most.)

1927 erschien in Dresden ein Aufsatz zum sächsischen Weinbau, in dem es heißt: „Mit diesen Traubenqualitäten sind unsere Weine auch naturrein zu erhalten. Es erübrigt sich daher in den meisten Jahren ein Zuckerzusatz, und es wird auch vermieden, ihn wie früher mit Wasser zu mischen. Wenn früher von sauren Weinen die Rede war, so sind weder Lage noch Klima oder die Sorte dafür verantwortlich, sondern lediglich die Weinbergbesitzer und deren Traubenverkäufer, weil die Trauben schon Ende August oder Anfang September wegen des Vogelfraßes schnell eingekeltert wurden und selbstverständlich als rohsaure Weine in Erscheinung treten“.

Für die Folgen der Reblausverseuchung erhielten die Winzer staatliche Entschädigungen. Die Traubenpreise der sächsischen Weinbaugebiete lägen stets höher als beispielsweise in den Gegenden am Rhein, hört man aus Dresden 1930. Das ist auf Dauer auch nicht mit den unwegsamen Lagen in Sachsen zu erklären. Auf den namhaften Weinmärkten seien die sächsischen Weine jedenfalls wenig bekannt. Erzeugnisse aus sächsischen Winzerbetrieben blieben vielfach gleich im Besitz ihrer Hersteller, als Haustrunk. Nur geringe Mengen davon verkauften die heimischen Händler und brachten sie als Weiß(misch)wein unter dem Namen Schieler in den Handel. Bald erwies sich diese Bezeichnung als sehr nachteilig. Es folgte die weitläufige Vermutung der Konsumenten, sächsische Weine seien stets Mischweine und somit

von geringer Qualität. Heute ist der Schieler zwischen Seußlitz und Radebeul eine regionale Besonderheit, eine Imagefrage und ein Identitätszeichen.

Die dazugehörige Legende für Touristen besagt, Schüler der Afraschule (seit 1543) hätten mangels Taschengeld abends in den Schenken die Rot- und Weißweinneigen aus den Gläsern der Gäste zusammengeschüttet und den nun rötlich goldgelb aussehenden Mischwein getrunken. Die Wirkung blieb nicht aus, und so sollen die Eleven morgens schielend in der Schule erschienen sein. Deshalb nannte man die Mischung aus Rot- und Weißwein eben Schieler.

Ursprünglich handelt es sich dabei um eine neue Herstellungsmethode aus der Zeit um 1800. Meißner Winzer wünschten sich damals einen unverkennbaren „Meißner Wein“ mit unverwechselbarem Farbton zwecks besserer Vermarktung ihres Produktes. So wurden rote und weiße Trauben gemischt und vor dem Pressen auf der Maische vergoren. Das Ergebnis war ein golden bis hellrot schimmernder und schillernder „Schieler", der von Einheimischen auch Rotling genannt wird. *(vgl. Heinen: Gesamtwerk deutscher Wein – Elbe, Saale, Unstrut, Trittenheim o. J.)*

In einer ausgelassenen Runde kam die Frage auf, welcher Wein wohl der Beste sei. Da erhob einer die Stimme: „Der Wein muss die Zunge lösen, während er sie beglückt, er muss anfeuern, aber nicht ausbrennen, er muss weise machen und nicht dumm, er muss zur Liebe rüsten, aber nicht zum Schlaf ..."

„Da müsst ihr aber sehr oft schlechten Wein trinken", unterbrach ihn eine Frau, die es besser wusste. *(vgl. Heckmann: Der beredte Bacchus, Landau/ Pfalz, 1992)*

In der Festschrift für das Winzerfest der Lößnitz vom 3.– 6.10.1924 heißt es:

„Nicht allein die Pracht der Landschaft ist es, die unserer Lößnitz den Beinamen ‚Das sächsische Nizza' einbrachte, sondern auch die Fruchtbarkeit und ihre klimatischen Vorzüge. Unsere Lößnitz hat ein gesundes mildes Klima, geschützt vor rauen Ost- und Nordwinden. Hier wächst am edlen Rebstock der Wein, hier gedeihen Pfirsich und Edelkastanien. So wie Nizza alljährlich seinen Karneval hat, soll die Lößnitz in Zukunft regelmäßig ihr immer wiederkehrendes Volks- und Heimatfest haben, in dem die großen prunkvollen Winzerfeste, wie sie zur Zeit August des Starken sich abspielten, ihre Wiederauferstehung erfahren sollen."

Vielleicht spielt dabei ein wenig Selbstüberschätzung mit, aber schon immer musste kräftig geklingelt werden, wenn man Gehör finden wollte.

Sächsischer Wein und die gute Küche

Abgesehen von traditionellen Menüregeln, die bestimmten Speisen konkrete Weinsorten zuordnen, ist die Frage nach dem passenden Wein immer eine individuelle Geschmacksentscheidung gewesen und geblieben. Darum gibt es auch bei den Elbtalweinen viele nicht erst in jüngerer Zeit angebaute sächsische Rebsorten, die unkonventionell und hervorragend mit bestimmten Gerichten harmonieren:

Sächsischer Landwein (weiß):
Ein guter Begleiter für fast jeden Anlass, von feiner Art, frisch im Geschmack, eben der ideale Einstiegstropfen. Seine fruchtige Note macht ihn zum sympathischen Aperitif, als Appetitanreger vor dem Menü, aber auch zum vorzüglichen Partner kleiner Vorspeisen. Säuerliche Speisen erdrücken den Landwein. Für Cocktails von Meeresfrüchten oder zu rohen Austern ist er eine ideale Ergänzung genau wie zu Räucherschinken mit Pfirsichen oder Melonenspalten.

Müller-Thurgau:
Eine sehr trockene, aber reine Spezialität, wobei die dezente Muskatnote diesen Tropfen erheblich spezialisiert. Er verträgt sich gut mit kräuterkräftigen Fischgerichten wie grünem Aal in Gelee, Graved Lachs oder sächsischem (Meißner) Wurzelkarpfen. Auch zum Kaviar muss es nicht immer Champagner sein. Der Rogen des Beluga-Störs vereint sich mit gut gekühltem Müller-Thurgau trocken in durchaus angenehmer Distanz, die geschmacklich bis über die Zungenwurzel hinaus geht. Sein ausreichender Alkoholgehalt verbietet schlechthin Verbindungen mit salzigen Speisen. Vor allem zum traditionellen Gänsebraten zu Martini, zur gefüllten Ente oder zum Schweinebraten vom Rost hat Müller-Thurgau ein gutes Verhältnis. Zumal er mit Beifuß hervorragend harmoniert, der bei fettigen Speisen nicht fehlen darf.

Bacchus:
Bacchus ergibt sich aus einer Kreuzung zwischen Silvaner, Riesling und Müller-Thurgau. Letzterem ähnelt er am meisten. Er ist ein gefälliger Wein, der keine lange Lagerzeit verträgt. Für kräftige Speisen ist der Bacchus ein idealer Partner. Bodenständige Heringsgerichte gehören dazu, vom marinierten Hering zum Häckerle zum Senfhering mit Apfelscheiben. Gut gekühlt passt der Bacchus vorzüglich zu italienischen Vorspeisen, den Antipasti, egal ob diese caldi, freddi oder misto sind. Gebratener und kalt servierter Thunfisch, geröstete und eingelegte Auberginen- und Zucchinischeiben, Trockentomaten mit Basilikum, Fenchelsalat und luftgetrockneter Schinken gehören dazu. Der Bacchus Q.b.A. ordnet sich bestens in die Sparte der Gemüseweine ein. Natürlich ist dies kein Begriff aus der Winzerterminologie, sonder der Köchesprache entlehnt. Jedenfalls hat er in der vegetarischen Küche und damit als Begleiter fleischloser Gerichte einen guten Ruf. Ob zu Pasta mit Basilikum, Knoblauchsauce oder zum gebackenen Camembert, Bacchus kann man reinen Gewissens empfehlen.

Kerner (Q.b.A.):
Namensgeber ist der Weinsberger Arzt und Dichter Julius Kerner (1786–1862). Die Neuzüchtung aus einer Rot- und einer Weißweinrebe (Trollinger und Riesling) stammt aus der Rebzuchtanlage Weinsberg in Württemberg.

Das Bukett erinnert angenehm an Blumenduft. Mit gut eingebundener Säure arrangiert sich der Kerner zu Lammgerichten, Kalbsfilets in Weinschaum, Lachsfilets in Traubensauce, passt aber auch wegen seiner dezenten Restsüße gut zum Hasenbraten, wenn dieser mit Wildfrüchten garniert wird. Wer neugierigerweise beim Wild auf den sonst üblichen Rotwein verzichten will, dem bietet sich alternativ der Kerner an. Komplettierend steht er einigen Käsesorten gegenüber, so etwa Altenburger Ziegenkäse, Edamer, Gouda, Reblochon oder Morbier.

Goldriesling:
Wird wahrscheinlich nur noch im Elbtal angebaut und ist eine Neuzüchtung aus dem französischen Colmar in der 2. Hälfte des 19. Jahrhunderts aus Rheinriesling und Muscat précoce de Courtil-

lier. Ziemlich neutral und weich gehört er zu den „Kneipenweinen", die man den ganzen Abend über trinken kann.

Elbling:
Eine sehr alte Rebsorte. Er gilt als kleiner Bruder des Riesling und ist ein leicht spritziger Tischwein zu leichten Speisen.

Ruländer oder Grauburgunder:
Pinot Gris nennen ihn die Franzosen, Pinot Grigio die Italiener. In Sachsen ist er auch seit 1787 unter dem Namen „Rehfal" bekannt. *(vgl. Pardun / Lämmel: Probieren Sie Sachsen, Radebeul 2001)*
Ein Wein der feineren Art, extraktreich (Spätlese), im Körper führt er zu geschmacklicher Mundfülle. Für bodenständige Gerichte ist er ein idealer Begleiter. Beispielsweise zu gebackenem Kalbshirn mit Steinpilzsalat, gekochtem Kalbsherz in Weißweinsauce mit Spargelspitzen, frischer Zunge mit weißer Traubensauce und Stampfkartoffeln oder einem Ragout vom Kalbskopf, also den sogenannten früher preiswerten Teilen, die aber in der Volksküche sehr geschmackvoll veredelt wurden. Hasenfilets, Hasenpasteten und Kaninchenfleisch ist der Grauburgunder ebenso zugetan wie einem Hecht in Rahmsauce mit Käse und Mie de pain überbacken. Der Ruländer Kabinett neigt seiner milden Säure wegen eher zu Gerichten mit zartem Eigengeschmack, gedünstete Seezungenfilets mit Lachsmus gefüllt gehören dazu wie auch Shrimpsterrinen, grüne Salate, nur leicht mit Nussöl benetzt, oder gedünstete Fasanenbrust in Calvados-Apfelsauce, wobei der Ruländer den Calvados erstaunlich gut vereinnahmt. Zuletzt ist Grauburgunder gleichwohl eine gute Alternative als Aperitif.

Traminer:
Er ist die „Verkörperung“ bester sächsischer Weinkultur. Eine der älteren Sorten, die auch als Tromminer, Clevner, Klein- oder Kleebraun in der Literatur auftaucht. Feiner Honigduft und Wildrosenbukett und fülliger Körper mit Schmelz. Traminer passt sich gut an und eignet sich bestens für Cordon Bleu, Wiener Schnitzel, Forellenfilets in Walnusspanade oder Piccata mit Fenchelstreifen. Die Traminer Beerenauslese ist einer der erlesensten Weine der Region. Seine Vermittlung mit Speisen ist schwierig, eher genießt man ihn als Aperitif oder zum Abschluss eines Menüs. Dennoch unterstützt er hervorragend eine zarte Gänse- oder Entenleber, neigt aber doch mehr als Begleiter von Früchten als Dessert.

Weißburgunder:
In Frankreich als Pinot Blanc oder Pinot Chardonnay bekannt, entstammt er einer Mutation der weißen Burgunderfamilie. Frisch mit ausgeprägter Blume passt er gut zu leicht gewürzten Speisen, zu hiesigen Zuchtforellen oder Felchen, zur Scholle im Mai oder zum gedünsteten Lachs.

Seußlitzer Stangenspargel mit Buttersauce oder ein zartes Rührei mit Bachkrebsen sowie hellen Gerichten vom Kalb, Geflügel oder Kaninchen, Zickleinkeule, Kaldaunen mit Weinkraut, Karpfenfilet mit Kräuterbutter oder Lammnüsschen in Sahnesauce ist der Weißburgunder ein guter Begleiter.

Scheurebe:
Eine Kreuzung aus Silvaner und Riesling, die einst Prädikate von abscheulich

bis hervorragend erhielt. Die Q.b.A.-Variante hat milde Säure und passt eigentlich zu allen nicht stark gewürzten Vorspeisen, kleinen Hauptgerichten auf Fisch- und Geflügelbasis und naturell belassenen grünen Blattsalaten. Die Spätlese hingegen hat ein extrakt- und körperreiches Volumen. Für Pfannengerichte und scharfe Speisen ist sie zwar ungeeignet, desto mehr aber für Kalbsbrust gefüllt, Kalbsnierenbraten und gebackenes Bries.

Riesling:
Wohl die bekannteste Weinsorte und zudem auf allen gastronomischen Ebenen vertreten, vom einfachen Kneipenwein bis zur Trockenbeerenauslese. Der Q.b.A. ist unvoreingenommen, angenehm erfrischend im Geschmack, nie aufdringlicher von der Säure her und eigentlich süffig in der Tendenz – der Wein für alle Fälle. Dagegen hat der Kabinett eine kräftige Säure, bringt den Appetit

auf Vordermann und ist durch seine trockene Spritzigkeit geeignet für Grillgerichte. Die feine winzige Restsüße hat eine besondere Affinität zu gedünsteten Zwiebeln. Also wer kein Bier zum sächsischen Zwiebelfleisch mag, probiere den Kabinett, genau wie zum Rostbrätl oder dem Meißner Zwiebelkuchen. Übrigens löst die Weinsäure fettige Substanzen auf und macht diese „Hausmannsgerichte" deshalb bekömmlicher.

Riesling Auslese ist der Macho unter den Qualitätsweinen im Elbtal. Fruchtig frisch, zurückhaltender Alkoholgehalt und eine gewisse Restsüße – damit verleiht er kontrastreichen Speisen den richtigen Touch. Indische Currygerichte und Früchte-Fleischkombinationen gehören dazu, wobei er keine salzigen Saucen verträgt.

Dornfelder:
Ein tieffarbiger, fruchtiger Rotwein, den man zu Wildgerichten oder zu lang gebratenen Rindfleischspeisen bevorzugen sollte. Zum „so" Trinken ist er weniger geeignet, eher eben als Wein im Menü.

Blauer Portugieser:
Diese frühreife Sorte ist in Sachsen nur mit einem kleinen Anbaugebiet vertreten. Ein typischer Schoppenwein für alle Fälle, der zu jedem Haupt- oder Käsegericht getrunken werden kann und keinen geschmacklichen Schaden anrichtet.

Blauer Spätburgunder:
Ein bissel der Fürst unter den raren hiesigen Rotweinen, meinen einige Winzer. Auf jeden Fall eine kräftige Unterstützung bei kräftigen Speisen.

Während für die Winzer im sächsischen Elbtal ihr Wein wegen der besonderen geografischen Lage, den Anbaubedingungen und der für sie insgesamt hohen Qualität des Rebensaftes eine Art Philosophie darstellt, scheint die königliche sächsische Armee einst davon keine Notiz genommen zu haben. Für deren Festivitäten kamen ganz andere Getränke auf die Tische. 1900 teilt das 7. Königliche Sächsische Infanterieregiment Nr.: 106 der Öffentlichkeit sein Hausgetränk mit: „Kalter Rumpunsch" zum Beispiel.

KALTER RUMPUNSCH

„Sechs Flaschen Haute Sauternes, zwei Flaschen leichten Rotwein, eine Flasche besten Jamaikarum und den Saft von sechs Zitronen zusammengießen. Anderthalb Pfund Zucker läutern. Sobald der Zucker kocht, thut man von der Weinmasse einige Löffel hinzu, lässt es noch einmal aufwallen und gießt dann das Ganze in das Weingemisch. Es wird kalt getrunken, wenn möglich mit Eis."

Das 1. Sächsische Feldartillerie Regiment Nr. 12 stand dagegen auf härtere Drinks, nämlich den „Knickebein". Knickebein dürfte aus Frankreich kommen, wo er unter dem Namen Pousse l'amour von alters her bekannt ist. Er wird bereitet, indem man den schlanken Kelch eines Glases mit Likör füllt, darauf ein reines rohes Eidotter gibt und darüber einen anderen und auch andersfarbigen Likör gießt, ohne dass sich die Zutaten mischen. Die sächsische Feldartillerie bevorzugte die Farben Rot – Gold – Grün : Cherry Brandy, Eigelb, grüner Pommeranzenlikör.

Dafür wurde sogar ein spezielles Knickebeinglas entwickelt, mit Königskrone und den königlichen Insignien eingeprägt. *(vgl.: Bowlen und Pünsche für den Feld- und Manövergebrauch der Deutschen Armee, bei Weber, Leipzig ca. 1900, Ergänzungswerk zum Universallexikon der Kochkunst)*

„Die Weinchen aus der Umgebung von Meißen und den Bergen bei Dresden und Pirna sind so übel nicht wie ihr Ruf. Es gibt auch Schattenseiten in berühmten Weinbaugebieten. In guten Jahren ist er unerwartet gehaltvoll und noch unerwarteter, durchaus kein Säuerling erster Klasse."

Und so können die sächsischen Winzer zur Lese durchaus einstimmen:

Aus der Traube in die Tonne,
Aus der Tonne in das Faß,
Aus dem Fasse dann, o Wonne,
In die Flasche und ins Glas.
Aus dem Glase in die Kehle,
Aus der Kehle in den Schlund,
Und als Blut dann in die Seele,
Und als Wort dann in den Mund.
Aus dem Worte etwas später
Formt sich ein begeistert Lied,
Das durch Wolken in den Äther
Mit der Menschen Jubel zieht.
Und im nächsten Frühjahr wieder
Fallen diese Lieder fein
Dann als Tau auf Reben nieder
Und sie reifen neuen Wein.

(vgl. H.v. Zobeltitz: Der Wein, Bielefeld & Leipzig, 1901)

Bier in Sachsen

Brauhäuser und Bierkeller seien die vornehmsten Apotheken, rühmte der Volksmund und adelte damit natürlich auch das Bier selbst. Fest steht, die Kulturgeschichte der Menschheit beginnt mit dem Brauen von Bier, nicht mit dem Keltern von Wein. Auch in Sachsen gehört Bierbrauen zu den ältesten Gewerben. 1294 werden die damaligen weitläufigen Hopfengärten des Elbsandsteingebirges in den nebelfeuchten Wäldern zwischen Pirna und Wehlen genannt, die „humularia sive hoipegarten". Kurfürst August (1553–1586) erließ vorsorglich in einer Forstordnung, beim Schneiden der Hopfenstangen sei darauf zu achten, dass die Wälder ohne Schaden blieben. 1262 fand in Freiberg ein Bierstreit statt. Die Dippoldiswalder Bürger verkauften nämlich ihr Bier geschäftstüchtig in den Silberbergwerken, was die Freiberger Brauer nicht leiden konnten. So kam es zu einem Schiedsspruch von Heinrich dem Erlauchten (1221–1288), der den Freibergern allein das Recht zubilligte, die Bergleute mit Bier zu versorgen. Freiberg besaß 1633 sechs Malz- und zwölf Brauhäuser, worin die Bürger reihum ihr privates Bier brauen durften, das sie in ihren Häusern ausschenkten. Ähnliche Einrichtungen wurden in zahlreichen Dörfern geschaffen, wo dann so genannter Reihenschank herrschte.

Dort ging am Morgen des Brautages der Ausscheller (ein bestelltes Dorfmitglied, das Neuigkeiten verkündete) durch die Siedlung und rief für jedermann verständlich:

„Heut darft ihr ni in de Bach scheißen, heut wird gebraut.“ *(vgl.: Homberg, Rundgesang und Gerstensaft, Berlin 1988)*

Herzog Ernst der Fromme (Herzog von Sachsen-Gotha und Altenburg, 1601–1675) bestimmte 1648: „Für unsere jungen Herrschaften und Fräuleins soll der Kellermeister jede Mahlzeit geben insgesamt fünfeinhalb Maaß Bier, auf die Mägte und Offizierstische soll gerichtet werden 1 Maaß Bier.”

Alteingesessene Bürger in den Orten der Sächsischen Schweiz hießen Brauhöfler, weil sie reihum das Monopol des Bierbrauens und Bierausschanks besaßen. Besonders in Königstein explodierte das Brauwesen regelrecht. Der kleine Ort zählte 1755 immerhin 48 brauberechtigte Einwohner. Dresden wurde seinerzeit von mindestens 38 Dörfern und Kleinstädten der Umgebung mit Bier versorgt, neben den ohnehin in der Stadt vorhandenen Brauanlagen. Per Schiff landeten 1734 wöchentlich für den kurfürstlichen Hof und Hofstaat 30 Fässer Bier allein aus Königstein an. 1751 sollen die sächsischen Biere qualitativ nachgelassen haben. Gerste, Hopfen und das Brennholz für das Feuer unter der Würze wurden wesentlich teurer. Außerdem stiegen die Abgaben erneut stark an. Nachteilig wirkte sich aus, dass die Brauerlaubnis in den Städten von der Obrigkeit zugeteilt wurde, während die Adels- und Rittergüter für ihre Haushaltungen niemanden fragen mussten und selbständig brauten. Im Ergebnis dessen stellte nunmehr jedes Dorf und Rittergut sein eigenes Bier her, und die städtischen Brauereien hatten enorme Absatzschwierigkeiten. Besondere Eigenschaften der sächsischen Biere führten trotzdem zu einem guten Ruf. Hauptsächlich die Qualität des Hopfens, der Gerste und des Malzes standen in hohem Ansehen.

Nur in der Weinstadt Meißen gab es Schwierigkeiten mit der Bierlagerung. In den Kellern standen vom Herbst bis ins Frühjahr hinein Fässer mit brausendem Most, dessen Geruch aus den Räumen nicht zu vertreiben war. Schädlich sei dies nicht, meinten die Experten, es vertrage sich nur schlecht mit Bier. Weinspiritus mache das Bier hart und rasch sauer, faulig und stinkend. Meißen blieb eine Winzerstadt. Hier gab es Wein im Ausschank, und die wenigen Biertrinker der Stadt würden sich schon versorgen. Gutes Bier sei das Merseburger-Heidecker Braunbier, mit Bornwasser und Bitterkraut gebraut, vernimmt man im 17. Jahrhundert aus Biertrinkerkreisen. Die vielen Börne (Quellen) der Stadt lieferten geschmacklich kein einheitliches Wasser. Das damit gebraute Bier wurde aber für gut befunden und hielt sich erstklassig.

Während des Sommers konnte nicht gebraut werden. Im März gingen die Eisvorräte in den Kellern zur Neige. Jetzt wurde im Frühjahr ein Lagerbier hergestellt, Märzenbier genannt, und ab Ostern blieben die Brauhäuser geschlossen. Als Termin für den Braubeginn hatten sich die Jünger von Gambrinus den 8. September *(siehe Bieritz: Das Kirchenjahr, Berlin 1986)* notiert, Maria Geburtstag, weil dann die neue Gerste zur Verfügung stand. Braumeister Martin Hammer aus Annaberg verbesserte 1526 das System der mit Holzfeuern erhitzten Braupfannen. Später wurde das Malz auf der Darre geräuchert. Damit vergrößerte sich die Haltbarkeit, und der Geschmack erhielt eine individuellere Note.

Ab 1770 erzeugten Dresdner Brauer nach bayerischem Vorbild starkes Weizenbier, welches weithin Anerkennung fand. Die vielen Biersorten erhielten mit der Zeit ganz eigenständige Namen, die auf bestimmte Eigenschaften hindeuteten oder nach durchzechten Nächten vergeben wurden, oder sie verbanden sich mit regional unvergesslichen Ereignissen: Kopfbrecher (Torgau), Kuhschwanz (Delitzsch), Bauchweh (Grimma), Langfahn (Meißen), Pumpernickel (Nerchau bei Grimma), Klotzmilch (Bautzen), Krabbel an der Wand und Schlucknach (Eisleben), Rastrum (Leipzig) – von dem Luther meinte, es sei unangenehm süß, trüb und unreinlich – Kuckuck (ein blähendes Bier aus Wittenberg), Tunke (Zittau), Zitzenille (Nauen), Rammeldeiß (Rammeldöß / Sachsen Lauenburg), Tröstelbier (wurde getrunken, wenn ein guter Freund verstorben war), so hießen sie, oder eben Ernte Bier, Gesellen Bier, Meister Bier, Hochzeits Bier, Kindtauf Bier, Kirmes Bier, Pfingst Bier oder Kirchweih Bier.

Bekannte hochwertige Sachsenbiere brauten die Städte Naumburg, Pirna, Königstein, Schneeberg (wegen seines gesunden Wassers von den Medici im

Bedarfsfall den Patienten recommandiert), Eulenberg, Wurzen, Lommatzsch, Wehlen, Freiberg, Pillnitz, Gamig, Weysenstein (Weesenstein), Großenhain, Grünhain und Torgau. Vom Torgisch Bier hieß es, es sei der Ärmsten Malvasier. 1390 besaß Zittau die größte aller deutschen Brauereien. Zehn Eimer Bier konnten in ihren Kupferkesseln auf einmal gesotten werden. Der Absatz des Bieres brachte Wohlstand und Ärger. Denn auch die Görlitzer Brauer erzeugten guten Gerstensaft. Zwischen Zittau und Görlitz entbrannte ein Bierkrieg, der zwar 1497 beigelegt, aber lange noch nicht entschieden wurde.

Über die Leipziger Gose kursieren sogar Verse:

„Es ist ein wunderschönes Bier, die Gose.
Man glaubt, man hat sie im Leib,
und hat sie doch in der Hose."

Eine anderer sächsischer Reim besagt:

„Wennste probst der Gosen Saft, wappne
dich mit Heldenkraft.
Denn de weeßt nich, werd dei Magen, Ja
und Amen dazu sagen.
Drum bevor de rechde Hand, noch ums
Stempelglas sich wand,
leg aus Vorsicht deine Linke, uf de
Doileddendhürenglinke."

Leipziger Gose ist ursprünglich eine obergärige, moussierende, säuerliche und leicht salzige Bier-Spezialität der Stadt Goslar, wo das Getränk bereits 1073 von den Truppen Heinrich IV. geschlürft wurde. Der alte Dessauer soll die Gose 1738 in den Leipziger Vorstädten Döllnitz und Eutritzsch eingeführt haben.

Der Name Gose stammt ab von dem kleinen Flüsschen Gose bei Goslar, wo es schon im Mittelalter viele kleine Weißbierbrauereien gab. Zahlreiche Geschichten ranken sich um das Gebräu. Tatsache ist, durch den Ausschank der Gose entwickelte sich bald ein spezieller Gaststättentyp – die Gosenschänke. 1738 hielten die Preußen unter Fürst Leopold I. von Anhalt-Dessau in Eutritzsch bei Leipzig ein Feldlager ab. Unzufrieden mit dem dortigen Bier ließ er aus der Anhaltischen Herzoglichen Gosenbrauerei in Glauzig (Gludscher Gose), aus Sausedlitz bei Bitterfeld, aus Spören und Sandersleben Gose heranbringen. In der Eutritzscher Schenke wurde dann durch den Wirt Giesecke zu dieser Zeit erstmalig Gose in Sachsen angeboten. Man füllte das Bier zunächst in Flaschen mit flachem Bauch und langem Hals, verschloss sie aber nicht. Vor dem Einschenken schwappte der Durstige die sich obenauf befindende Hefeschicht mit einem geschickten Schlenderer ab. Daran erkannten einst die Gäste die routinierten Goseliebhaber, zu denen in seiner Studentenzeit auch der Herr Goethe gehörte. Getrunken wurde aus hohen Stangengläsern und im Leipziger Lokalmilieu war bekannt, Gose ist kein süffiges Getränk, nicht jeder findet Zugang zu ihr und sie ist heimtückisch: Man trinkt und trinkt und plötzlich ist man besoffen – hieß es im Volksmund. Andere Quellen belegen, dass bereits Kurfürst August (der Vater) 1563 einen erfahrenen Braumeister vom Harz nach Dresden kommen ließ, „damit derselbe eine Probe thun könne, wie solch Gebräu uff die Goßlarsche Art allhier gerathen wolle". (*vgl.: Kleinpaul, Anno dazumal, Leipzig 1922*)

Die Probe verlief wahrscheinlich nicht erfolgreich, denn in Dresden konnte sich die Gose nicht behaupten.

Obwohl man sich bereits seit dem Reinheitsgebot 1516 durch den bayerischen Herzog Wilhelm IV. vom Honigbiersud, womit sich unsere germanischen Heldenvorfahren in Walhall berauschten, oder dem frühmittelalterlichen Wurzel- und Eichenrindenbräu weitestgehend verabschiedet hatte, erhielten die Biere nach wie vor zum Teil abenteuerliche Zusätze. Eine schöne Farbe bekam Bier durch Wacholderbeeren, Kümmelextrakte, geläutertes Pech, frische Weizenähren oder frischen Hopfen. „Trübungen seien durch gebranntes Salz, reinen Sand oder Branntweinzusatz nach der Vergärung, gestoßene Kreide, Asche von Lindenholz durch ein Sieb in den Sud geläutert, durch Einlegen von Brombeerlauch, einen Becher voll Kuhmilch, gestoßenen Galgant, dem Mehl geriebener Tannenzapfen, durch Beifuß oder Weyrauch zu vermeiden." Tabernaemontanus schreibt 1613 in seinem berühmten Kräuterbuch über den Sumpfporst: „Die Sachsen pflegens ins Bier zu tun." Graf von Mattuschka berichtet 1776, die Bauern zwischen Elbe und Oder, wo wenig Hopfen wächst, hätten den unverantwortlichen Brauch, die Spitzen des Sumpfporst statt des Hopfens unters Bier zu nehmen, wovon es eine stark berauschende Wirkung erhält. Sumpfporst werde deshalb im Volksmund auch Rauschgras, Tollmännle oder Toberich genannt. Der leicht würzige, bittere und kampferartige Geschmack ist noch das Angenehmste an der Pflanze. Bis hin zur Lähmung und Krämpfen geht die Wirkung, je nach der Höhe der Dosis. Vor allem aber verwendeten die Brauereien noch im 17. Jahrhundert Bilsenkraut, obwohl seitens der Kirche und des Staates diesbezüglich Verbote ergangen waren. Es sollte die Wirkung schwacher Biere aufbessern, löste aber genauso gut aggressive Zustände aus. Die so genannte Berserkerwut ist auf Bilsenbier zurückzuführen, das besonders vor kämpferischen Auseinandersetzungen für die Soldaten bereitstand.

Noch bis zum Anfang des 19. Jahrhunderts wurde ganz offiziell an den Verboten vorbei Bilsenbier gebraut. Einige deutsche Brauerein setzten ihrem Bier Bilsensamen zu. *(Bucher: Toxiologie, Nürnberg 1827)* Die Stadt Pilsen verdankt letzten Endes ihren Namen dem Bilsenkraut.

Über die Wirkungsweise des Hopfens bestand lange Unklarheit. Außer dass die weiblichen Blüten die Haltbarkeit verlängern, konnte sich keiner erklären, wie er die Würze mit dem zarten Aroma ins Bier bringt. Sein nächster biologischer Verwandter ist Cannabis, aus dem Haschisch und Morphin gewonnen wird. Der Duft der Hopfendolden wirkt leicht hypnotisierend, und Hopfen enthält auch Morphin, genau wie der Kopfsalat. Schon die Senatoren im alten Rom sollen vor erregenden Sitzungen schüsselweise grüne Salate gegessen haben, um sich zu beruhigen und später bei ihren Rededuellen nicht übermäßig aufzubrausen. Heute wie damals gehörte es zu den Grundfragen der Ernährung, was nun der Gesundheit zuträglich wäre. Wichtiges Dogma bis ins vergangene Jahrhundert hinein war, dass nur ein leerer Darm ein gesunder sei. So verschrieben die Heiler ihren Patienten auch immerzu Abführmittel und Klistiere. Nach solchen Kriterien wurde auch Bier bewertet. Wirkte es laxierend, also verhalf es zu einem leichten dünnen Stuhlgang, galt es als dem Wohlsein zuträglich.

Zu den berühmtesten Biertrinkern Sachsens gehörte der jagd- und zechfreudige Johann Georg I. (1585–1656), in Stammtischkreisen Bierjörgel genannt. Der Kurfürst und Stiftsadministrator zu Merseburg flüchtete nach durchzechter Nacht meist in die Heide, um dort Bußlieder und Psalmen von sich zu geben, worauf ihm von allerhöchster Stelle stets verziehen worden sei.

Von den Wettiner Damen gilt Anna von Sachsen als trinkfeste Lady. Nach ihrer Hochzeit mit Wilhelm von Oranien (1561) geriet sie binnen kurzem auf die schiefe Bahn. Mannstoll sei sie gewesen, und bald nahm die Ehe einen unglücklichen Verlauf. Anna entwickelte sich zur wandelnden Bierkanne. Mit dem Vater des Malers Peter Paul Rubens tauschte Anna zu allem Überdruss auch noch öffentlich anstößige Zärtlich-

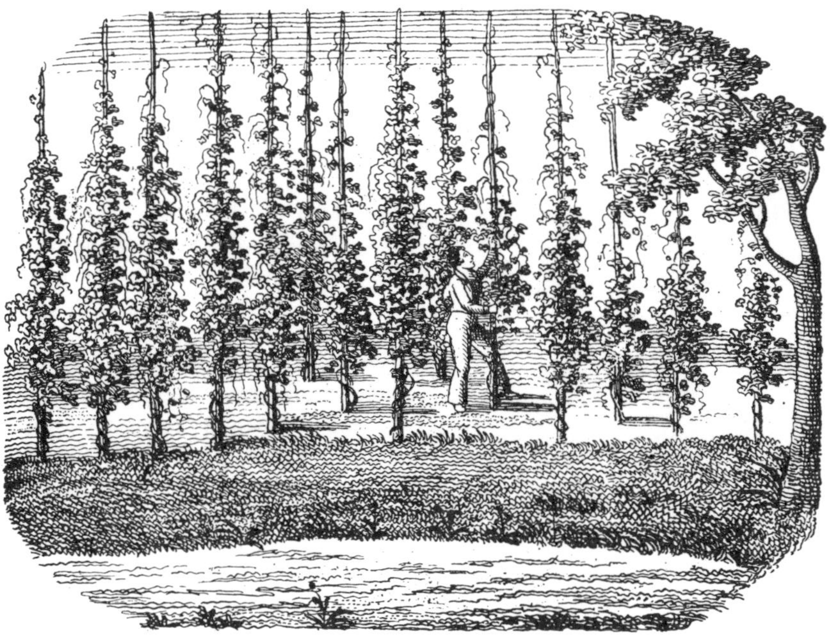

keiten aus, worauf ihr Gatte sie wieder nach Dresden schickte.

August der Starke, eher Branntweinliebhaber, ließ sich einmal aus Ärger darüber, dass niemand bei seinen Gelagen mithalten konnte und alle schon unter dem Tisch lagen, einen Stiefel mit Bier füllen, den er daraufhin leerte. Auf diese Begebenheit stützt sich der Slogan: Er kann einen Stiefel vertragen. In der Dresdner Silberkammer sollen bald darauf Bierkrüge in Form von Reitstiefeln reichlich vorhanden gewesen sein.

Die Legende, August der Starke habe damit überhaupt den Bierstiefel als Trinkgefäß erfunden, ist nicht haltbar.

Bierkrüge in Stiefelform hat es sicherlich schon viel früher gegeben. Der französische Satiriker Francois Rabelais (1494–1553) lässt in seinem volkstümlichen Werk „Gargantua und Pantagruel“ bei einer Tafelei Ersteren ausrufen: „… und sie soffen (Bier) aus gestiefelten Krügen“.

Der Kurfürst trank übrigens liebend gern Ducksteiner Bier, das er sich auf seinen Reisen gelegentlich nachsenden ließ, wenn ihm danach war. So auch 1705 nach Karlsbad, wo er sich einen Kuraufenthalt leistete.

Den Organisten Johann Sebastian Bach regte nicht nur der schwarze Kaffeetrunk zum Komponieren einer speziellen Cantata an, sondern auch das Bier zur Schaffung einer Opera buffa mit Namen: Die Klugheit der Obrigkeit in Anordnung des Bierbrauens. Für die Zubereitung von Speisen hatte das Bier in der Küche wenig Bedeutung. Bierkaltschalen, Biersuppen, Bierteig, Bier als Marinade (als Bieressig für den echten Dresdner Sauerbraten), Bier in Saucen, Bier für Käsemasse zum Überbacken (welsh rarebits), viel mehr Verwendungsmöglichkeiten blieben nicht. In Verbindung mit der Herausbildung der bürgerlichen Küche erfuhr auch das Bier zum Ende des 19. Jahrhunderts neue Bedeutung hauptsächlich als Begleiter solcher schweren Speisen wie Schweinebraten, Eisbein, geschmorte Schweinehaxen, Pökelbraten, Wellfleisch oder Spanferkel, meist mit Kraut und mehligen Saucen verziert. Die plumpen Sattmacher der bürgerlichen Kochkunst hatten das Bier für sich eingenommen.

Wenn um 1720 am Dresdner Hof noch von mehr als 20 verschiedenen Biersorten die Rede war, so vervielfältigte sich diese Zahl bis zum Ende des 19. Jahrhunderts ins Unüberschaubare. Die Deutschen wurden zur Biertrinkernation und die Sachsen waren mittendrin. Inzwischen hatten untergärige Biere böhmischen und bayerischen Typs die obergärigen Schankbiere wie Berliner Weiße oder Gose endgültig aus der Gunst der Bürger verdrängt. Untergärige Biere waren pflegeleichter und vor allem haltbarer. Ihr wesentlichster Vorteil war aber, dass sie in Großbrauereien hergestellt werden konnten, die im Zuge der alles durcheinanderwirbelnden industriellen Revolution den Biermarkt zunehmend beherrschten. Mit der technischen Möglichkeit, seit 1860 Roheis industriell herzustellen, war die künstliche Kühlung durch Eisblöcke keine Luxusangelegenheit.

Vor allem die Brauindustrie unterstützte nun die Entwicklung von preisgünstigeren und natürlich von effektiveren Kältemaschinen, die auch ohne Eis direkt kontrolliert abkühlten. Für die Kühlung der Bierwürze und der Lagerkeller wurde ein solches Verfahren dringend benötigt. Damit konnte die bisherige Brausaison von Oktober bis April auf das ganze Jahr ausgedehnt werden. So wundert es nicht, dass die erste Kältemaschine auf Umluftbasis (Carl Linde) in Brauereien getestet wurde (Brauerei Sedlmayer in München, 1875). Die wichtige Entwicklung der Kühltechnik war die Voraussetzung dafür, dass Bier zum immer gleichen Markenartikel werden konnte.

Als Sachsens seitdem erfolgreichste und bekannteste Brauerei gilt die in Radeberg bei Dresden. 1872 als Aktienbrauerei „Zum Bergkeller“ gegründet, produzierte sie als erstes deutsches Brauunternehmen Bier nach Pilsner Art. Dafür erhob Fürst Bismarck das Radeberger zum „Kanzlerbräu“ (1887). Das erste Pilsner wurde allerdings schon 1842/43 im Pilsner Vorort Bubentsch gebraut. Dort „erfand“ Braumeister Josef Groll aus Vilshofen in Bayern das Pilsner Bier zufällig. Groll war damals selbst überrascht, denn eigentlich wollte er ein bayerisches Bier erzeugen und wunderte sich, dass es ein Bier von gelb-grüner Farbe und angenehmer Bitterkeit geworden war. Tatsächlich war anfangs das Pilsner Bier von blass grünlicher Farbe, später wurde es gelb, dann war es eine Zeit lang ausgesprochen rot und anschließend wieder schön gelb. Seitdem ist die Bezeichnung Pilsner keine Herkunftsbezeichnung mehr, sonder ein spezieller Biertyp, der die charakteristischen Eigenschaften des Pilsner Bieres besitzt. *(vgl.: Jalowetz: Pilsner Bier im Lichte der Praxis und Wissenschaft, Wien 1929)*

In diese rasante Entwicklung der Bierindustrie fiel auch die sächsische Erfindung eines seither unentbehrlichen Accessoires der Biertrinkerei – des Bierdeckels. 1892 ließ sich der Dresdner Unternehmer Robert Sputh (1843–1913) nämlich den saugfähigen Holzfilz-Bierglasuntersetzer patentieren, den er geschäftstüchtig gleich selbst in seiner Fabrik im Sebnitztal bei Dresden fertigte und weltweit verkaufte.

Trotz der Verbesserung der Bierqualität – Bier blieb ein proletarisches Getränk, das in gehobeneren Gesellschaftskreisen nur so nebenbei und wenig in der Öffentlichkeit getrunken wurde.

Übrigens hat der sagenhafte Fürst von Flandern und Brabant, Jan Primus-Gambrinus, nichts mit dem Schutzpatron der Brauer-Gambrinus zu tun. Jan Primus wurde zwar um 1288 Ehrenmitglied der Brüsseler Brauergilde, aber nie Bierkönig. Nach anderen Quellen soll das von Tacitus in seiner Germania erwähnte Volk der Gambrivii eingedeutscht worden und personifiziert etwa im 16. Jahrhundert als Biertrinker Gambrinus wieder aufgetaucht sein. Auch das ist letztendlich nicht die exakte Herkunftsgeschichte. Gambrinus stammt ab vom altsächsischen Wort Gambra, das bedeutet Keim. Das Biergetreide keimt – Gam Brenner oder Gam Brinner hießen die Biersieder. Zu Gam und Brinn gesellte sich später die lateinische Endung und so haben wir den „Gambrinus“ heute als Schutzheiligen über allem, was mit Bier zusammenhängt.

Erst mit den Erfolgen der kreativen Regionalküche hat auch das Bier eine echte Chance, die Tafel der Genießer zurückzuerobern. Auch in Sachsen gibt es heute für beinahe jedes Gericht das passende Bier, von spritzig bis schwer. Biere können heute eingestuft werden wie Weine. Ihr relativ geringer Alkoholgehalt, die sanfte Kohlensäure und der aromareiche Hopfen tragen tatsächlich zum Wohlbefinden bei. Und manchmal ist ein frisch gezapftes Pilsner der geeignetste Aperitif, und es passt bestens zu solchen traditionellen Gerichten der sächsischen Volksküche wie dem Krebsragout mit Gälchen, zum gebackenen Bröschen oder sogar zur Dresdner Eierschecke.

Um das Bier ranken sich eine Menge Vokabeln wie beispielsweise Bierarsch (lt. Duden, Ausgabe 2000), Bierbauch, Bierwampe oder Bierbacke, die das Dickwerden nach stetigem Biergenuss geißeln. Auch das Bonmot: Bier nährt, Wein zehrt, bringt den Leibesumfang vieler Menschen mit übermäßigem Biertrinken in Zusammenhang. Aber konsequente Biertrinker sind eher schlank.

Dünn wie eine Hopfenstange – sagt der Volksmund und in Sachsen übertreibt man noch ein wenig: „Der is derre wie ne Hopfenstange, wenn mer e Streichhelzchen dran hält, da brennt'r“. *(vgl.: Dr. L. Hermann, Das Bier im Volksmund, Hobbing Verlag Berlin, o. J.)*

Tatsache ist allerdings, dass viele passionierte Biertrinker im Laufe der Zeit zunehmen, was einerseits an bestimmten Inhaltsstoffen des Hopfens liegt, die Brust, Bauch und Hinterteil zum Schwellen bringen. Andererseits regt Bier den Appetit an. Wer jetzt nicht „eisern“ bleibt und isst, setzt Pfunde an. Es kommt also wie immer auf ein ausgewogenes Verhältnis an – oder: Die Höhe der Dosis macht das Gift.

Sachsenland – Kartoffelland

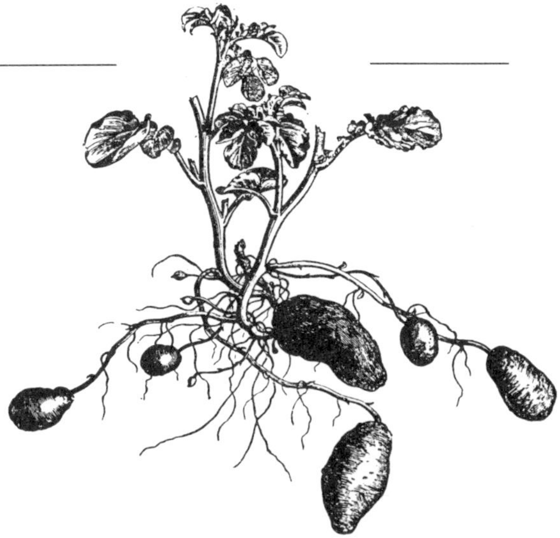

Ende des 16. Jahrhunderts erreichte die Kartoffelpflanze Deutschland. Die Knolle selbst, unterirdisch wachsend, schwärzlich-runzlig aussehend, glich nichts damals Bekanntem, außer der schwarzen Trüffel.

Kartoffeln sahen noch längst nicht so aus wie heute, und sie passten auch nicht ins kulinarische Zeitbild. Um 1600 soll der Landwirt Rogler aus Selb, am Kapellenberg, dem äußersten und südwestlichsten Zipfel des Vogtlandes, als Erster in Sachsen Kartoffeln angepflanzt haben. Eine Generation später brachte der Zimmergeselle Kummer aus Unterwürschnitz Kartoffeln von der Wanderschaft mit nach Hause. In den Materialien der Großenhainer Stadtchronik ist nachzulesen, dass 1712 die ersten Erdbirnen, eigentlich eine amerikanische Frucht, hierher an den Ober-Accis Commisarius Lucius von guten Freunden aus dem Gebirge geschickt wurden. Damals noch eine solche Seltenheit, dass sich gute Freunde selbst zu Gaste baten, um die Rarität zu kosten. In Prohlis bei Dresden hat der Astronom Palitzsch (1723–1788, entdeckte 1758 den Halleyschen Kometen neu und forcierte ab 1775 den Kartoffelanbau im Elbtal) seine ganze Persönlichkeit dazu verwendet, dass die Bauern im Elbtal Kartoffeln als Nahrungsmittel anbauten und akzeptierten, mehr oder weniger erfolglos.

Gerichte mit Komponenten wie Fleisch, Gemüse und Beilagen unterschied man noch nicht. Bevorzugt wurden Pflanzen mit starkem Eigengeschmack wie Rüben, Kraut, Sauerampfer, Rauke, Zichorie oder solche, die gegart genüsslich auf der Zunge zergingen, wie Spargel oder Artischocken. Kartoffelpflanzen standen in Ziergärten, der schönen Blüten wegen. In der deutschen Kochbuchliteratur erscheint das erste Kartoffelrezept 1581 in Marx Rumpolts

New Kochbuch. Kartoffeln geschält, zerschnitten und gekocht, mit Speckwürfeln angebraten und mit Milch aufgefüllt, so seien sie gut zu essen.

Am 10. 3. 1591 schickte der Landgraf von Hessen, Wilhelm IV., Samen und Pflanzen an den sächsischen Hof nach Dresden, an Kurfürst Christian I. In der Erklärung wird vermerkt: „Wir überschicken auch under anderem ein Gewächs so wir aus Italia becommen, und Taratouphil genandt wirdt." Weiter steht geschrieben: „Wenn sie gekocht, seindt sie gar anmutig zu essen. Man muss sie aber erstlich in Wasser uffsieden, so geht die oberste Schale ab, dann tut man die brüh davon (gießt das Kochwasser ab), und sied sie in Butter vollends gar."

Selbst im Erzgebirge war die Kartoffel erst um 1750 eine bekannte Feldfrucht, aber auch nur als Nahrungsmittel in der Not und als Viehfutter. In einem Rezept von 1721 stehen für Rinderzungen in Kapernsauce folgende Zugemüse zur Wahl: Kohlrüben, Wirsingskohl, saure Gurken, Kirschenmus oder Erdäpfel.

In Preußen setzte Friedrich der Große generalstabsmäßig den Kartoffelanbau durch. In der Folge nahm der Hunger der armen Bevölkerung kaum ab. Dafür produzierte das Königreich um 1827 bereits 125 Millionen Liter Kartoffelschnaps. Das nannte man in Regierungskreisen eine Gefährdung der Sittlichkeit. Trotzdem wird man darüber nicht traurig gewesen sein, denn von dem Gesamtwert in Höhe von nahezu 15 Millionen Talern flossen sicherlich einige ins Staatssäckel.

Gegenüber den Getreidepflanzen besaß die Kartoffel nicht zu unterschätzende Vorteile. Erstens wurde kostbares Mehl gespart. Zweitens konnte kaum ein Unwetter der Kartoffel etwas anhaben. Allerdings trugen unqualifizierte Versuche mit den Kartoffeln dazu bei, deren Ruf noch zu verschlechtern. So buk man Kartoffelbrot, das eher Abneigungen erzeugte. Große Teile der Kartoffelernten landeten deshalb in Essigfabriken, bei Stärke- oder Spritherstellern, oder eben im Schweinetrog.

1815 unterschieden die Landwirte immerhin 10 Sorten Frühkartoffeln, von der Herz- bis zur Sammetkartoffel, und 22 Arten von Spätkartoffeln, von der langen roten Nieren- bis zur blauen Hornkartoffel. Im Land Sachsen entwickelten vor allem die Erzgebirgler und Vogtländer zahlreiche Kartoffelzubereitungen. Ob es sich dabei um die frühen Jakobskartoffeln handelt, zu denen stets ein Kümmelschnaps gehörte, oder die Bambser, an Einfällen mangelte es nicht.

Friedrichs frühe Kartoffel

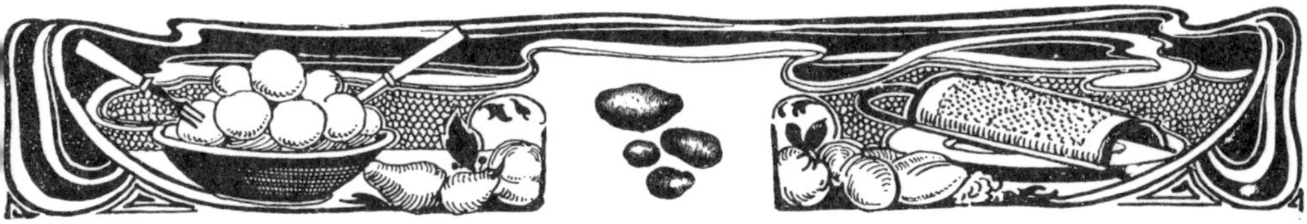

Kartoffelspezialitäten

Bambser	Thüringer oder Schleizer Bambser – aus gekochten Kartoffeln und mürben Apfelstücken gebacken, mit Zucker und Zimt bestreut
Vogtländische Pampes oder Bambser	Aus $^{2}/_{3}$ rohen und $^{1}/_{3}$ gekochten Kartoffeln, Mehl und Salz in Leinöl, Speck oder Schmalz gebraten
Griegenniffte	Grüne Klöße im Vogtland
Nackte Maddle	Aus gekochten, geriebenen Kartoffeln, in wenig Fett gebraten; fettarm = nackt
Rauche Mad	Erzgebirgsvariante der Nackten Maadle.
Röhrentetscher	Gekochte und zerdrückte Kartoffeln mit Mehl mischen. Rosinen unterziehen, ausrollen, spielkartengroße Stücke ausschneiden, in der Ofenröhre backen. Mit Apfelmus, Fruchtsirup oder Zucker und Zimt zum Kaffee geben.
Ulanenkartoffeln	Rohe Kartoffeln längs halbieren, aushöhlen, mit gedünsteten Spinatblättern und feiner Hackmasse füllen, mit Käsesauce überziehen und in der Röhre backen.
Buttermilchgetzen	(auch Tootsch genannt) $^{2}/_{3}$ rohe und $^{1}/_{3}$ gekochte Kartoffeln mit Buttermilch zu einem dicken Brei verrühren und in zerlassenem Speck braten, dazu Himbeerkompott.
Abernbrei (Kartoffelmus)	Standardgericht am Mittwoch, mit leicht gebräunten Zwiebeln oberauf
Mauke	Kartoffelpüree, mit Milch und Eigelb verfeinert, mit Butter, manchmal statt Butter mit gebratenem Speck und Zwiebelwürfeln angereichert
Teichel-, Timpel-, Brüh- oder Titschelmauke	Regionalgericht der Lausitz. Wie Kartoffelpüree, nur statt der Milch Rinderbrühe verwenden. Den Kartoffelbrei auf einem Teller fladenförmig anrichten. Mittig ein Loch eindrücken und da hinein Rinderbrühe gießen, so entsteht ein Teich.

Sächsische Klöße	Masse aus gekochten Kartoffeln, Eiern, Mehl, glasig ausgelassenem Speck, Schnittlauchstreuseln, Milch und gerösteten Weißbrotwürfeln
Dresdener Schmorkartoffeln	Kleine festkochende Kartoffeln in Butter glacieren, mit Erbsen, frischem Majoran, Streifen von Kasslerrücken, alles mit süßer Sahne überziehen, mit Käse bestreuen und im Ofen überbacken.
Kartoffelkäulchen oder Quarkkäulchen	Aus gekochten Kartoffeln mit Mehl, Eiern, Zucker und Quark eine Masse herstellen, Käulchen formen und beidseitig goldgelb braten. Gelegentlich auch mit Rosinen und Zitronenschale. Quarkkäulchen werden auch Quarkließle genannt. Klitscher sind ein Gebäck aus gekochten Kartoffeln, plattgedrückt und im Ofen, in der Röhre (deshalb auch Rährnkuchen), gebacken. Für griene (grüne) Klitscher wird roher Kartoffelteig verwendet. Sie sind die hochdeutschen Kartoffelpuffer. Der Name Käulchen geht auf die Kartoffelkaule (Kugel) zurück, als die Jungs im Dorf die runden, nicht essbaren grünen Früchte der Kartoffelpflanze auf biegsame Weidenruten spießten und dann fortschnellen ließen. Im Ergebnis klebten dann an den Hauswänden oder Hinterköpfen die plattgedrückten Früchte, die Kartoffelkäulchen.
Kartoffelpuffer	Rohe, geschälte und fein geriebene Kartoffeln leicht ausdrücken, mit Salz, etwas Mehl, Eiern und geriebener Zwiebel mischen, portionsweise mit einer Schöpfkelle in eine heiße Pfanne mit Öl geben und knusprig goldgelb braten.
Fratzen	Kartoffelgebäck: geriebene rohe Kartoffelmasse mit zerlassenem Speck und glasig angeschwitzten Zwiebelwürfeln füllen, plattdrücken und in Butter oder Schmalz braten.

Friedrich August III., der letzte sächsische König, schrieb am 6. November 1918 in einem Brief an seinen Minister Heinze: „Wir sind uns doch wohl im Klaren darüber, dass die entstandene Lage vorwiegend auf mangelhafte Zuführung von Kartoffeln zurückzuführen ist". Dann dankte er ab. Der König selbst aß liebend gern Milchreis mit Zucker und Zimt.

Essen und Trinken im Kloster Sankt Marienstern

Zwischen Kamenz und Bautzen befindet sich seit 1248 die Zisterzienserinnen-Abtei Sankt Marienstern. Hier in der sächsischen Lausitz verschmelzen Brauchtümer der Sorbenwenden mit denen der Sachsen. Was alltäglich im Refectorium aufgetafelt wurde, unterlag genauso dem Jahresrhythmus wie die Speisen der Landbevölkerung in der Umgebung. Die alten Sitten und Bräuche wurden gemeinsam bewahrt und immerzu mit Leben erfüllt. Der Jahresring begann mit dem Fest des heiligen Bastian am 20. Januar. Bastian (Sebastian) war nicht nur ein kirchentreuer Bogenschütze unter Kaiser Diokletian, er galt inzwischen als Schutzpatron gegen die Pest und die Seuchen, die das Hausvieh befallen könnten.

Deshalb war es am Tag zuvor strikt verboten zu essen, was von Haustieren stammte. Am Bastianstag selbst bestand das Essen am Mittag aus Schweinefleisch und Rüben, Bratwürstchen, gebratener Blutwurst mit Sauerkraut und gekochtem Rindfleisch mit Meerrettich. Am Abend gab es für die Nonnen den Wurstgang, bei dem nach Herzenslust der Magen gefüllt werden durfte. Eine recht üppige Angelegenheit. Fiel jedoch der Bastianstag in die Faste, musste ganztägig mit Karpfen vorlieb genommen werden, sauer eingelegt, gebacken oder gekocht in Kräuterbrühe. Am 25. Januar fand die Vogelhochzeit statt, eine Art Kindertag. Die Kinder der Umgebung stellten Teller auf bestimmten Plätzen in den Höfen oder gleich im Kloster ab. Entweder die Eltern oder die Zisterzienserinnen füllten die Teller darauf entweder mit Zuckerwerk oder mit Gebäck aus Pfannkuchenteig in Vogelkörperform. Nach der festlichen Litharge, dem Sonntagsproporium, konnte gewählt werden zwischen Klipp- und Kochfisch, Krebsen und Zuckerkuchen, oder man aß von jedem etwas. Hatte die Äbtissin Geburtstag, spendierte sie Kuchen für das ganze Kloster, bestehend aus $^1/_4$ Mehl, $^1/_5$ Mandeln, Eiern, Rosinen und drei Pfund Zucker auf eine Charge. Das Mittagsmahl fiel dagegen bescheiden aus: Reissuppe, Fisch und für jede Schwester ein Glas Wein.

Die in der Bevölkerung der Umgebung mit großer Erwartung mitgetragenen Kirchweihfeste waren klerikal nicht vorgeschrieben. Die Weihefeste legte jeweils die Äbtissin für die Diözese fest. Wichtig war, dass die Festlichkeit stattfand, denn es standen reichlich Gaumenschmäuse bereit. Gekochtes Rindfleisch, Pökelzungen, Spanferkel, Gänsebraten, Grünzeug in Hülle und Fülle, Hühner, Bratwürste, Biersuppen, Maultaschen (sicherlich von schwäbischen Kolleginnen übernommen), Äpfel, Pflaumen und Beerenobst. Der protestantische Pfarrer Sebastian Frank (1499–1542) geißelte die Kirchweih als einziges Vergnügen und Höhepunkt der jährlichen Tafelfreuden des Volkes: „An der heiligen Kirchweih, da ist ein großes Gefresse unter den Leuten und Pfaffen, die einander dazu einladen." Kirchweih ist vor allem ein Fest der Bauern, Tagelöhner und kleineren Handwerker gewesen. Eine willkommene Gelegenheit, dem Bauch zu zeigen, wofür er eigentlich existierte. Natürlich war das nicht ganz billig, man ertrug aber hinterher viel leichter, wenn der Küchenmeister wieder Schmalhans hieß.

Mariä Lichtmess am 2. Februar war das Fest der Frauen. Schwestern und Dörflerinnen bereiteten das freudige Fest gemeinsam vor. Zu Mariä Lichtmess träufelte der Landmann kreuzweise Wachs auf seine Pflugschar, weil nun endlich nicht mehr bei Kerzenlicht gearbeitet zu werden brauchte.

Schon im Mittelalter buken die Hausfrauen in den Lausitzer Dörfern rings um das Kloster für die Feierlichkeiten die ersten Pfannkuchen des Jahres. Und weil die Pfannen davor lange nicht gebraucht wurden, hingen natürlich die ersten Backwerke am Pfannenboden an und zerrissen. Solche Exemplare warfen die Frauen in hohem Bogen in die Äste der Bäume vor dem Haus. Die seien für die Vögel, hieß es, damit diese nicht vergessen, vor herannahenden Wölfen zu warnen. Aus den Küchen wurden Wein-, Bier- und Rosinensuppen aufgetragen, versetzt mit Eigelb, Muskat, Safran, Butter und Salz. Richtig zugelangt wurde hier, vor allem bei den Fleischtöpfen mit den Reserven aus den Winterschlachtungen: Kalbfleisch, Wildbret, Rebhühner, Gänsefleisch, durchgedrehtes geräuchertes Fleisch und Schunken – also gepökelte und geräucherte Schweinskeulen. Nach Mariä Lichtmess brachen zunächst karge Zeiten an. Bratfisch, Kochfisch und Kraut hießen jetzt die alltäglichen Leckerbissen. Eintragungen in ein altes Wirtschaftsbuch zeigen den Speiseplan vom Fasching 1889:

Montag:

Mittags Fleischklößchensuppe und Bratwurst
Sauer gebratenen Kalbskeule und Sellerie

Abends Verlorene Suppe
Kartoffelpappe mit Leberwurst
Kalbsbraten mit roten Rüben
Apfelkompott

Dienstag:

Mittags Rindfleisch mit Meerrettich
Schweinebraten und Sauerkraut

Abends Nudelsuppe
Einmachspeise mit Preiselbeeren
Gebratene Schweinsfüße mit brauner Sauce und gebackener Birne

Aschermittwoch:

Mittags Stockfisch mit Milchmeerrettich und Zwiebackspeise
Erbsen mit gerösteten Semmelgriefen (Weißbrotwürfel)

Abends Obst, gekochte Eier

Auch in Fastenzeiten mussten im Kloster die notwendigen Arbeiten erledigt werden. Den Schwestern, die Wachs zogen, also Kerzen herstellten, wurden zum Essen Zugeständnisse gemacht, beispielsweise erhielten sie zusätzlich mittags ½ Stück Butter, Mittelspeise und Hörnchen, abends hingegen Biersuppe, Rühreier, Backfisch und Pflaumen. Wer in der Abtei in Lohn und Brot stand, durfte auch während der Faste Fleisch essen.

Der 19. März war dem heiligen Joseph vorbehalten, dem Nährvater des Christkindes. Kurz und knapp vermerken die Eintragungen im Küchenbuch:

Mittags: 4 Quitten, Backfisch, Sauerkraut

Abends: Weniger

In der Klosterküche gab es für die Fastenzeiten immer wiederkehrende Spezialitäten, die in der Regel aus der Süßspeisenabteilung herrührten: Strudel mit Pflaumen, Eierauflauf, Weinknödel (aus dem Böhmischen), schmalzgebackenen Quarkkrapfen mit Rosinen und viel Honig, Schokoladensuppe, Arme Ritter, Nussspeise mit Mandeln und Kaffee (Ersatz).

Gründonnerstag war es Sitte, 13 Männern aus der Umgebung eine gemeinsame Mahlzeit zu spendieren, symbolisch für die zwölf Apostel und Jesus. Eine solche Gabe bestand aus einem Topf Biersuppe, Heringen, gebackenem Fisch, einer Metze Erbsen und Grützwurst.

Zum Osterfest buken die Schwestern Butterwecken in Form der Osterlämmer und tranken dazu Mariensterner Quellwasser. Karfreitags blieb die Küche karg.

Mittagessen: Weinsuppe und gebratener Fisch, Zwiebackspeise
Abendessen: Weinsuppe vom Mittag, auf Zinntellern, gerührte Eier und Reste.

Ab Johanni, dem 24. Juni, fand die Weinweihe statt. Diese Feierlichkeit sollte an das einstige Johannisfest erinnern, ein Liebes- und Versöhnungsmahl mit Johanniswein und rein vegetarischer Kost. Daran hielten sich die Schwestern der Abtei. Neben dem Wein wurden lediglich Pfefferkuchen, Mariensterner Zwieback und gebratener Reis gegessen. Das Dessert bestand aus Holunderblüten, in Schmalz gebacken. Mystische Bestimmungen begleiteten Johanni. War nämlich im Laufe des Jahres einer Mutter das Kind gestorben, durfte sie vor Johanni weder Erdbeeren noch Kirschen essen. Und natürlich ging an Johanni auch die Spargelzeit zu Ende, und das ist wirklich weder Brauchtum noch Mystik. Tatsächlich schmeckt Spargel nach diesem Termin immer bitterer und ist kein Genuss mehr für die Geschmacksnerven.

Über die Kulinaria in der Abtei zum Weihnachtsfest 1800 ist zu erfahren: Mittags wurde gedünsteter Hase aufgetischt oder wahlweise Wildbret und Zunge. Die Reste übergaben die Schwestern später den Armen. Dazu buk man schlichte Hefezöpfe. Am Neujahrstag aß man ganztägig Karpfen mit viel Grünzeug und Obst. In den Klöstern gingen die Menschen mit den Lebensmitteln rationell um. Für sie verbarg sich in den Mahlzeiten eine Gabe. Meist produzierten diese Einrichtungen selbstständig Käse, Butter und Gemüse. Die Klöster errichteten und pflegten über Jahrhunderte ihre Obst-, Gemüse- und Kräutergärten vorbildlich. Bier wurde oft in eigenen Brauräumen hergestellt, und den Weinbau haben die Klöster wesentlich kultiviert. Vor allem an den Bischofssitzen prägten erfahrene Köche die Grundlagen der Volks- und Adelsküche, indem sie das Niveau der klösterlichen Speisenzubereitung auf die Spitze ihrer Zeit trieben. Hier war die Viehhaltung perfekt, hier nutzte man als Erstes die moderne Technik und hatte den größten Erfahrungsschatz. Über Generationen hinweg wurden in den Klosterbibliotheken Erfahrungen gesammelt und ausgewertet. Keiner wusste besser Bescheid über die Wirkungsweise und Heilkraft von Pflanzen als Mönche und Nonnen. Der Orden der Zisterzienser hatte sich nach dem Dreißigjährigen Krieg geteilt. Die einen blieben Zisterzienser mit der kulinarischen Einschränkung, mittwochs, freitags und sonnabends kein Fleisch zu essen. Die anderen nannten sich fortan Trappisten und entsagten streng jedem Fleischgenuss. Sie sind auch die Hersteller des bekannten Trappistenkäses.

Kohl – Ein Kapitel sächsischer Regionalküche

In der Bibel wird Kohl nicht erwähnt. Trotzdem gehört er zu den ältesten kultivierten Gemüsesorten. Die antiken Griechen aßen viel Kohl, weil er billig und sättigend war. Karriere machte die Kohlpflanze erst im alten Rom. Dort wurde keine Mühe gescheut, besonders große, farblich extravagante oder von der Form her beeindruckende Exemplare zu züchten. Dem Urkohl am nächsten kommen heute alle Sorten Blätterkohl, also Meerkohl, Grünkohl, Krause- oder Winterkohl. Das „gemüsefeindliche" Mittelalter hielt nicht viel davon. Erst seit dem 14. Jahrhundert bildeten die verschiedenen Kohlsorten neben Zwiebeln und Getreide die wichtigsten Volksnahrungsmittel. Im 18. Jahrhundert befanden sich die bedeutendsten sächsischen Kohlanbaugebiete in Linthe (Lintow), einem kursächsischen Amtsdorf im Kreis Belzig, zwischen Brück und Treuenbrietzen. Hier wuchsen die größten und schwersten Kohlköpfe heran. Weißkohl, Roter Kohl, kleiner Erfurter Kohl, früher Spitzenkohl (Schwabenkraut – heute hauptsächlich in Filderstadt bei Stuttgart angebaut), kleiner russischer Kopfkohl, Bisamkohl (kleiner, rundlicher, spitz zulaufender Winterkohl) und schottischer Riesenkohl (bis zu 30 kg schwer).

Wirsing, oder Savoyer Kohl, kam erst zu Beginn des 18. Jahrhunderts nach Deutschland und wurde selten angebaut. Dafür erfreuten sich Mangold und Kohlrabi großer Beliebtheit beim Volk. Brüsseler oder Rosenkohl ist der Benjamin unter den Kohlsorten. Er gab sein Debüt erst Anfang des 19. Jahrhunderts.

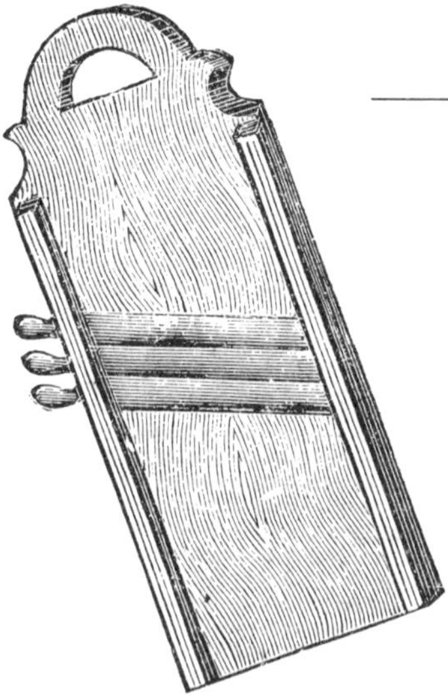

Ein Chronist berichtet 1790 von den weißen Krauthäuptern, in denen nährende Kraft verborgen sei: Sie werden daher auf gehörige Weise unter das Brot gebacken. Mehr noch wurde Weißkohl jedoch frisch als Krautsalat, gekocht oder mit Salz, Wacholder, Dill oder Kümmel zu Sauerkraut gestampft. Bereits 1804 nahm die Armee Napoleons Sauerkraut in Gläsern oder Fässern mit ins Feld. Die ersten industriellen Konserven-Sauerkrauthersteller befanden sich Ende des 19. Jahrhunderts in Leipzig (und Magdeburg).

Krautsalat für das Gesinde hobelte man auf Krauteisen, kochte ihn in Essigwasser, gab ausgebratenen Speck, Pfeffer und Salz hinzu und ließ alles erkalten. Wurden dazu noch Eierkuchen gebacken, handelte es sich um ein feierliches Essen. Für den Bürger existierten gehobenere Versionen des Krautsalates. Man schnitt die Blätter in feine Streifen und walgte sie mit Olivenöl, Pfeffer, Salz und wenig Essig ordentlich durch. Gelegentlich wurden Selleriescheiben, Rapunzel oder Endivie untergemischt. Salate nannte man im Barock noch Gastspeise-Beilage. Zu Eiergerichten, Salz- und Bratfischen, gekochtem kaltem Schinken, kaltem Pökel- und Räucherfleisch, Knackwurst, gekochter kalter Ochsenzunge, kaltem, gekochtem Rindfleisch und allerlei Braten standen Gastspeisen auf dem Tisch.

In der warmen Küche galt die Regel: Kohl braucht Fett, sonst schmeckt er nicht. So nahmen die Köche neben Speckgriefen gern Gänseschmalz zur Bereitung des Rot- oder Weißkohls. Die Sachsen veredelten ihr Kraut mit geschmorten Pflaumen, Äpfeln, Waldbeeren oder weißen und roten Weintrauben. Warmer Krautsalat gehörte zu den Hauptspeisen und wurde mit Bratwürsten, auf dem Rost gebratenem Fleisch (Koteletten) oder Fisch als garniertes Kraut angeboten. Für ein simples Wochentagsessen kochten ganze Kohlköpfe in einer Brühe, die bei der Zubereitung von Gänsen, Enten oder Hammel-

fleisch anfiel. Weißkohl in Milch gegart nannten die Feinschmecker eine Delikatesse: Mit weich gekochten Weißkrautstreifen wurde eine Form ausgelegt, süße Sahne aufgefüllt, Butterstückchen und gestoßene Muskatblüte zugegeben, alles kurz aufgekocht, mit Semmelbröseln bestreut, glacierte Kastanien obenauf gelegt und alles in der Ofenröhre überbacken. Milchkohl gehörte zu den Hauptessen in der sächsischen Küche, begleitet von Bratwürsten, Rindfleisch und Schinken, Knackwürsten, Hammelkeule vom Bratspieß, Schweinebraten oder gepökelter Ochsenzunge. Bezeichnungen wie Speckkohl, Zettelkohl, Scharfkohl, oder farcierter Kohl und gefülltes Kohlhaupt zeugen von der Vielfalt der Zubereitungen.

Ostersonntag musste ein Hasenbraten mit Sauerkraut herhalten, viel Dill oder Schnittlauch dazu. Warmes Sauerkraut aß sich auch gut ohne Beilage, mit in Butter gebratenen Schwarzbrotwürfeln obenauf. Das Kraut in den gehobenen Haushalten enthielt kein derbes Fett, es wurde stets in Butter gedünstet. Sauerkraut mit Weißwein oder Anis, Muskatblüte, Speck und Zwiebeln, Wacholder oder Kümmel ergänzte sich zu solch beliebten sächsischen Gerichten wie: gebratene Kalbsnieren, Hechtfilet und Zander, Fleischpasteten, Fleischtorte, Kalbsleber, Fasan und alle Arten Wildgeflügel, gepökelter Zunge.

In Ostsachsen, vor allem in der Pulsnitzer Gegend, stampften die Bauern Sauerkraut aus Rotkohlstreifen, eine wirklich delikate Angelegenheit. Und

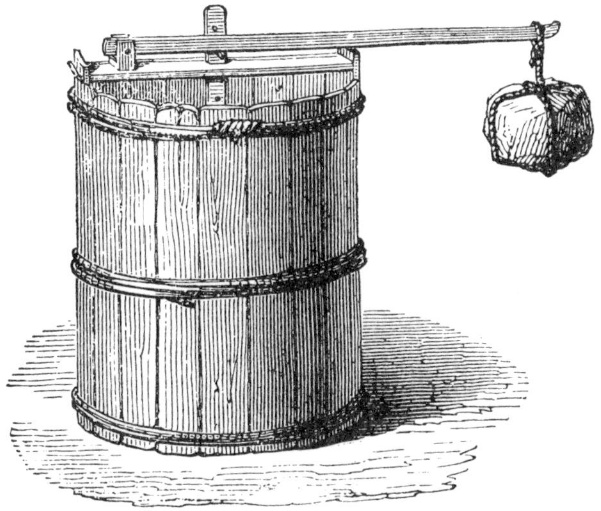

auf der anderen Elbseite, das Müglitztal aufwärts, wurden Weißkraut und Rotkraut gemeinsam gekocht und mit Honig verfeinert, wie für das Weesensteiner Gebabbel. Das kurfürstliche Sanitätskollegio verwies 1786 ausdrücklich auf die hervorragende Wirkung des Sauerkrautsaftes und seinen positiven Einfluss bei anhaltendem Fieber.

Weesensteiner Gebabbel, Kohl und sächsisches Gartenhuhn

Es war einmal, da gehörten die kleinen Vorderhaxen und die Rippchen vom Borstenvieh zu den Delikatessen in der Volksküche Sachsens. Man saß gemeinsam um den Küchentisch, knaupelte das Fleisch vom Knochen und besprach die vermeintlich wichtigen Angelegenheiten des Tages. Dazu gab es ganz besonderes Kraut, aus gekochtem Sauer- und Rotkohl bestehend, mit Rosinen und Apfelstücken, gebunden mit Honig und Rahm. So kochten es unsere Urgroßmütter, als sie der Bindekraft der Kartoffelstärke noch nicht trauten.

Auch in der Küche von Schloss Weesenstein hatte dieses Gericht einen festen Platz im Wochenspeiseplan derjenigen, denen das „von" im Taufschein fehlte. Einmal erschien Prinz Johann (von 1854–1873 König von Sachsen) unverhofft im Gewölbe, sah Küchenhilfen und Gesinde bei Rippchen und Kraut gemütlich schwatzen, worauf er abdrehte und murmelte: „Die babbeln und babbeln." Seitdem heißt das Gericht eben Weesensteiner Gebabbel. Mit dem Königreich ging das Gebabbel verloren, bis wir es in unserer kulinarischen Bibliothek wieder fanden.

Aber nicht nur Kohl und Fett, auch Kohl und Kümmel gehören zusammen, wenigstens in der sächsischen Küche. Die Thüringer wollen davon nichts wissen. Kümmel regt den Appetit an, fördert die Produktion von Magensaft und wirkt krampflösend im Darmbereich.

Kohlrabi wird in Sachsen geschält, in Scheiben geschnitten, entweder in Rinder- oder Geflügelbrühe gekocht oder in Butter gedünstet. Mit Muskat gewürzt ergänzt Kohlrabi jedes Geflügel- oder Fleischgericht. Sächsisches Gänseklein ist ohne Kohlrabi nicht denkbar. Man höhlt ihn auch aus, stellt eine Füllung her mit Kalbshack, geriebenen Semmelbröseln, Eiern, gebratenen Speckwürfeln, Schnittlauch und wenig frischem Thymian.

Weißkohlblätter in Salzwasser oder Rinderbrühe überwällt, und mit einer Füllung aus Lammfleisch, Eiern und frischen Kräutern versehen, nannte der Volksmund ironisch Gartenhuhn (um 1680), heute versteht man weitläufig eine Krautroulade darunter.

Rotkohl gehörte eher zu den Gemüsen des Winters, weil er ein guter Begleiter vieler Wintergerichte war. Gänsebraten, Enten oder Wild in allen Varianten einschließlich der Klöße verlangten regelrecht nach Rotkohl. Hierbei konnte der Sachse besonders in der Erzgebirgsgegend viele Nelken und Zimt „verkochen", seine Lieblingsgewürze. Rotkohl wurde aber nicht nur so mit Speck und Zwiebeln, Gänsefett und Apfelmus zubereitet. Entweder Quitten-, Birnen- oder Apfelstücke gehörten hinein, auch Brombeeren, Johannis- oder Preiselbeeren, Trockenfrüchte, also getrocknete Pflaumen, Aprikosen oder Rosinen, Pflaumen- oder Kirschenmus, je nachdem wie es von Familie zu Familie bevorzugt wurde.

Einige Generationen früher hatte der Blumenkohl noch viel mehr Strunk als Blüten, und außer den „Blumen" ist an ihm nichts Brauchbares, steht in alten Kochbüchern geschrieben. Er werde aber auf vielfältige Weise zubereitet, als Salat oder gekocht in Salzwasser: Blumenkohl mit Spargelbrühe, in saurer Sahne, mit dicker Buttersauce und Reibekäse, mit Milchsauce und Krebsbutter, mit jungen Erbsen, Krebsen und Artischockenstielen, gebacken, als Pastete oder als Grenade. Grenade bedeutete, eine Halbkugelform mit dünnen Speckstreifen auszulegen, gleichmäßig Blumenkohlröschen, gekochtes Hühner-, Tauben- oder Lammfleisch, Krebsschwänze und Morcheln einzufüllen, mit Muskat zu würzen und alles im Ofen zu backen. 1790 steht in einer *Oekonomischen Enzyklopädie*, vor einigen 40 Jahren sei eine *Varietät* des Blumenkohls zu uns gekommen, welche *Borecole, Broccoli* oder *Spargelkohl* genannt, und auch so zubereitet werde. Brokkoli wuchs bereits zur Zeit Augusts des Starken in den Gewächshäusern Dresdens und gehörte zu den Barockgemüsen, die später erst in Vergessenheit gerieten, um dann neu entdeckt zu werden.

Braunkohl (Grünkohl) wurde ähnlich hergerichtet, wie es heute der Fall ist. In Butter gedünstet, mit Kräutern, Kastanien, Rahm, Käse oder Semmelbröseln verfeinert. Als „Beilage" empfahlen sich gekochter Schweinebauch und gepökelte Schweineschulter, Rinder- und Hammelkaldaunen oder Bratwürste. Der Frühling brachte Hederich auf den Speiseplan, junge Senf- und Meldeblätter frischten die grünen Salate auf, gleich roh verzehrt, mit Zitronendressing.

In einem Kochbuch adliger Herkunft steht nachzulesen: „Man vertraue den Köchen und ihrer Kunst. Sie allein können die möglichen Beschwerden und üblen Wirkungen des Kohls vermindern, indem sie ihm zu Mürbe und Zartheit verhelfen, Talg, Gänse- und Schweineschmalz weglassen, die nämlich zu Blähungen führen".

Im Gegensatz dazu erhielt ein mit Mehl angedickter Grünkohl den bezeichnenden Namen à la bourgeois. *(Hauptner: Haushaltungsbuch der Frau Prinzessin Albrecht von Preußen, Berlin 1855)*

Der Autor war von 1996–2001 Betreiber der Königlichen Schlossküche in Weesenstein bei Dresden

Von den Temperamenten der Speisen

Seit dem ausgehenden 17. Jahrhundert wurden die Speisen nach antikem Vorbild auf ihre Wirkung im menschlichen Organismus hin überprüft. So manche Bauernregel konnte zwar nicht erklärt werden, bewährte sich aber in der Praxis. Man systematisierte die zur Verfügung stehenden Rohstoffe entsprechend den menschlichen Gemütszuständen. Hirschfleisch galt als von melancholischer Natur, Adlerfleisch bewirke Hitze und das Fleisch der Vögel sei von leichtem Geblüt. Unkeusch mache der Genuss von Sperlingsfleisch. Kalbsaugen standen ihres süßen Fettes und zarten Fleisches wegen hoch im Kurs. Hahnenkämme, recht teuer und relativ selten, versprachen eine unbedingte Steigerung der Potenz. Eidotter habe ebenfalls hitzige Wirkung und sei in Verbindung mit spanischem Wein ein Getränk für Lüsterne. Milch sei nur auf leeren Magen zu genießen. Sie würde mit den verzehrten Speisen im Magen schnell verderben. Überhaupt müsse danach der Mund mit Wein ausgespült werden, weil das Zahnfleisch sonst zur Fäulnis neige. Bohnen galten ihrer blähenden Wirkung wegen als Verursacher unruhiger Träume. Weißer Senf helfe den Phlegmatikern, ihre schläfrige Natur aufzuwecken. Sauerkohl mildere Kopfweh und gehöre unbedingt zum Frühstück nach einem Rausch, da er die Feuchtigkeit des Weines anzieht und nach „unterwärts" abführt. Erdbeeren seien von kalter Natur, und deshalb verabreiche man sie an hitzige Leute. Den Saft von Limonen dürfe man nie unverdünnt verwenden, weil er mit seiner Säure sogar Perlen aufzulösen vermag, wie seit der schönen Kleopatra bekannt ist. Das Fleisch der Vierbeiner auf der rechten Seite sei lieblicher und verdaulicher als jenes der linken Seite. Auch das Fleisch am Knochen wäre schmackhafter als solches, das weiter weg davon gelegen. Birkhühner hätten leichtes zartes Fleisch und seien überhaupt eine Speise für große Herzen.

Für die Köchinnen und Köche ergab sich daraus die undankbare Aufgabe, den Charakteren ihrer Gäste die jeweilige Speise zuzuordnen, hitzig zu kalt, trocken zu feucht, phlegmatisch zu feurig. Viele Speisen dieser Zeit muten deshalb so seltsam an, weil sie diesen Regeln Rechnung tragen.

Anfang des 20. Jahrhunderts besahen Wissenschaftler die Nahrungsmittel wieder nach deren Wirkung auf den menschlichen Organismus. So wurde behauptet, eine Rindfleischkur hätte energisches und mutiges Auftreten zur Folge. Schweinefleischesser neigten zum Pessimismus und zur Melancholie. Todunglücklich durften sich bald jene Personen fühlen, deren einzige Nahrung aus Lammfleisch bestünde.

Ebenso wenig wünschenswert seien die Folgen eines dauernden Kalbfleischgenusses. Die Muskeln der Liebhaber dieser zarten Delikatesse würden auffallend schlaff und widerstandslos. Jede Energie ginge verloren, und von Charakter könne bald keine Rede mehr sein. Man beobachtete, dass sogenannte Pantoffelhelden große Verehrer eines schönen Kalbsbratens seien. Den häufigen Verzehr von Milch und Eiern empfehlen einige Physiologen besonders allen jungen Damen, denen daran gelegen ist, mit sanftem, echt weiblichem Wesen, im Verein mit Geist und weichem zarten Teint, das starke Geschlecht zu bestricken. Unverfälschte Kuhmilch habe niemals eine schlechte Wirkung, weder auf den Körper noch auf den Charakter. Es gäbe Leute, die mit Hochgenuss Butter in großen Mengen vertilgen. Diese seien meist phlegmatischer Natur und würden Abscheu hegen gegen jede Art körperlicher Betätigung. Für geistig arbeitende Personen sind Äpfel erfolgreiche Ernährung, wobei Friedrich Schiller genannt wird, der leidenschaftlich Äpfel aß. Für die Stärkung des Gedächtnisses gäbe es kein besseres Mittel als scharfen Senf. Eine Fischdiät indes mache lebenslustige und intelligente Menschen stumpfsinnig. Kartoffeln, in großen Mengen verzehrt, riefen das Gefühl grenzenloser Langeweile und geistige Trägheit hervor. Das Gleiche träfe auf alle Gemüsesorten zu, falls diese ohne Fleisch gegessen werden. Gerade Gemüse wirke sehr unterschiedlich auf die menschliche Psyche: „Junge Schoten sind reines Gift für das Familienleben. Leute, die viele Schoten verzehren, frönen der Frivolität. Frauen werden leichtsinnig, launenhaft und neigen zum Flirt. Ihnen kann der Ehemann nicht über den Weg trauen. Darauf gehen auch die derzeitlichen ehelichen Skandale zu-

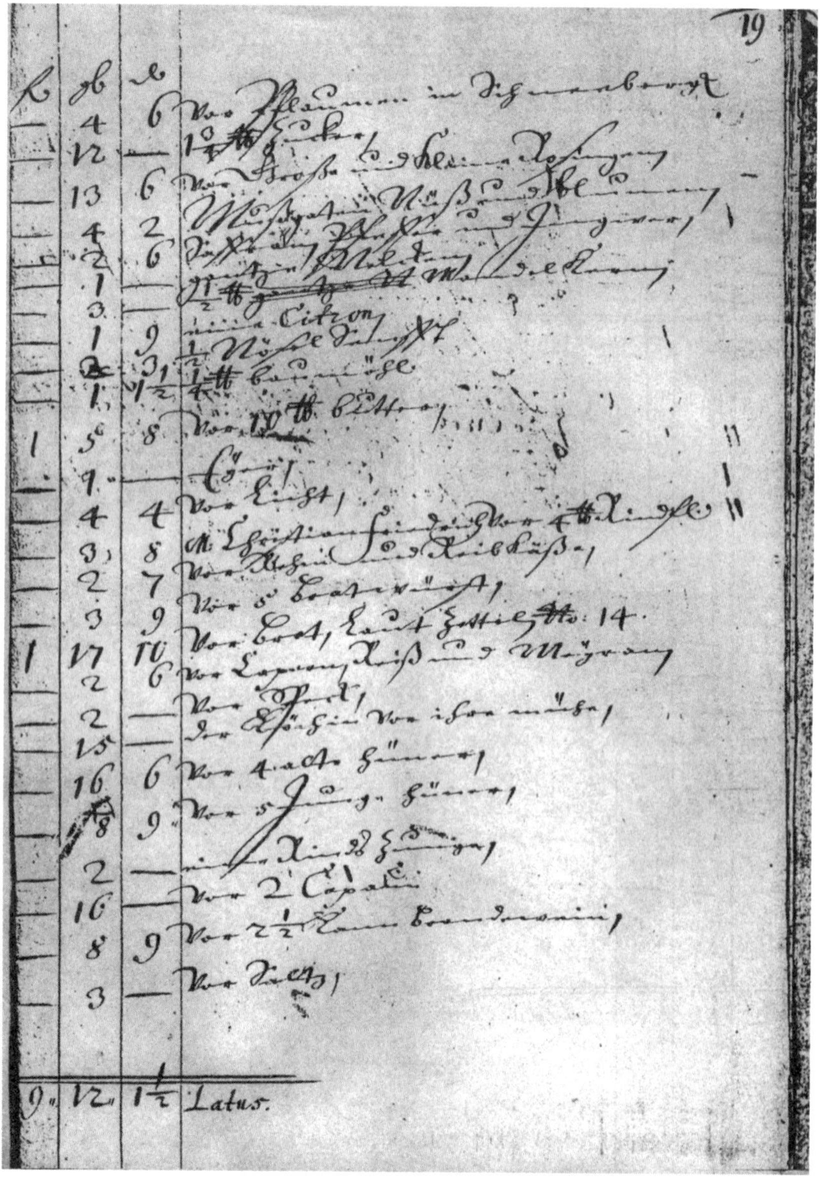

Auszug aus der Kirchenrechnung zu Buckau über Einnahmen und Ausgaben 1707/1708

Transkription der Kirchenrechnung

fl	gl		
			Bey gehaltener KirchRechnung den 6.Xbr.1707
2			M. Johan Leichsenring Vor Fleisch
1			Vor Fleisch in Schneeberg geholt
	20		Vor 1 SteinKarpffen
	8		Vor eine Ganß
	15		Vor einen Schinken
7	9	8	Vor 24 Kann Wein, 4Pfund Saltzhecht, Hagenbutter und geschelte Pflaumen
	4	6	Vor Pflaumen in Schneebergk
	12		1 3/4 Pfund Zucker
	13	6	Vor Große und Kleine Rosingen
	4	2	MußgatenNüß und Blumen
	2	6	Saffran, Pfeffer und Ingwer
	1		gantze Nelcken
	3		1/2 Pfund MandelKern
	1	9	eine Citron
	2	3	1/2 Nösel Senfft (?)
	1	3	1/2 1/4 Pfund Baumöhl
1	5	8	Vor 10 Pfund butter
	1		Eyer
	4	4	Vor Licht
	3	8	M. Christian Friedrich Vor 4 Pfund Rindfl.
	2	7	Vor Rahm (?) und Reibkäße
	3	9	Vor 5 Bratwürst
1	17	10	Vor Brot
	2	6	Vor Capern, Reiß und Meyran
	2		Vor Speck
	15		der Köchin Vor ihre mühe
	16	6	Vor 4 alte Hüner
	8	9	Vor 5 Junge Hüner
	2		eine RindsZunge
	16		Vor 2 Capaun
	8	9	Vor 2 1/2 Kann Brandwein
	3		Vor Saltz
4			1/4 Bier bey Johann Weißen
	2		der Frauen Vor Scheuern (?)
	6		Vor 2mahl in Schneeberg geschickt, die EinKauffung raus zutragen
	1		einen Jungen, die Leute zu heißen, Wegen Reste (?)
3	2	6	Vor Hafer, Heu, Stroh undHeckerling bey Michael Bauer und Gottfried Georgen
11	9		Ihro Excell. dem Herrn Superintendenten Vor Ihre müh
1	3		Ihren Aufwärter
11	9		Tit. dem Herrn CreyßAmbtman Vor Ihre mühwaltung
2	6		dem Herrn Actuarius
	12		den beyden KirchenVorstehern und Schulmeister Vor ihre mühe

Aus dieser Abrechnung lassen sich die Preise hochwertiger Lebensmittel, aber auch die unterschiedliche Entlohnung ablesen.

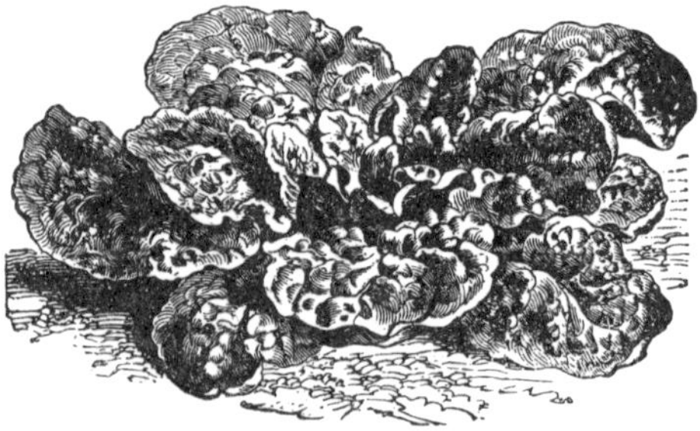

rück. Lobenswert sind weiße Bohnen, sie geben Verstand und Körperkraft, sollten aber in Butter und Öl zubereitet werden, dann helfen sie einem halb zerstörten Nervensystem wieder auf die Beine. Spinat ist die Nahrung des Mannes der Tat, des Draufgängers. Feldherren und Generale haben Spinat in großen Mengen verzehrt. Dabei entwickelten sich bei ihnen Willenskraft und Ehrgeiz, Entschlossenheit und Energie. Ein Mann, dessen Frau langsam und unwirtschaftlich ist, sollte sie am Spinatessen teilhaben lassen. Leuten, die einen Hang zum Poeten in sich fühlen, sind feine französische Bohnen zu empfehlen, weil diese die Phantasie entwickeln. Sauerampfer dagegen bestärkt die Trägheit. Karotten machen heiter, heilen Eifersucht und Melancholie, beseitigen Zorn und Rachegelüste". *(Gollmer: Die vornehme Gastlichkeit der Neuzeit, Leipzig 1908)*

Der Wert dieser „Küchenwissenschaft" liegt einzig in ihrer Kuriosität, sie war allerdings zu ihrer Zeit ernst gemeint. Unsere Gesundheit beruht hauptsächlich auf drei Faktoren, der ererbten Konstitution, dem Alter und der Umwelt, zu der auch die Ernährung gehört. An der ererbten Konstitution ist kaum zu rütteln, auch das Alter ist nicht aufzuhalten. Bleibt die Ernährung übrig.

Bis in die Mitte des 20. Jahrhunderts blieben die Gemüse dank der „Gut bürgerlichen Küche" Stiefkind der Ernährung. Erst dann wurden mit der Besinnung auf regionale Traditionen in Form der kreativen Regionalküche Gemüse und Salate hierzulande salonfähig.

Gemüse gehörten in die regionale Volksküche, aber das waren Gerichte für bescheidene und genügsame Leute – wer wollte schon dazu gehören? *(A. Furthmayr-Schuh: Food Design statt Esskultur, München 1996)* Hinzu kommt: Fleisch gehörte immer zu den besonderen Nahrungsmitteln, und zu den umstrittenen. Pflanzennahrung kann in der Regel keinen Ekel auslösen, Fleisch schon (Knorpel, Blut, Innereien, Augen). Pflanzen wurden nicht so in Wertkategorien eingeteilt wie Fleisch. Das schwankte gelegentlich, blieb aber im Prinzip bestehen. Wildbret gehört zum teuersten Fleisch, am Hofe Augusts des Starken wurde Eselsfleisch hoch geschätzt. Schon in früheren Zeiten tauschte manche Hausfrau Getreide, von dem die Familie mehrere Tage hätte satt werden können, gegen ein Stückchen mageres Fleisch ein. Fleisch war (und ist gelegentlich noch immer) eben der Inbegriff einer richtigen Mahlzeit.

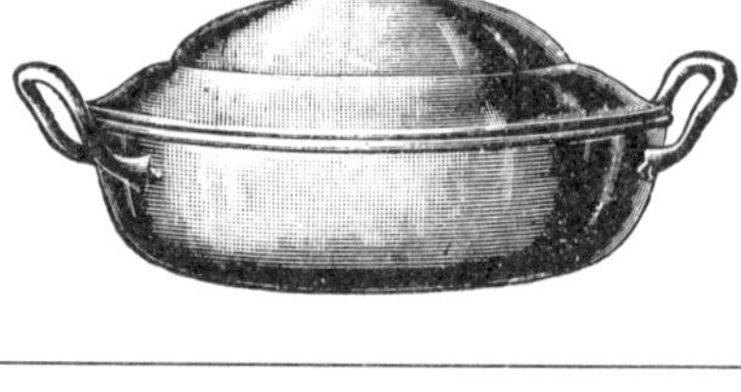

Zwei Jahrhunderte sächsische Küche

Wandel von Kochkunst und Tafelwesen

Ende des 18. Jahrhunderts verflachten die großen Prunkveranstaltungen mit mittelalterlichem Flair. Die protzigen Schaugerichte der Küche Augusts des Starken hatten keine Bedeutung mehr.
Nur zu besonderen Anlässen öffneten Köche und Konditoren gemeinsam mit Musikern und Gauklern ihre Trickkisten und zauberten die alte Zeit herbei, in der die Gaumenfreuden nur eine beiläufige Angelegenheit neben anderen Reizen darstellte. Musik und Tanz, Zauberei und Schauspielerei, Ritterspiel und Rezitation, Zank und Streit und zwischendurch Essen und Trinken. Nun konzentrierte man sich mehr auf das Wesentliche beim Essen und Trinken, nämlich auf die Speisen und Getränke. Dazu bedurfte es einiger Voraussetzungen, die allmählich von Frankreich aus bis nach Deutschland, bis nach Sachsen drangen. Zunächst betrafen solche Änderungen die kurfürstlich königlichen Küchen und Tafeln, dann die des Großbürgertums.

Die Entwicklung geschlossener Küchenherde mit mehreren Feuerstellen und Bratröhren ermöglichte die gleichzeitige und voneinander unabhängige Zubereitung unterschiedlicher Speisen. Keulen und Rücken der Schlachttiere wurden nach System zerlegt. Die besten Stücke kurz gebraten, während andere langsam in einem Fond schmorten, der zäheren Fasern wegen. Auf kleinen Feuern köchelten Ragouts von Kalb-, Wild- oder Geflügelfleisch, die Vorläufer der späteren Fünf-Minuten-Gerichte. Um höchsten Geschmack und schöne braune Farbe zu erreichen, röstete man Knochen an, reduzierte die Bratenfonds und

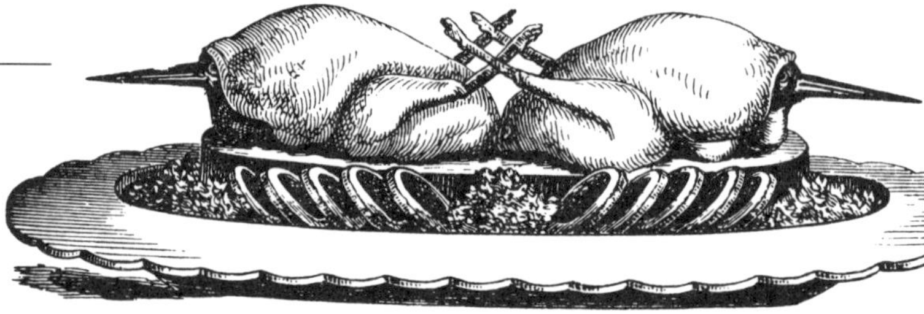

kochte sie ein mit Kräuterzugaben und Wein. Eiklar diente nun unter anderem zum Klären von Brühen und Gelees.

Die hauptsächlich über Hamburg mit der kurfürstlichen Küchenpost (seit 1705 bestehend) eintreffenden lebenden Hummer wurden nicht mehr nur gekocht, sondern mit fein abgestimmten Saucen hergerichtet. Bouillon entstand nach festgeschriebener Rezeptur. Von 8 Pfund bestem Rindfleisch, 6 Pfund Kalbsfleisch, 2 Pfund magerem Schinken, 5 alten Hühnern oder 4 Tauben, Sellerie, gelben Rüben und Petersilienwurzeln blieben schließlich 5 Liter übrig, das nannte man Kraftbrühe.

Menüs im heutigen Sinn existierten in dieser Zeit noch nicht. Zwar taucht das Wort Menü um 1720 im französischen Sprachgebrauch auf, und die Anzahl der servierten Gerichte ist auch gegenüber den mittelalterlichen Gelagen verkleinert, aber man spricht hauptsächlich noch von Trachten. Damit sind drei Gänge gemeint, die nacheinander aufgetragen werden, wobei jede Tracht immer wieder aus einer komplizierten Anordnung von Schüsseln, Terrinen und Platten mit Suppen, ganzen Braten und Gekochtem, Ragouts und Backwerk besteht. Nach dem Ausheben der einen Tracht wird die nächste serviert. Man bedient sich nach altfranzösischem Service selbst, quer über die Tafel hinweg. Zwischenzeitlich wurde noch das Service à l'anglaise praktiziert. Hierbei zerlegte ein Vorschneider die großen Fleischstücke für die Gäste. Mit meist noch dreizinkigen Gabeln legte man sich etwas Fleisch auf den Teller und aß mit den Fingern. (Noch 1780 meinte Ludwig XVI., der Umgang mit der Gabel sei viel zu kompliziert).

Nach Sachsens Aufstieg zum Königreich änderte sich entsprechend französischem Vorbild das Service zu festlichen Angelegenheiten. Große Fleischplatten verschwanden von den Tafeln. Es gab auch keine Vorschneider oder Tranchcurs mchr, denn jetzt brachten Speisenträger die Gerichte herein, auf vorgewärmten Platten fertig angerichtet, mit portioniertem Fleisch und Gemüsebeilagen dazu, und zwar für jeden Gast gleich und mit gleichen Portionen. Dieses als russisches Service bezeichnete System ermöglichte, jedem Gericht einen passenden Wein zuzuordnen. Zudem mussten die Speisen klar erkennbar sein.

Im Juni 1810 lud Fürst Borissowitsch Kurakin, der Botschafter von Zar Alexander I. bei Napoleon Bonaparte, in seinen Palast von Clichy bei Paris zum Essen ein. Dabei wurden die Speisen erstmalig den Gästen in einer vom Gastgeber festgelegten Reihenfolge aufgetragen, eben à la russe. Bei jedem Gang erhielt jeder Gast seinen Teller, und alle waren gleich angerichtet. Ganz nebenbei wurde damit auf der Tafel mehr Platz für die prunkvollen Tafelaufsätze, Etageren, Leuchter, Obst und Gebäckschalen.

In der Dresdener Hofküche am Taschenberg und den angesehenen Bürgerhäusern garnierte man die Tellerränder mit essbaren Verzierungen, zarten Blüten, ausgestochenen gekochten Gemüsen oder Kräuterblättern. Als Suppeneinlage diente geröstetes und in Würfel geschnittenes Schwarzbrot, nunmehr ein typisches Merkmal der Dresdner Küche. In sächsischen Kochbüchern erscheinen Hinweise, Wildgeflügel sei wenigstens mit Speck und Zwiebeln zu füllen. Fasane und Wachteln möge man mit dünn geschnittenen Speckscheiben umwickeln, bevor sie in die Pfanne kämen. Feine Produkte sollten schonend behandelt werde. Die über Generationen hinweg legere Art des Benehmens am Tisch entsprach nun nicht mehr dem Zeitgeschmack. So manche Mätresse lehrte ihren Verehrer künftig gefühlvoll, statt schwerer Humpen eine Porzellantasse zierlich an die Lippen zu führen.

Entlang des Elbtals produzierte man aus Meißner Landwein viel milden Weinessig. Wildbret, Rindfleisch, Fische, Wurzeln und Kräuter wurden darin eingelegt, genau wie Kirschen, Pflaumen, unreife Mispeln, Nelkenblüten, Jasmin und Holzbirnen – alles sehr pikante Spezialitäten. Verjus, der schon im Mittelalter zum Würzen verwendete Saft unreifer Weinbeeren, wurde durch Löschpapier gefiltert. Verjus gab grünen Salaten, kaltem gekochten Fleisch und rohem Gemüse den letzten geschmacklichen Touch. Blattsalate erhielten Dressings aus Rosen- oder Caneelwasser, mit Federkielen aufgepinselt.

Von den Franzosen übernahmen die Sachsen das Boeuf à la mode, legten es in Bieressig ein und nannten das Stück Sauerbraten. Am Sonntag vor dem Kirchgang wurde das Fleisch angebraten, mit dem Bieressigfond angegossen und gut abgedeckt in die Ofenröhre gesteckt. Nach dem Te Deum kam die Hausfrau zurück, nahm den Braten heraus, dickte den Fond mit Pfefferkuchen und Schwarzbrot an, ließ alles nochmals aufkochen und verfeinerte mit Sahne.

1775 beschreibt die Krünitzsche Enzyklopädie den Berufsstand Koch: „Un-

ter einem Koch versteht man insgeheim jede Person, welche durch Erfahrung mit den Speisen in der Küche umzugehen gelernt hat, vermittelst der daran gehörigen Gewürze und andere Zubereitungen nicht nur guten Geschmack, sondern auch gute Nahrung geben. Insbesondere versteht man unter der Bezeichnung Koch einen in dieser Beziehung besonders erfahrenen und geübten Menschen, welcher nicht nur gute Kenntnisse von der Natur und den Eigenschaften mancherlei Arten von Speisen besitzt, sich auf niedliche Bissen versteht und allerlei kluge Wahl darunter anzustellen weiß."

Man unterschied zwischen einem Mundkoch bei Hofe (fest angestellter Küchenfachmann, der für den Kurfürsten kochte – in der Mundküche), einem Ritterkoch für die Marschallstafel, dem Hofkoch für das Hofpersonal und dem Unterkoch für die geringeren Chargen. Es gab Feldköche für das Militär, Reiseköche für das Picknick unterwegs, Bratenköche als Unterstützung des Mundkochs und den Backkoch für das Backwerk. Ein Koch, der die Speisen für den Verkauf zurichtete, war ein Garkoch, und ein ungeschickter Koch hieß beim ersten König von Sachsen Sudelkoch: *Cuisinier du Hesdin qui à empoisonné le diable.*

Nicht alle Chargen in der Hofküche gehörten zu den fest eingestellten Mitarbeitern. In der Regel hielt man die Besatzung auf Minimalniveau und bestellte Köche auf Basis von Pauschalentlohnung, wenn der Hof sie benötigte. Außerhalb des Hofbetriebes arbeiteten sogenannte Kammerfouriere, die freiberuflich für die Beschaffung von alltäglichen Fouragen verantwortlich waren, also Lebensmitteln, Brennholz, Möbeln, Kleidung etc.

Diese hatten gelegentlich auch Köche unter Vertrag, welche eben bei Bedarf mit der Dienstleistung „Beschaffung" angeboten und in Rechnung gestellt wurden – eine Art Arbeitsagentur. Beim Ausscheiden oder Ableben eines Küchenangestellten hatten solche Freiberufler gute Karten, fest angestellt zu werden.

Anfang des 19. Jahrhunderts eröffnete der erfahrene Gastronom August Erdmann Lehmann eine Kochschule in Dresden. Dort lernten Hunderte Kocheleven die neuen Kochmethoden und Kochphilosophien kennen. Jedes Fleischstück sollte sein natürliches Aroma, jedes Gemüse seine natürliche Farbe behalten. Statt der einst überdimensionalen barocken Garnituren gebrauchte man kleine Zierspieße, bestückt mit Trüffeln, Hahnenkämmen, Krevetten oder Oliven. Suppen wurden mit Eigelb legiert, Ragouts und Saucen mit Mehlbutter oder Gemüsepüree gebunden, und die Tomaten hielten um 1830 Einzug in die Haushalte. Man koche Gemüse und brutzele das Fleisch nur so lange, dass die Speisen ihre Konsistenz behalten und nicht breiig werden, verkündete Lehmann. In seinem Lehrbuch der Küche steht geschrieben: Jetzt geht alles ohne Umständlichkeiten und Zeitverlust, die Gerichte werden leichter und schneller fertig. Vieles werde roh gegessen wie Schinken, Gurken, Hering, Lachs oder halbroh wie Beefsteaks, Ragouts oder Sautés.

Johann Friedrich Baumann, einst Leibkoch der Bünaus in Dahlen, schwärmt von den Spezialitäten aus Dresdner Rauchfängen: Knackwürste, Schinken, Forellen, Karpfen, Gänse und die berühmten Rinderzungen. Mindestens 12 Tage lang mit Salz, Wacholderbeeren, Koriander, Nelken, Muskat, Ingwer, Lorbeerblatt, Thymian und Basilikum gewürzt, werden die Zungen in mit Kräutern gefüllte Rinderdärme gesteckt und dann geräuchert.

Als Baumann starb, hinterließ er zwei dicke Kochbücher, nämlich „Der Dresdner Koch“ und „Die Dresdner Köchin“. Sein Sohn, Tuiskon Baumann, brachte es bis zum Hofküchenmeister und prägte entscheidend die sächsische Küche, indem er Volksküche und Hofküche wechselseitig austauschte. Neben Kaviar und Langusten tafelten die Köche Kälberschwänze und geröstete Schweinsfüße auf.

Um 1870 stand die Hofküche am Zenit ihrer Leistungsfähigkeit. Die Märkte in Dresden und Leipzig führten alle Lebens- und Genussmittel, schließlich trafen sich hier neue und alte Handelswege. Zudem wussten die Gärtner und Bauern, welches Obst und Gemüse man bevorzugte. Sie hatten sich darauf eingestellt, zu allen Jahreszeiten hervorragende Qualität von Obst und Grünzeug aus Wald und Flur, Gewächshäusern und Frühbeeten bereitzustellen. Es war jene Zeit, in der die bodenständige Küche massiv ausländische Konkurrenz bekam. Man trank jetzt Kulmbacher statt Waldschlösschen, Lammfleisch wurde aus Neuseeland importiert und die an sich fruchtbaren deutschen Schweine mit Suffolk und Yorkshirerassen gekreuzt, weil diese besseres Fleisch lieferten. In den feinen Restaurantküchen und in der Hofküche selbst arbeiteten französische Köche mit, nicht um zu lernen, sondern um französisches Flair zu übertragen.

Typische Dresdner Gerichte um 1860 sind:

- Pflückhecht in Rahm mit Sauerkraut
- Ganze gefüllte Krautköpfe
- Blumenkohl à la crême mit geriebenem Käse
- Dresdner Allerlei (ausgestochenes Wurzelgemüse, wilder Spargel, Hopfenkeime) zur geräucherten Rinderzunge oder Rindsroulade: Die Roulade wurde gefüllt mit einer Kalbsfarce, vermengt mit Zwiebelwürfeln und fein gehackter Zitronenschale, in Butter geschwenkt, Salz, Pfeffer, eingeweichtem Brot und Eiern. Diese ursprüngliche Rezeptur, und die Rouladen selbst, stammen von französischen Soldaten, die im Rahmen des denkwürdigen Russlandfeldzuges Napoleons in Dresden Quartier hatten.
- Gekochte Rinderzunge mit Rosinensauce
- Geröstete Rinderzunge mit Blattspinat
- Braunes Ragout vom Kalbskopf
- Gebratene Kalbshaxe (gekocht, in Scheiben geschnitten, paniert und in Butter gebraten)
- Gänseklein mit Kohlrabi und Kräutern
- Aal grün, in Gelee
- Gebratener Karpfen in Sahne, gebacken oder vom Rost
- Gespickter Hecht mit Krebsen
- Forellen in Rotwein
- Froschschenkel als Ragout
- Pasteten von Hühnern
- Salat von jungen Hühnern in Ölsauce
- Ochsenschwanzragout
- Gefüllte Kalbsbrust
- Junge Ente mit Grünerbsenmus
- Gans mit Mandelmeerrettich
- Fasan mit Sauerkraut
- Elbe-Karpfen blau
- Pickel (Pökel)-Hering mit Apfel als Salat
- Erdäpfel mit Hering und Rahm
- Bemmen: mit Sardellen, mit Geflügelleber oder Fleisch belegt

Die bürgerliche Küche und die herrschaftliche Küche

Bewohner von Burganlagen hießen einst Bürger. Später erweiterte sich der Begriff auf solche Zeitgenossen, die in befestigten Städten mit weitgehenden Rechten ausgestattet einen besonderen Status einnahmen. Das damalige Bürgertum war grundsätzlich frei und durfte Gewerbe betreiben. Nach der französischen Revolution 1789 konnte das Bürgertum zunächst keinen eigenen kulinarischen Stil herausstellen. Die Herren Revolutionsführer lebten fast ausnahmslos ebenso in Saus und Braus wie einst ihre nunmehr kopflosen aristokratischen Vorgänger. In der Folge übernahm das Bürgertum viele Bräuche des Adels. In Deutschland war der Trend nicht anders. Mit der Zunahme der Bevölkerung in Europa mehrten sich auch die Ernährungsprobleme. Zwischen 1780 und 1910 stieg die Bevölkerungszahl in Deutschland von 21 auf 65 Millionen an. Der überwiegende Teil wanderte aus der ländlichen tristen Geborgenheit in die lockenden Städte. Wohnten 1850 lediglich 20 Prozent der Deutschen in den Städten, waren es sechzig Jahre später bereits 75 Prozent. Die Speisepläne waren so unterschiedlich wie das Einkommen. Von Anfang an spaltete sich die bürgerliche Küche auf in eine kleinbürgerliche und eine großbürgerliche herrschaftliche Küche. Noch besohlte man Schuhe in den Wohnungen, webte, spann, schneiderte, kochte Seife, schlichtete Kerzen, röstete Kaffee. Montags gab es Erbsensuppe mit Kartoffeln, dienstags Grießmehlsuppe, Kartoffeln und

Neues Dresdner Bürgerliches Kochbuch. Praktische Anleitung, wie jede Hausfrau ihrem Hausherrn ein wohlschmeckendes, nahrhaftes und dabei billiges Essen bereiten kann. Gewidmet von Louise Seebauer, Dresden 1882

Gemüse, etwas Wurst, mittwochs Sauerkraut und Kartoffelbrei, für den Mann einen Schweinsfuß, donnerstags Bohnensuppe mit Mehl und Zwiebeln, freitags Mehlspeise und Klöße aus alten Brötchen, Mehl und Knickeiern, dazu Obst, samstags Kartoffelsuppe mit Hammelfleisch und gerösteten Zwiebeln. *(Mollenhauer: Aus der Kinderstube der Lebensmittelindustrie, Gernsbach 1988)*

1864 hatten die Schrebergärten Premiere. Neben der Erholungsfunktion dienten sie in erster Linie der Versorgung mit Kartoffeln, Gemüse und Obst. Manche hielten sich auch noch Kaninchen. Die Küchenherde waren zu dieser Zeit hochgemauert, teilweise noch offen. Ab den 90er-Jahren erschienen erste Gasherde, und die Kochkisten nahmen an Beliebtheit zu. Dafür wurde das Essen angekocht und mit Töpfen in einer mit Isoliermaterial (Zeitungen, Decken) ausgekleideten Kiste stundenlang aufbewahrt, wobei die Lebensmittel langsam garten. Man sparte Brennmaterial, das Essen aber war dementsprechend. Diese Situation bot den Nährboden für die industrielle Lebensmittelproduktion. Möglichkeiten dazu ergaben sich aufgrund der technischen Neuerungen: Konservierungsmethoden (Appert, Pasteur, Weck), verbesserte Transportbedingungen (Eisenbahn, Dampfschiff), Entwicklung der Kühltechnik (A.v. Linde 1876), Spezialisierung in der Tierhaltung und Anbindung der Schlachthöfe an die Großstädte (Dresden 1876) und die luftdichte Verpackung fertiger Speisenkomponenten. „Oft bis zur Langeweile sieht ein Essen dem anderen ähnlich, da wird das Gasthmahl zur hässlichen Abfütterung“ *(A. v. Gleichen-Russwurm: Geselligkeit, Stuttgart 1909)*.

Neuestes Kochbuch. Praktische Anleitung, bürgerliche Kost geschmackhaft und billig herzustellen. Herausgegeben von Emilie Tschirch, Hainichen ca. 1893.

Der Zwang zu sparen blieb für die Mehrheit der Bevölkerung zuerst in der Küche hängen. Vor allem die Konservenindustrie profitierte davon. Das Verlangen nach sättigenden Suppen, billigen Gemüsen, einfachen Wurstsorten, Mehl- und Kartoffelspeisen, Hülsenfrüchten, Brühwürfeln, Kleinfleisch und Schlachtabgängen vergrößerte sich zusehends. Sogenannte preiswerte Produkte standen hoch im Kurs, und damit meinte man: Viel und billig musste es sein. Die Popularisierung des WECK Einkochverfahrens löste eine regelrechte Manie aus. Diese Konserven erfüllten sogar einen alten Traum des einfachen Bürgers, beispielsweise nun endlich auch Erdbeeren und Spargel im Winter speisen zu können. Wer es sich leisten konnte, bestellte allerdings frische Produkte, unabhängig vom Preis. So meldeten auch viele Kochbücher um die Wende zum 20. Jahrhundert in ihrem Untertitel, sie seien geeignet für die bürgerliche und die feine herrschaftliche Küche, andere, sie seien für die einfache bürgerliche Küche geeignet.

Ein Abendessen bei einer Spielpartie für junge Herren aus gehobeneren Haushalten im Januar/Februar Ende des 19. Jahrhunderts sah beispielsweise vor:

DAS ESSEN WIRD NACH DEM SPIEL AUFGETRAGEN

1. Gang	Austern mit Butterbrötchen von Feinbrot, Zitronenstückchen und gutes Lagerbier
2. Gang	Beefsteak mit Kartoffeln, Senfgurken und eingemachte rote Rüben
3. Gang	Ausgebackene Käsebällchen
Nachtisch	Äpfel und Nüsse

EIN GABELFRÜHSTÜCK FÜR HERREN IM JANUAR

1. Gang	Kalbfleischbrühe in Tassen, Brotkrusten und Ochsenmark
2. Gang	Rebhühnerpastete auf Jägerart
3. Gang	Gebratener Hammelrücken, rotes Johannisbeerengelee, Spinat und Kartoffeln
4. Gang	Aal in Aspik
5. Gang	Käsetoast
Nachtisch	Äpfeltorte und Früchte

EIN KLEINES MITTAGESSEN IM MÄRZ

1. Gang	Kraftbrühe nach Brunoise
2. Gang	Reis auf piemontesische Art
3. Gang	Filets vom Steinbutt auf normannische Art
4. Gang	Glasierte Lammkoteletten, Röllchen von Kalbsschnitten
5. Gang	Gedämpfte Hühner mit Champignonbeiguss und Scheiben von gekochtem Schinken, Rinderbraten, englischer Meerrettichbeiguss, Spinat, Blumenkohl und Kartoffeln
6. Gang	Gebratene junge Gans, Apfelmus, Maitre d'Hotel Kartoffeln
7. Gang	Mayonnaise von Hummer, Weingelee, Aprikosen-Creme, Käsestroh, Sardinen
Nachtisch	Gefrorenes von Pfirsich Creme, Zitronenwasser, kleine Torten, Früchte

„Während des Spiels stellt man auf den Nebentisch ein Theebrett mit verschiedenen Gläsern, Sherry oder Madeira, Wein, Rum oder Brandy, Selterswasser, eine Kanne mit kochendem Wasser, eine Schale mit Zucker, eine Dose Biskuits. Hierbei übernimmt der Herr der Hauses zwischen dem Spiel die Bedienung."

Hier gab sich niemand mit Essen aus der Kochkiste ab. Die kleinbürgerliche Küche sah ganz anders aus. Schon allein diese Ignoranz des Jahreszeitenrhythmus schaffte eine wesentliche Distanz zur regionalen Volksküche. Ein Dresdner Kochbuch von 1889 nennt das Wesen beim Namen: „Die Gerichte sind für

Sonntags, am 29.ten August 1790.
Mittags
Auf die Churfürstliche Tafel

1. Potage à la Princesse von [illegible]
2. Potage à l'Or mit [illegible] Croutes mittonnées

4. Ovale.

3. Schinken mit Schoten und Möhren.
4. Rebhühner und Bratwürste mit Sauerkraut.
5. Puten à l'Estoufade mit Kalbs-Milchen, glacirt und Brocolis.
6. Hirsch-Keule en Fricandeaux.

2. Terrin.

7. Hasen en Civet.
8. [illegible] en Ragout.

4. [illegible] Ovale.

9. [illegible] mit Parmesan-Käse.
10. Junge Hühner à l'Angloise gebacken.
11. Ragout von Kalbs-Milchen, [illegible] und Champignons.
12. Kalbs-Cotelettes, grillirt mit Sauce aux fines herbes.

4. Assietten.

13. [illegible] à la Royale mit jungen Hühnern.
14. Feuillantines von [illegible]
15. Schöps-Cotelettes [illegible]
16. Junge [illegible] à la Polonoise.

Zum Andern Gange

solche, die nicht zu große Kosten, aber einen guten kräftigen Tisch bevorzugen, reichlich, billig und sättigend." Hingegen schmückten beim bürgerlich-herrschaftlichen Empfang im noblen Hotel feine Früchte und zierliche Happen die Tafel. Es wurde bald Sitte im großbürgerlichen Kreis, sich gegenseitig ins Hotel einzuladen. Kleidung und Benehmen der Fremden zu beobachten würde das Auge und den Geist amüsieren, ist in alten Benimm-Büchern der 2. Hälfte des 19. Jahrhunderts nachzulesen. Beim Menü legt ein geschickt hantierender Kellner am Servierbrett vor, denn mancher Krösus von gestern, der hier speist, hat noch keine vollkommen sicheren Manieren und empfindet es als freundliches Entgegenkommen, wenn ihm die meist unbekannten Gerichte möglichst essbereit vorgesetzt werden. Zum Ende des Gasthmahles trennen sich Damen und Herren, um im Salon bei Kaffee zu plauschen oder – Zigarre und Likör genießend – Neuigkeiten zu erfahren.

Adelsküche und Herrschaftsküche verbanden sich bald und wurden das, was heute klassische Küche genannt wird. Die klassische Küche schuf eine Vielzahl von Standardgerichten mit Standardgarnituren und ganz konkreten Namen versehen. Ein Rumpsteak Mirabeau wurde überall mit Sardellenfilets, entkernten Oliven und Estragonblättern serviert. Nebenbei gab es Sardellenbutter. Zum Kalbsfilet Opéra gehört stets gebratene Hühnerleber mit Madeira und Spargelspitzen. So sortierte die klassische Küche die gesamte Kochkunst, von den Vorspeisen über die Suppen, die Fisch-, Fleisch- und Meeresfrüchtegerichte bis hin zu den Desserts. Diese Standards galten oder gelten in allen Gegenden der Welt. Und verwendet man sie, müssen auch die dazugehörigen Bestandteile auf den Tellern erscheinen, das ist korrekt. Nun blieb hierbei eben den einzelnen Regionen die Möglichkeit, ihre territorialen Spezialitäten einzubringen.

Resümierend bleibt die Erkenntnis: Die kleinbürgerliche Küche ist ein Kunstprodukt, aus der Not heraus geboren. In allen Gesellschaften deutete Vorratshaltung auf Engpässe hin, egal aus welchen Gründen. Getreide, Reis und Hülsenfrüchte haben deshalb große Bedeutung in der Massenspeisung, weil sie gut zu lagern sind. Diese Küche bevorzugt schwere, plumpe Sattmacher, der Sattheit wegen. Und sie ist nicht wandelbar. Konserviert gibt es immer alles, und es fehlt die Frische neben den Überraschungen der unterschiedlichen Jahreszeiten in der Produktvielfalt. Tendenzen wie die Hinwendung zur leichten Ernährung mit vielen unterschiedlichen Salatvariationen in den Jahren ab 1960 gelangen nur durch die Rückbesinnung auf die kreative Regionalküche, in Abkehr von der starren kleinbürgerlichen Küche.

Die klassische Küche bleibt international zeitlos. Sie scheut nicht davor zurück, Elemente der Regionalküche zu übernehmen, sogenannte (ehemalige) Luxusprodukte mit simplen Erzeugnissen der jeweiligen Region zu verbinden. Sie macht damit sogar Werbung; also Lachs mit Kartoffelkuchen, Hummerragout mit Kohlrabi, Steinbutt mit Kartoffelpüree, Erbsensuppe mit Krevetten oder Linsensalat mit Gänsestopfleber. Übrigens war diese Kombinierfreudigkeit bereits eine „Erfindung“ und das Erfolgsrezept von Hofküchenmeister Baumann (Sohn), dem vorrangig in Sachsen zu danken ist, die klassischen Gerichte mit der Regionalküche verknüpft zu haben.

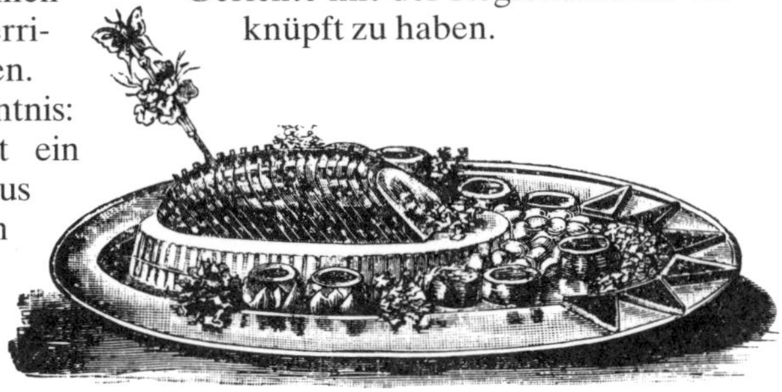

Den Sachsen, diesen rührigen geschäftstüchtigen Menschen, der sich in der Welt überall durchsetzt, hat man zur humoristischen Person gestempelt. Ebenso hat man seinen Kaffee in den denkbar schlechtesten Ruf gebracht. „Bliemchen“ nennt man ihn, den Sachsen selbst wie seinen Kaffee. Aber trinkt den sächsischen Kaffee in einem guten Lokal, trinkt ihn aus edlem „Meißner Porzellan“ in Gesellschaft „der Schönen des Landes“, ihr werdet ihm ein Loblied singen. Habt ihr aber das Glück, in der schönen Hauptstadt des Sachsenlandes euren Kaffee genießen zu können, den Blick auf den „herrlichen Elbstrom“, im Hintergrund die edel gegliederte Linie der Stadt Augusts des Starken, so habt ihr zwiefachen Genuß. Zum Kaffee gehört zur Weihnachtszeit „Dresdner“, nennt sie auch „Leipziger Stollen“. In keiner Familie darf dieses Nationalgebäck fehlen, von Mandeln, Rosinen, Zitronat durchsetzt, mit duftendem Vanillezucker und Butter bekrustet. – „Leipziger Lerchen“, sie fliegen nicht, sie singen nicht und doch schmeicheln sich diese kleinen leckeren Törtchen ins Herz. – Mit gewandter Hand läßt der Koch den „Eierkuchen“ wie ein Jougleur fliegen, um sich selbst drehen, auf beiden Seiten muß er schön gebacken sein. – Leipzig, sein Markenbild, das „Völkerschlachtdenkmal“ taucht auf, der „Hauptbahnhof“, dieser schönste Bahnhof der Welt, prägt sich ein, der „Rathausturm“ grüßt aus der Ferne. – „Leipziger Gose!“ Der ist's ergangen wie dem sächsischen Kaffee: da wendet sich der Gast mit Grausen, sagt einer dem andern nach. Freilich, blitzend wie echt Pilsner Bier ist sie nicht, auch fehlt ihr die Schaumkrone des Münchner. Habt aber den Mut, sie in alter historischer Gosenstube zu trinken. Vor euch die originellen Flaschen. – Einen „Truthahn“, langen Kümmelkäse, muß man dazu essen, ein „Kümmelschnaps“ rundet den Genuß. „Leipziger Allerlei“ ein jeder kennt's. Der Krebs zwickt die Möhren, die Schoten schütteln sich vor Lachen aus. Den Morcheln, Kohlrabi, Bohnen und Spargeln macht das viel Spaß. – „Vogtländer Klöße“, kennt ihr sie in ihrer ganzen Schönheit? Als Engelsköpfchen fliegen sie um die „Dresdner Gans“. – „Gänsebraten“ mit „Vogtländer Klößen“, jedem Sachsen lacht bei dem Gedanken das Herz im Leibe. Mit „Plauener Spitzen“ hat sich der Karpfen geschmückt.

Héroux

Zitat aus „Die Küche“, 1934

SPEISEKARTE

Fleischbrühe mit Einlauf
Kartoffelsuppe
Karpfen blau mit Meerrettich
Aal in Dillsauce
Omelette mit Spinat
Gebackene Kloßscheiben mit Spiegelei und Salat
Kalbfleischklößchen mit Reis und Spargel
Gekochtes Rindfleisch mit sauren Kartoffeln
Mayoranfleisch mit Salzkartoffeln
Falscher Hase in Rahmsauce
Kalbsroulade mit Kartoffelpüree
Kalbsschnitzel mit Leipziger Allerlei
Schweinslendchen mit Rotkraut
Sauerbraten mit Semmelknödeln
Gänsebraten mit Aepfeln und Beifuß gefüllt
Vogtländische Klöße
Gänseleber mit Aepfeln und Zwiebeln

Gefüllter Gänsehals
„Truthahn" (Stangenkäse und Kümmelschnaps)

Milchreis mit Zucker und Zimt
Arme Ritter
Pflaumenknödel
Eierkuchen mit Marmelade gefüllt
Kartäuser Klöße
Mohnstrudel

Typisch sächsische Gerichte auf einer Karte zusammengestellt, abgedruckt in „Die Küche", 1934

Barockes Zeremoniell am Dresdner Hof um 1740

„Der Boden, worauf die Tafel stand, war entweder mit viel Scharlach oder rotem Samt ausgelegt. Für die Speisen à l'ordinair (die einfachen Gerichte) kamen keine besonderen Stellplätze in Frage. Einige jedoch standen unter einem sammeten gestickten, mit goldenen oder silbernen Borten besetzten Himmel". Zuweilen sind die Tafeln erhöht aufgestellt, staffelweise wie in einem Theater, sodass man zu ihnen hinaufsteigen muss. Aufgetragen wurden die Gerichte in silbernen, vergoldeten oder goldenen Schüsseln. Nach neuester Façon sind diese Geschirre mit silbernen Clochen bedeckt.

Anno 1641 bestimmte die sächsisch-gothaische Hofordnung: „Bevor man zu den fürstlichen Tafeln anrichtet, wird gemeiniglich mit Trompeten und Pauken angekündigt, dass diejenigen, so sie die Speisen aufsetzen sollen sich Pagen und Laqueyen vor der Küche aufstellen, gebührlich verhalten und dann die Speisen vorsichtig auftragen. Zuweilen lassen sich bei jedem Gang, der aufgetragen wird, Trompeten und Pauken hören."

Anlässlich der Vermählung des kurfürstlichen sächsischen Kurprinzen in Wien wurden 60 Ratsherren der Stadt bestellt, welche sich mit schwarzen Samtröcken und Westen aus ihren Mitteln kleiden mussten und den Hofdamen und Ministern die Speisen auftrugen.

Am barocken Dresdner Hof brachten zu besonderen Solennitäten Jägerei-Bediente, Cadets oder Grenadiere die Speisen herbei, vornweg zwei Brigadiere der Chevaliers-Garde mit Stäben und unbedecktem Haupt. Diesen folgte der Maitre d'Hotel mit zugedeckten Speisen. Ihm halfen zwei Sous-Brigadiers, die sich nach Aufsetzen der Speisen mit den Clochen entfernten. Danach rückte ein Kammerherr oder der Küchenchef selbst die Schüsseln zurecht.

Ein Mahl zu 26 Essen:

1.2. Pyramide mit Gläsern und allerley Gelee
3. Fasane gebraten
4. Repphühner gebraten
5. Hirsch-Wildbret gebraten
6. Reh-Wildbret gebraten
7. Kapaune gebraten
8. Wilde Enten gebraten
9. Umlegte Hühner mit Petersilienwurzeln
10. Junge Tauben mit Artischocken-Böden
11. Ragout von Kalbsmilch mit Krebsen und Morcheln
12. Hechte in weißer Sardellen-Soße
13. Bärsche gebacken, mit Mandel Meerrettig
14. Gespicktes Rollet mit durchgestrichener Kapernsoße
15. Westphälischer Schinken roh

16. Geräucherte Zungen
17. Mandel-Torte
18. Auerhahn-Pastete
19.20. Italiänische Salate
21.22. Grillade von Schweins-Füßen
23.24. Verschiedene Garten-Salate
25.26. Fricandellen

Ein Mahl zu 30 Essen:

1. Potage von Tauben
2. Potage mit einem gefülltem Hecht
3. Gedämpfte Schöps-Keulen mit Steck-Rüben
4. Grenade
5. Poupeton
6. Frische Gans mit Sauerkraut im Backofen
7. Durchgestrichene Möhren mit farcierten Coteletten
8. Gebackene-Karpfen mit Baumöl-Soße
9. Grillade von Forellen mit piquanter Soße
10.11. Ragout von Kalbsmilch mit Champignons
12.13. Spinat mit gemachten Morcheln von Kälberlunge
14.15. Gespicktes Rollet

Zweyter Gang.
16. Entremets mit Gelee und Creme in Gläsern
17. Wilde Schweins-Keule gebraten
18. Hirschzimmel gebraten
19. Repphühner gebraten
20. Türkische Hähne gebraten
21. Kälber-Braten gebraten
22. Schöpsen-Viertel gebraten
23. Quitten-Koch
24. Büchsen-Kuchen
25.26. Geräucherte Schöpsenzungen
27.28. Italiänischene–Salat
29.30. Garten–Salate

Ein Mahl zu 34 Essen:

1. Potage von einer gespickten Kalbs-Keule
2. Potage von einem gespickten Hecht
3. Warme Pastete von Lerchen
4. Grisette
5. Grenade
6. Braun-Kohl mit Grillade von Kalbsleber und gemachten Morcheln
7. Gefüllte Artischoken
8. Farßierte Coteletten mit Citronen-Soße
9. Fricadelle
10. Fricassee
11. Hirsch-Ohren mit ausgebrochenen Krebsschwänzen und Pistacien

12.13. Krebs-Nudeln
14.15. Grillade von Tauben
16.17. Bärsche mit Butter-Soße

Zweyter Gang

18. Entremets mit Geleen
19. Wilde Schweins-Keule gebraten
20. Reh-Wildbret gebraten
21. Repphühner und Vögel gebraten
22. Türkische-Hähne
23. Schinken Pastete
24. Hirschwildbret-Pastete
25. Aufgelaufener Möhren-Koch
26. Johannisbeer-Kräpfchen
27. Oblaten-Kräpfchen
28. Mandel-Späne
29. A la Daube
30. Schweins-Kopf

31.32. Italiänische Salate
33.34. Garten-Salate

Ein Mahl zu 38 Essen:

1. Potage von einem ganzen Lamm, halb gesotten, halb gebraten im Ganzen
2. Potage von angeschlagenen Karpfen mit Jüs
3. Englische Pastete von Rind-Fleisch mit Lendenbraten
4. Grisette
5. Farßierte Kälber-Füße in Papier
6. Hechte mit Sauerkraut
7. Aal gebraten
8. Gedämpfte Aenten
9. Ausgebrochene junge Hühner

10.11. Fricandeau
12.13. Krebs-Strudeln
14.15. Artischoken
16.17. Ragout von einem Rindsgaumen
18.19. Gebackene Erd-Aepfel in Servietten

Zweyter Gang

20. Entremets auf Tellern von Porzellan mit allerley Salat
21. Entremets in Gläsern, mit allerley Gelee und Cremen
22. Schweins-Kopf
23. Fasan gebraten
24. Repphühner und Wachtel gebraten
25. Türkische Hähne gebraten
26. Kapaune gebraten
27. Hirsch-Wildbret gebraten
28. Reh-Wildbret gebraten

29.30. Mandel-Köche
31.32. Marks-Törtchen
33.34. Torteletten
35.36. Rohe Schinken
37.38. Gebratener geräucherter Lachs“

Worterklärung zu den Mahlzeiten

Baumöl: Olivenöl aus den stark erhitzten Pressrückständen und Kernen gewonnen, das von minderwertiger Qualität ist und in der Regel nur für technische Zwecke Verwendung findet

Grenade: Eine längst aus der Mode gekommene Fleischspeise, wobei eine Timbaleform mit Fleischscheiben ausgelegt, mit Farce bestrichen und mit einem Ragout gefüllt und gestürzt wird

Grisette: Einfache warme Fleisch- oder Geflügelpastete

Koch: Brei oder Auflauf

Potage: Allgemein für Suppe

Poupeton: Ragout aus gehacktem Fleisch mit Kalbfleischtranche bedeckt

Türkische Hähne: Pute, Truthahn

Zimmel: Rücken

Souper S. Hoheit des Kurprinzen
Mittwoch den 21. August 1754.
In der Mitte eine Reihe Confituren.

Erster Gang.

Verfertiger:	
Ihre Hoheit die Kurprinzessin.	2 Suppen. 1. Biscuitsuppe mit pochirten Eiern. 2. Brotsuppe. Hors d'oeuvre. 3. Kleine Rebhuhnpastetchen. 4. Rührei mit Hammelbrühe. 5. Kalbsmilchpastetchen mit Champignons à la Princesse Royale. 6. Gebackene Brotschnitten mit Kalbshirn.
Gräfin Mniszech.	1 Assiette. 7. Rebhühner polnisch.
Gräfin Londron.	1. Hors d'oeuvre. 8. Rebhuhnpastete auf Moskowitisch.
Gräfin Loß.	9. Hammelkeule in Scheiben mit Gurken 10. Hühner „à la minute".
Gräfin Rex	1 Hors d'oeuvre. 11. Lammkoteletten vom Rost.
Graf Rex.	1 Hors d'oeuvre. 12. Rehkeule in Scheiben.
Baron Wetzel.	1 Hors d'oeuvre. 13. Katzengeschrey von Kalbfleisch mit Trüffeln und Champignon.
General Meagher.	1 Hors d'oeuvre. 14. Ragout von Becassinen.
General Fontenay	2 Hors d'oeuvre. 15. Truthühner-Ragout in weißer Sauce. 16. Junge Hasen im Topf.
General von Hallot	2 Assietten. 17. Pickelsteinerfleisch von Rind-, Kalb- und Hammelfleisch. 18. Kräutersuppe m. geröstet. Brotschnitten. 3 Hors d'oeuvre. 19. Kapaun in seiner Brühe. 20. Rebhühner in Essig. 21. Hammelkoteletten vom Rost mit Schalotten.

Zweiter Gang.

Ihre Hoheit die Kurprinzessin.	3. Hors d'oeuvre. 1. Rehkeule. 2 Kirschtorte. 3. Obliesen-Kuchen.
Gräfin Londron.	3 Hors d'oeuvre. 4. Gebratene Hühnchen auf türkische Art. 5. Kalbskeule à la tartare. 6. Junge Hasen à la tartare. 7. Granelli auf Romanisch.
Graf Wackerbarth	3. Hors d'oeuvre. 8. Schweinswürstchen auf Neapolitanisch. 9. Neapler Schinken in Schnitten auf Spanisch. 10. Rührei mit Käse auf Piemontesisch.
General von Hallot	1 Assiette. 11. Fasan auf Millerot.
General Fontenay	1 Hors d'oeuvre. 12. Grüne Erbsen Französisch.
Baron Wetzel.	2 Salate. 13. Broccoli in Oel. 14. Kräutersalat mit Gelbeiern.

21. August 1754

„Die angeführten Essen verstehen sich nebst untergemengten Confituren und Zukkerwerk, in angenehmer Ordnung auf Tafeln zugerichtet, damit genug Raum zu der Gäste Bequemlichkeit übrig bleibe." In den Küchenordnungen wurde genau festgehalten, was, wie viel und in welcher Art auf die fürstlichen und Marschalls-Tafeln, sowie auf die Beitische der Hofjungfern und Pagen gesetzt und gerichtet werden musste. Das Küchenpersonal erhielt Order aufzupassen, dass niemand, „wer er auch sei, einheimisch oder auswärtig, sich in die Küche begebe oder gar an die Herdstelle herantrete, damit nichts veruntreut oder verschwendet werde." Zudem sah die Küchenordnung vor, Belehrungen durchzuführen, wonach „darauf zu achten sei, dass kein ungewöhnlich Essen, so von Elstern-, Krähen- oder Fuchsfleisch und dergleichen zugerichtet werde".

Souper seiner Hoheit des Kronprinzen

Martin Engelbrecht, „Caffee-Kränzlein", um 1735

Allgemeinregeln, das Essen betreffend – um 1820

(Aus den „Nuovo Galateo" von Melchior Gioja (1767–1829))

Erstens
Nicht ins Brot hineinbeißen, wie die Bauern es tun, sondern es mit der Hand oder mit einem Messer zerteilen.

Zweitens
Nicht in die Suppe blasen, wenn sie zu heiß ist; denn die Verbindung des Atems mit der Suppe wirkt auf die Phantasie der Anderen wenig appetitanregend.

Drittens
Die Speisen nur mit dem Messer, der Gabel oder dem Löffel berühren; der Gebrauch der Pfoten bleibt dem Tierreich überlassen.

Viertens
Nicht die Bissen auf der Gabel beschnüffeln; der Hausherr könnte meinen, du zweifelst an der Güte seiner Speisen.

Fünftens
Keine zu großen Bissen verschlingen, so dass sich dir die Backen blähen, als seist du ein Trompeter oder wolltest das Feuer anblasen. Noch schlimmer ist es, wenn Frauen dieses Laster an sich haben, weil es ihr Gesicht entstellt.

Sechstens
Nicht zu schnell essen, du könntest dich verschlucken. Den nächsten Bissen erst in den Mund nehmen, wenn du mit dem vorherigen fertig bist. Sonst steht dir vor Aufregung der Schweiß auf der Stirn zum Abscheu der Umsitzenden. Andererseits aber auch nicht müßig bei Tisch sitzen, denn das erweckt den Eindruck, als ob du die Gastfreundschaft, mit der man dich bedenkt, nicht zu schätzen wüsstest.

Siebentes
Iss mit geschlossenem Mund ohne zu schmatzen.

Achtens
Knochen und Kerne nicht zerbeißen. Diese Knackgeräusche rufen bei den Umsitzenden Ekelgefühle hervor.

Neuntens
Die Knochen nicht aussaugen, noch weniger, sie mit der Hand zum Mund führen, um sie etwa abzunagen. Löse mit dem Messer auf dem Teller das Fleisch vom Knochen.

Zehntens
Das Brot oder das Fleisch nicht in das Salzfass eintauchen.

Elftens
Nimm das Salz mit der Messerspitze, nicht mit der Gabel oder dem Löffel, die du schon 20 Mal im Mund hattest.

Zwölftens
Geh mit deinem Löffel nicht in die Schüssel oder in einen fremden Teller.

Dreizehntens
Biete niemals anderen von dem an, was du schon berührt hast. Das darf nur der Hausherr mit der Dienerschaft oder mit Personen aus dem engsten Familienkreis.

Vierzehntens
Nie das, was du schon auf deinem Teller hattest, in die Schüssel zurücklegen.

Fünfzehntens
Wenn du etwas aus dem Mund entfernst, lass es nicht von oben herab auf den Teller fallen, sondern nimm es geschickt mit der Hand und leg es beiseite.

Sechzehntens
Folge nicht dem Beispiel desjenigen, der nach Art der Schweine mit der Zunge Hände und Lippen sauberleckt.

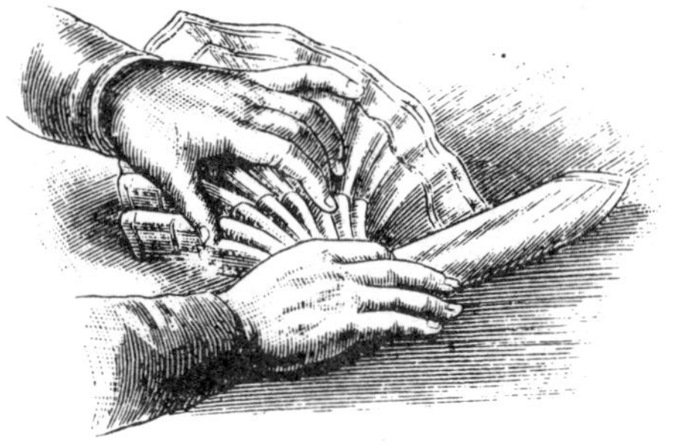

Siebzehntens
Wische die Hände nicht an der Tischdecke ab und so wenig wie möglich an der Serviette. Nimm statt dessen etwas Brot, das du auf deinem Teller liegen lässt. Hüte dich, auf dem abgeräumten Tisch Speisereste zu hinterlassen.

Achtzehntens
Putze deine Zähne nicht an der Tischdecke oder Serviette, noch weniger wische dir den Schweiß weder mit der einen noch mit der anderen von der Stirn.

Neunzehntens
Stochere in deinen Zähnen nicht mit Messer oder Gabel herum und iss nicht mit dem Messer; du könntest dich sonst im Mund schneiden.

Zwanzigstens
Entferne die Speisereste aus den Zähnen nie vor angesehenen Leuten; es ist eine zu intime Handlung.
Trage auch nicht den Zahnstocher, nach Art des Vogels, der sein Nest baut, im Munde spazieren.

Leistet man dem Folge, kann man sich auch heute nicht blamieren, denn die Regeln sind, wenn auch hier und dort abgewandelt, reduziert und ergänzt, noch immer gültig. Es gibt kaum eine Gelegenheit, wo sich persönliche Ungeschicklichkeit im Umgang mit und in der Gesellschaft so leicht verrät wie bei Tisch. Dafür gibt es zwar keine speziellen sächsischen Standards, aber überregionale und damit allgemeingültige Richtlinien.

Bemerkenswert ist in diesem Zusammenhang die Feststellung in einem sächsischen Ratgeber in Sachen gutes Benehmen von 1876:

„Für ein Erfordernis des guten Tons gilt es jetzt allgemein, die Gabel nur in der linken, das Messer in der rechten Hand zu führen, eine Sitte, die wohl von England zu uns gekommen ist.

Jedenfalls ist damit eine gewisse Bequemlichkeit verbunden, sobald man sich darin erst einigermaßen Übung angeeignet hat, da man nicht immer mit Messer und Gabel zu wechseln braucht, wenn nur mit der rechten Hand geschnitten, nur mit der linken Hand Speisen zum Mund geführt werden.“ *(vgl.: Emil Rocco, Der Umgang in und mit der Gesellschaft, Halle a.d.S. 1876)*

Das war vor gerade mal 130 Jahren.

Sächsische Gerichte mit Geschichte

FORELLEN AUF SAUERAMPFER

Bach-, Teich-, Stein-, Wald-, Alp-, Schwarz-, Lachs-, Gold-, Grund- und Schwebforelle werden sie genannt – zahlreiche Variationen der Forelle. Je nach Färbung von farblos bis rötlich, die nach Geschlecht und Aufenthaltsort ungemein wechselhaft ist und sich auch auf das Fleisch überträgt, erhielt die Forelle verschiedene Namen.

Unklar ist, warum Forellen dem kulinarischen Spürsinn der Römer entgingen. Erst der Gallier Ausinius († 395) hielt sie für erwähnungswürdig.

Konrad Gessner († 1565) beschreibt Forellen in seinem berühmten Fischbuch als gepriesene Speise, die zu jeder Jahreszeit, besonders im April und Mai, schmackhaft sei. Anfang des 19. Jahrhunderts wird berichtet, Forellen seien freundliche Fische und leicht verdaulich. Die kleinen Räuber mussten mit raffinierten Ködern gefangen werden. Man verwendete „von ungesottenen Krebsen die Schwänze“ oder mischte Honig mit Reiherfett, Kampfer und faulem Holz von Weiden und legte Regenwürmer darin ein, die später als Forellenlockmittel dienten. Andere Luder sind Regenwürmer in Rinderblut eingeweicht, oder Bibergeil, Kampfer und Leinöl – zu einer Masse verarbeitet.

Zutaten für vier Personen:

6 Forellen, Holzstäbchen, 3 EL Butter, 2 Zwiebeln, 1 Schoppen Weißwein, Salz, 3 Spritzer Zitronensaft, 1 Kräutersträußchen, Pfefferkörner, 1 Pfund Sauerampfer, 1/2 Kaffeetasse süße Sahne

Für die Forellenröllchen mittelgroße Forellen filetieren. Aus den Filets, vorher leicht mariniert, Röllchen drehen. Jedes mit einem Holzstäbchen stabilisieren und in eine tiefe, gebutterte Pfanne legen. Für den Fischfond die Würfel einer mittleren Zwiebel mit Weißwein, Wasser, Salz und Zitronensaft, Kräutersträußchen und Pfefferkörnern aufkochen lassen. Den Fond vorsichtig durch ein Sieb auf die Forellenröllchen geben und diese nun garziehen lassen. Ein Pfund Sauerampfer ohne Stiele und die dicken Rippen grob schneiden. In einer Kasserolle etwas Butter zerlassen und den Sauerampfer zugeben, mit Salz, Pfeffer frisch gemahlen und etwas geriebenem Muskat würzen. Der Sauerampfer ist schnell gar gedünstet. Jetzt süße Sahne zugeben, alles umrühren, aber nicht mehr aufkochen. Den Sauerampfer anrichten, darauf die Forellenröllchen legen, vielleicht mit Buttersauce überziehen und ofenwarmes Weißbrot dazu reichen.

KREBSSCHWÄNZE IN GRÜNER SAUCE

Fluss- und Bachkrebse hatten in sächsischen Kochtöpfen immer Hochkonjunktur, vor allem Letztere, ihres besseren Geschmackes wegen. Außer in der Elbe tummelten sich die hauptsächlich schwarzbraunen Scherenträger in allen Flüssen, Bächen und Seen des Sachsenlandes. Gute Krebse wurden von Übigau, Liebenwerda, Elsterwerda und von der schwarzen Elster in das barocke Dresden „verführet". Ab Mai bis August werden die Krebse „fett", sind von guter Qualität. Aber während der Wintermonate ist Paarungszeit, dann wird abgespeckt, und das Krebsfleisch ist nun wirklich kein Genuss mehr.

Butterkrebse heißen sie nach der ersten Häutung, wenn die Schalen noch ganz weich sind – eine Delikatesse für Feinschmecker. Trifft Krebsfleisch auf einen gesunden Magen, so gibt es eine starke Nahrung. Lungen- und Nierensüchtigen hilft es, aber schwachen Augen schadet der Verzehr von Krebsfleisch, so steht es in historischen Schriften. Rechts und links vom Magen des Krebses befinden sich zwei kleine „Steine", die während der Häutung dem Panzertier als Nahrung dienen. In alter Zeit halfen diese Krebssteine bei Fieber und waren ein Universalmittel der Mediziner gegen alle möglichen Wunden. Schließlich raffte in den 70er-Jahren des 19. Jahrhunderts die deutschlandweite Krebspest jeden Astacus fluviatilis erbarmungslos dahin. Ab 1880 wurden dann amerikanische Edelkrebse in heimatlichen Gewässern ausgesetzt. Infolge der zunehmenden Gewässerverschmutzung sind Fluss- und Bachkrebse immer noch selten. Heute erhältliche Exemplare sind zumeist Importe aus Griechenland, der Türkei und Osteuropa.

Zutaten für vier Personen:

4 Dutzend Bachkrebse, Salz, Möhren, Selleriekraut, Zwiebel, Weinbrand, 1 Glas Weißwein, 1 Schalotte, Sahne, 250 g Butter, Kerbel, Estragon, Dill, Petersilie

Die Bachkrebse in einem Fond mit Salz, Möhrenstücken, Selleriekraut, Petersilienstielen und gebräunten Zwiebelscheiben etwa 10 Minuten kochen. Dann die Krebse herausnehmen, den Schwanz mit einer Drehbewegung vom Rumpf trennen, Panzer und Darm entfernen und die Krebse in etwas Weinbrand marinieren.

Für die Sauce 1 Glas Weißwein mit einer Schalotte sieden lassen, dann mit Krebsfond auffüllen und die Flüssigkeit auf ein Drittel reduzieren. Mit Sahne auffüllen, dann ein Stück kalte Butter in kleinen Stückchen zugeben, nicht mehr köcheln lassen, mit dem Mixer aufschlagen, gehackten Kerbel und Estragon, Dill und Petersilie unterziehen, nicht mehr aufkochen. Die Krebsschwänze anrichten und mit der Sauce überziehen.

GÄNSEKLEIN MIT PETERSILIE UND KERBEL

Im alten Reich Ägyptens waren Gänse Speise- und Opfertiere zugleich. Tote erhielten auf ihrer langen Reise in die Ewigkeit einbalsamierten Gänsebraten mit. Überhaupt war den Ägyptern die Gans derart wichtig, dass Gänseeier in speziellen Vorrichtungen künstlich ausgebrütet wurden.

Den Griechen erschien der große Vogel als Symbol der Liebe, der Vorsicht und Gattentreue. Mit ihrer sprichwörtlichen Wachsamkeit verhinderten schnatternde Gänsehorden im Jahr 390 v. Chr. die Zerstörung Roms durch die Gallier. In der Schule von Salerno galt Gänsefett als Heilmittel gegen Hautjucken, Wunden, Bisse von Giftspinnen, Koliken und Blasenleiden. Zahlreiche Werke der Weltliteratur verdanken wir den Gänsen, oder besser, deren Federn. Goethes Faust, Beethovens Symphonien und Luthers Bibeltexte wurden mit präparierten Gänsekielen als Schreibwerkzeug zu Papier gebracht. Ihre Intelligenz und ihr Mut macht die Hausgans zum wahren Major domus unter dem Federvieh.

Gänse haben aber auch religiöse Bedeutung: In Ägypten waren sie der Isis, bei den Griechen der Persephone, in Rom der Juno und bei den Galliern christlichen Glaubens dem Ferréol zugeordnet. Seit dem 5. Jahrhundert nahm in Mitteleuropa der heilige Martin diese Stellung ein, nicht weil die Geschichten um seine Beziehungen zu Gänsen etwa den Tatsachen entsprächen, sondern weil sein Begräbnistag (11.11.) schlicht mitten in die Gänsesaison fällt. Das Gänseklein gehörte früher zu den beliebten Delikatessen, geriet zwischenzeitlich in Vergessenheit und wurde in der neuen Generation als Arme-Leute Essen abgetan. Kenner verlangen aber zunehmend öfter danach.

Zutaten für vier Personen:

Klein von 4 Gänsen, 1 Möhre, 1 Porreestange, 1 Stückchen Sellerie, 2 Lorbeerblätter, 1 Zwiebel, 3 EL Weißwein, Brühe vom Gänseklein, $^1/_2$ Stück Butter, Petersilie, Kerbel, Zitronensaft, Salz, Pfeffer

Das Klein von vier Gänsen, Hals, Herz, Magen, Füße und Flügel in Wasser kurz aufkochen und danach mit kaltem Wasser gut abspülen. Danach das Gänseklein in kaltem Wasser ansetzen. Nach 15 Minuten Kochzeit eine geputzte Möhre, eine Porreestange, ein Stückchen Sellerie, 2 Lorbeerblätter und die zwei Hälften einer Zwiebel zugeben. Ist das Klein gar, aus dem Sud herausnehmen, das Gemüse in Streifen schneiden.

Für die Sauce in einer Kasserolle Zwiebelwürfel mit drei Esslöffeln Weißwein aufkochen, mit Brühe vom Gänseklein auffüllen und auf ein Drittel reduzieren. Ein halbes Stück Butter in Form kleiner Würfel zugeben, aufkochen lassen und durch ein Sieb streichen, feingehackte Petersilie und Kerbel unterziehen. Mit Zitronensaft, Salz und Pfeffer abschmecken.

SUPPE VON JUNGEN GRÜNEN ERBSEN UND KERBEL

Erbsen seien der Mühe wert, berichten ökonomische Lexika des 18. Jahrhunderts. Im Gegensatz zu den gelben getrockneten seien die jungen grünen Erbsen ein überaus angenehmes, gesundes und uns wenig blähendes Gemüse. Besonders die Franzosen waren davon angetan. Zur Zeit Ludwigs XIV. wurden die grünen Erbsen salonfähig. Den Züchtern wurden die grünen Erbsen teuer bezahlt. Aber das frischgrüne Gemüse war den Damen und Herren des Hofes diesen Preis wert. Erbsen verglich man mit Maiblumen, dem schönsten Sinnbild des Lenzes.

Es dauerte nicht lange, dann gehörten junge grüne Erbsen genauso zum Speisenrepertoire auf den Tafeln Friedrich Wilhelms I. von Preußen (1735) und des Dresdner Hofes (1754). Im Buch des bayerischen königlichen Mundkochs Johann Rottenhöfer ist 1858 vermerkt: „Es muss darauf geachtet werden, dass die grünen Erbsen frisch gepflückt und ebenso aus den Schoten genommen werden. Jede Stunde nach dem Auslesen schadet durch Eindringen der Luft und nimmt den Wohlgeschmack."

Zutaten für vier Personen:

1 kg grüne Erbsen, 1/2 Kopfsalat, 1/2 l Hühnerbrühe, 1 El Butter, 1 Zwiebel, 4 EL süße Sahne, Kerbel, geröstetes Schwarzbrot

Einen Esslöffel Butter in einem größeren Topf zerlassen. In die zerlassene Butter die Würfel einer Zwiebel geben und glasieren. Bevor diese Farbe annehmen, Streifen eines halben Kopfsalats zufügen. Anschließend ein Kilogramm frische grüne Erbsen hinzugeben und mit eineinhalb Liter Hühnerbrühe auffüllen. Danach etwa 30 Minuten köcheln lassen, mit dem Mixgerät pürieren und durch ein Sieb streichen, aufkochen und vier Esslöffel süße Sahne zugeben. Nun vom Herd ziehen, im Teller anrichten und mit jungen rohen grünen Erbsen, Kerbel und geröstetem Schwarzbrot garnieren.

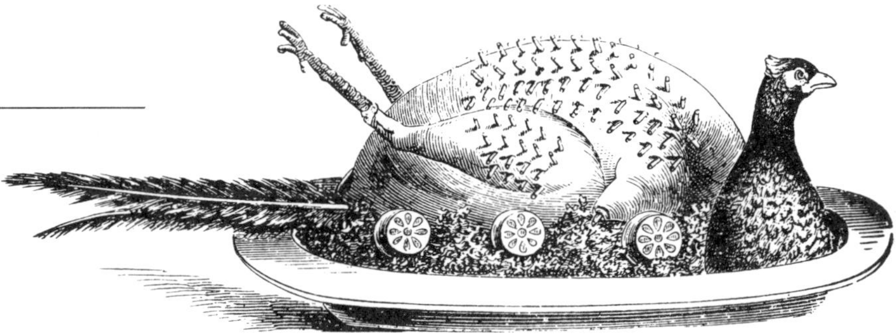

FASANBRUST MIT LEBERFÜLLUNG UND BRUNNENKRESSESALAT

Schon gut 3000 Jahre sind Fasane in Europa heimisch. Auf der Suche nach dem goldenen Vlies fanden griechische Argonauten den bunten Vogel einst am Fluss Phasis in der Kolchis. Urkundlich erschien der Fasanenbraten aber erst bei den Römern im 1. Jahrhundert, nördlich der Alpen zur Zeit Karls des Großen, der die Tiere ehrenhalber neben Pfau, Feldhuhn und Turteltaube auf seinen Meierhöfen züchten ließ.

Im 8. und 9. Jahrhundert meist nur leckere Klosterspeise, wurde der Fasan im Hochmittelalter rasch zum Kultvogel. Ihre Hand auf das Gefieder des lebenden Tieres legend, schworen Ritter einen Treueeid, bevor es in den Kampf ging.

Um 1700 hatte nahezu jeder kleine Adelssitz eine Fasanerie. Von der Fasanenjagd wird aus dem 19. Jahrhundert berichtet, sie sei ein mittelmäßiges Vergnügen. Der Vogel benehme sich in Freiheit träge und albern wie ein ausgemachter Dummkopf, der den lahmsten Sonntagsjäger zum Schuss kommen ließe. In kulinarischer Hinsicht überträfe er allerdings jeden anderen Wildvogel – hieß es tröstend.

In „Neu-Ostra bey Dresden“ und im „grossen churfürstlichen Garten“ an der Pirnaischen Straße träfe man reichlich Fasane an. Dort verfütterten Heger feinstes Gersten- und Weizenmehl, Kügelchen aus Bohnenmehl mit „guten Wein“ – so erhielte man weißes Fleisch. Fasane gehörten zur hohen Jagd. Ihre Zucht durch Privatpersonen im Barockzeitalter bedurfte einer Konzession unter Hinzuziehung der nächsten kurfürstlichen Jagd- und Forstbediensteten und des Einverständnisses des Forstmeisters. Absichtliche Eingriffe in die Fasanenzucht wurde mit 50 Talern Bußgeld bestraft. Gefängnis drohte dem, der unberechtigt auf die edlen Tiere schoss, und Festungshaft erhielten jene Jäger, die sich zum unberechtigten Fang von Phasianus missbrauchen ließen. Fasane seien zweifach nützlich, ist nachzulesen. Ihre Federn ergeben sehr weiche Kehrwische zum Abstäuben von Gemälden. Hauptsächlich dienen sie aber als Speise.

Im Ganzen gebraten, Brust und Keule mit Speck oder Weinblättern umwickelt, mit Rotkohl oder Sauerkraut, Austern, Trüffeln, Champignons, in Zucker eingemachten Früchten oder Sardellensauce, als Salmi, gefüllt oder nur gespickt, so wurden Fasane in der Hofküche zubereitet.

Zutaten für vier Personen:

4 Fasanenbrüstchen, Geflügelleber, Salz, Pfeffer, Schweinenetz, Möhren, Zwiebeln, Petersilie, Schmalz, 1 Glas Weißwein, Butter, Apfelsaft, Zucker, Zitronensaft, süße Sahne, Äpfel, Weinbeeren, Minze, frische Thymianblätter, Lorbeerlaub, Brunnenkresse, Weinessig, Kerbel, Estragon, Basilikum, Distelöl, Senf, Hartkäse

Die vier Fasanenbrüstchen von der Haut befreien und klopfen. Den Flügelknochen daran lassen, aber kürzen und abschaben. Auf der Innerseite jeder Brust eine Tasche schneiden, mit Geflügelleber füllen, salzen, pfeffern und in ein Schweinenetz einhüllen und zur Seite stellen. Das Brustgerippe zerhacken, mit Möhren, Zwiebeln und Petersilienstielen in wenig Schmalz anrösten, mit einem Glas Weißwein und etwas Wasser auffüllen, dass die Knöchelchen bedeckt sind. Es soll nur wenig Fond, aber eine kräftige Sauce entstehen – alles eine Stunde ausköcheln lassen.

Nun die Fasanenbrüstchen in heißer Butter auf beiden Seiten braten und danach zugedeckt am Ofenrand ziehen lassen. Herausnehmen, die Bratbutter abgießen und den Satz mit etwas Apfelsaft lösen. In einer Kasserolle einen Kaffeelöffel Butter zerlassen und darin etwas Zucker karamellisieren, den Bratensatz-Apfelfond und den passierten Saucenfond hinzugeben, mit Zitronensaft abschmecken. Apfelscheiben, in Butter vorsichtig anbraten, entkernte Weinbeeren und etwas süße Sahne zugeben, kurz reduzieren lassen. Beim Anrichten die Apfelscheiben und Weinbeeren mit Minze garnieren, obenauf die Fasanbrust. Dazu passen Rosmarinkartoffeln und Kressesalat.

Für den Kressesalat Brunnenkresse verlesen, abspülen und trockentupfen. Aus wenig mildem Weinessig, vielen gehackten Kräutern (Kerbel, Estragon, frischem Thymian und Basilikum), Distelöl, Senf und fein geraspeltem Hartkäse ein Dressing herstellen und damit die Kresse beträufeln.

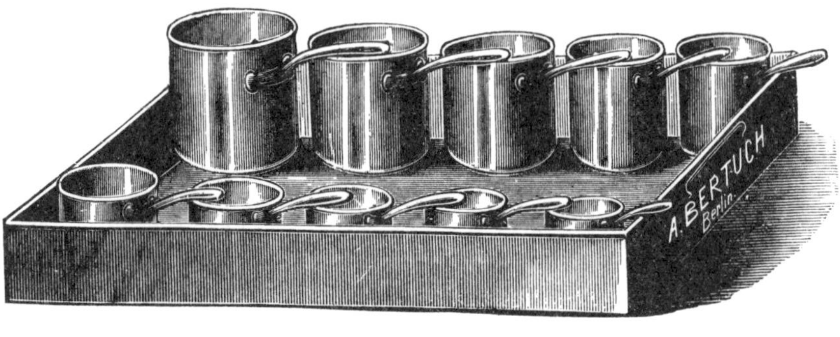

GEFÜLLTER KANINCHENRÜCKEN

Vor über 2000 Jahren hoppelten Kaninchen aus Spanien kommend ins alte Rom. Plinius berichtet, man habe dem „neuen Tier“ seinen baskischen Namen belassen – Cuniculus. Mit den Legionären vom Tiber gelangte Cuniculus auch nach Germanien. Das romanische Cunic wurde hier mit dem deutschen Kunig (König) gleichgesetzt. Nun begann der kulinarische Aufstieg dieses fruchtbaren Flurungeheuers zum adligen Tafelschmaus. Kiniglhas sagen die Österreicher, obwohl das Tier weniger schmackhaft als Langohr Hase ist. Mit dem Deutschen Ritterorden drang das Kaninchen ins Slawische vor, und erhielt fortan den Namen Korolok – das Königliche. In Frankreich, Holland und Belgien blieb es bis heute eine königliche Speise.

Kaum jemand widmete ihm im barocken Sachsen Beachtung. Aufmerksamkeit erweckte das Kaninchen mehr wegen seiner Wühl-, Fress- und Zeugungskünste. So wurde aus dem Königstier in Deutschland bald ungerechterweise ein simpler Stallhase. Gezüchtet und „aufbewahrt“ in den Schrebergärten und Innenhöfen der Mietshäuser an den Rändern der Städte als lebendige Fleischreserve.

Zutaten für sechs Personen:

2 ausgelöste Kaninchenrücken mit Bauchlappen, leicht klopfen, 3 Scheiben Weißbrot ohne Rinde, in süßer Sahne eingeweicht, 2 gehackte Zwiebeln, 1 gehackte Knoblauchzehe, 2 Scheiben Saftschinken in kleine Würfel geschnitten, 2 Hühnerleber, Salz, Pfeffer, 1 Bund frischen Thymian, 20 g Butter, eine Handvoll Blattspinat, 4 gehackte frische Champignonköpfe, 3 Esslöffel süße Sahne, 1 Glas Rotwein, 1 Porreestange, 2 geputzte Möhren, ½ Sellerieknolle, 1 große Zwiebel, 3 Esslöffel Öl, 50 g Rauchspeck, 1 Esslöffel Senf

Butter zerlassen und darin die Zwiebelwürfel und die Knoblauchzehe anschwitzen. Nacheinander die gehackte Hühnerleber, Champignonköpfe und Saftschinken zugeben, kurz und scharf anbraten, erkalten lassen, dann mit dem eingeweichten Weißbrot und gezupften Thymianblättern zu einer Masse verarbeiten. Den Kaninchenrücken ausbreiten, salzen und pfeffern, Blattspinat gleichmäßig darauf verteilen, die Masse daraufgeben, den Rücken zusammenrollen und mit Küchenfaden umwickeln.

In einer tiefen Pfanne gewürfelten Speck mit dem Öl auslassen, die Kaninchenrolle darin anbraten, Zwiebelwürfel, Porree und Möhren in Scheiben zugeben, Rotwein angießen und Pfanne abdecken. Nach etwa 30 Minuten den Kaninchenrücken herausnehmen, Bratensatz mit etwas Brühe oder Wasser lösen, Senf und Sahne zugeben, aufkochen lassen und die Sauce durch ein Sieb streichen. Zum gefüllten Kaninchenrücken passen Brokkoliröschen, aber auch gedünstete Kohlrabistreifen oder Waldpilze.

LAMMFILET IN KRÄUTERDUNSTGEMÜSE

Im galanten Sachsen existierten vielerorts vortrefflich entwickelte Schäfereien. Vor allem die kurfürstlichen Schäfereien in Lohmen, unweit von Pirna, Stolpen und Colditz, verfügten über große Herden. Auch auf den Wiesen der Herrschaften des Hofstaates grasten reichlich Wolltiere. Kein Rittergut ohne Schafe, selbst am Rande der Städte hielten sich Bürger ihre ganz private Sippe dieser anspruchslosen Tiere.

Sächsische Wolle war einst ein begehrter Exportartikel. Schweizer und holländische Ankäufer holten sich jährlich tausende „Steine" Wolle von sächsischen Märkten ab (1 Stein = 21 Pfund Wolle in Sachsen). Aus dem „Wirtschaftsministerium" von August dem Starken war über den Verkauf der Rohwolle zu vernehmen: Holländer und Schweizer beträufeln uns mit dem eigenen Fett. Wir Sachsen kaufen kostbare Stoffe und Tücher, aus sächsischer Wolle gefertigt, teuer aus dem Ausland ein. Der Kurfürst sollte lieber Fabriken zur Verarbeitung der Wolle bauen. Sie ernährten Tausende, nebenbei wüchse die „Consumptions-Accise", wie die damalige Mehrwertsteuer hieß, wie von selbst. Anstatt der prächtigen Gärten und kostbaren Orangerien seien besser Manufakturen zu errichten, die dem Landesherrn und seinen Untertanen wirklich ersprießlich wären.

Sächsische Schäfereien lieferten viele Lämmer an die Fleischbänke und Küchen. Lammfleisch sei eine wirklich gute Speise für Kranke, gleichwohl auch für Feinschmecker. Bevorzugt wurden Tiere aus der Erzgebirgsregion. Sie fraßen regelmäßig Knospen junger Tannen, Fichten und Kiefern, aber auch frische Kräuter von den Wiesen der Berghänge. Solch würziges Futter gab dem Fleisch einen besonderen Wohlgeschmack. Zu den pikanten Mahlzeiten gehört Lammlende mit Kräuterdunstgemüse.

1. Keule oder Schlegel.
2. 3. Sattel od. Rücken. Schoos.
4. Kotelettstück. Ripp.
5. Der Hals.
6. Blatt, Schulter, Bug.
7. Brust.

Zutaten für vier Personen:

6 Lammlenden, 5 EL Distelöl, 2 Zwiebeln, Piment, 1 Knoblauchzehe, 1 Salbeizweig, 1 Schoppen Meißner Schieler Wein, 2 EL Butter, weißen Pfeffer, Salz, Karottenstifte, Stangenbohnen, Brokkoli, Schwarzwurzeln, frische Kräuter (Kresse, Thymian, Oregano, Rosmarin und Estragon) Pellkartoffeln, Rapunzel, Zitronenmarinade

Tags zuvor mariniert man 6 Lammlenden in Distelöl, mit Zwiebelscheiben, Piment, einer Knoblauchzehe und einem Salbeizweig. Die Lammfilets braten und dabei häufig wenden, dann aus der Pfanne nehmen und den Bratensatz mit etwas Meißner Schieler Wein ablöschen, vom Herd nehmen und mit kalten Butterstückchen glatt schlagen, ohne dass der Fond, mit weißem Pfeffer und wenig Salz abgeschmeckt, nochmals aufkocht. Karottenstifte, Stangenbohnen, Brokkoli, Schwarzwurzeln in wenig Butter dünsten und mit gehackten frischen Kräutern wie Kresse, Thymian, Oregano, Rosmarin und Estragon bestreuen. Dazu reicht man kleine Pellkartoffeln und Rapunzel in Zitronenmarinade.

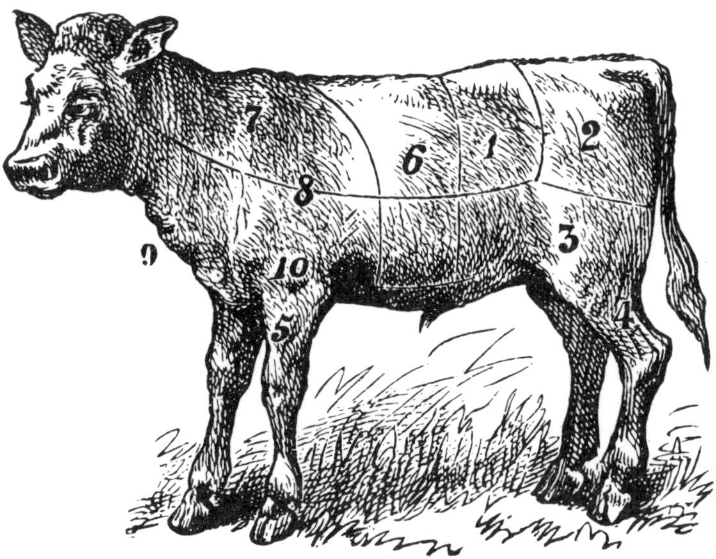

1. Nierenstück. 2. und 3. Die Keule oder Schlegel. 4. und 5. Die Hessen Haren, Stotzen. 6. Der Sattel, auch 6, 8 zusammen so genannt. Ripp, Kotelett. 7. Der Kamm. Bugschaufel. 8. Bug. 9. Die Brust. 10. Bug oder Vorderkeule

GEFÜLLTE KALBSBRUST

Kalbsbrust sei gesund und nahrhaft, besonders für Kranke, bemerkt ein sächsisches Ökonomisches Lexikon 1780.

Mindestens 14 Tage müsse das Kalb alt sein, bevor es geschlachtet werden könne. Besser schmecke das Fleisch von Kälbern, die vier bis sechs Wochen Muttermilch gesogen hätten. Drei bis vier Taler bekäme man dafür. In Rom, auf des Papstes und der Kardinäle Tafeln, verspeise man Kalbfleisch von Tieren, die ein Jahr nur mit Milch gefüttert seien. Weiter ist zu erfahren, bisweilen hätten am Hofe große Herren einen sonderbaren Appetit entwickelt und den Braten von noch ungeborenen Kälbern verlangt. So etwas sei keineswegs gesund und für die Viehzucht ohnehin verschwenderisch, weil die Kuh dabei getötet werden müsse.

Zutaten für 6 bis 8 Personen:

1,5 kg Kalbsbrust, vom Fleischer ausgelöst, in das Fleisch eine Tasche geschnitten, 0,6 kg Spinatblätter (ohne Stiel) – blanchiert, 100 g Saftschinken in winzige Würfel geschnitten, 1 Zwiebel, 30 g Butter, 80 g Rindermark, 100 g Champignons klein gehackt, 1 Glas Radebeuler Portugieser Rotwein, 1 Bund Estragon, 2 Eier, 4 Esslöffel Öl, 4 Scheiben Toastbrot ohne Rinde, in Würfel geschnitten und in Sahne eingeweicht, etwas Muskat, Salz, frisch gemahlener Pfeffer, 1 Bund Wurzelwerk, 50 ml süße Sahne, 1 kg Kalbsknochen, 1 Möhre in Würfeln, 1 Porreestange in Scheiben, 5 l Wasser

Zwiebelwürfel in zerlassener Butter glasig anschwitzen, die Schinkenwürfel und die Champignonwürfel zugeben, dünsten lassen, den Rotwein zugeben und reduzieren, bis die Masse trocken ist. Nach dem Erkalten das eingeweichte Toastbrot, die Eier, die Schinkenchampignonmasse, das Rindermark, gezupfte Estragonblätter vermengen. Mit Muskat, Pfeffer und Salz würzen. Die Kalbsbrusttasche mit dem blanchierten Spinat auslegen und die Füllung einbringen. Tasche zunähen und die Brust in einer tiefen Pfanne mit heißem Öl beidseitig anbraten und herausnehmen. Das Wurzelwerk anbraten, die Brust und die Brühe zugeben und bei schwacher Hitze etwa 90 Minuten simmern lassen. Die fertige Kalbsbrust aus der Pfanne nehmen. Kalbsfond einkochen, mit Wurzelwerk durch ein Sieb drücken und die süße Sahne zugeben. Dazu passt Rapunzelsalat im Kartoffeldressing.

KARTOFFELDRESSING

300 g mehlig kochende Kartoffeln schälen, in Salzwasser kochen und heiß durch die Presse drücken, abkühlen lassen, mit 3 Esslöffeln Öl, 1/4 l Kalbsbrühe und 3 Esslöffeln mildem Essig zu einer Sauce verrühren. Rapunzel büschelweise durch das Dressing ziehen und anrichten.

LACHS IN TRAUBENSAUCE

Zahlreiche Lachse zogen zur Laichzeit in die Elbe und in deren Nebenflüsse. Zwischen Laurenti und Michaelis, aber eigentlich bis in den Winter hinein, ging der Lachszug bis hinauf an die Quellen. Dort, wo mit wenigen Tropfen Wasser die Bäche und Flüsse entstehen, gaben die silbernen Fürsten der Meere den letzten Tropfen ihrer Fruchtbarkeit her für die neue Lachsgeneration.

Von Fassenacht bis Ostern gab es dann immer reichlich Lachse zu essen. Trotzdem gehörten die Lachse immer zu den besonderen Leckerbissen. Ihre geheimnisvolle Art der Fortpflanzung hatte Rätselhaftes an sich. Für die keltischen Druiden (Priester) sind Lachse Wächter der Wahrheit gewesen. Wer einen fing, besaß dessen Intelligenz, ihn zu essen hieß, seine Weisheit zu übernehmen. Leipziger Chronisten berichten, zur Ostermesse 1720 habe man Lachsportionen gekocht, mit Petersilie garniert und in Schachteln verkauft. Meist wurden Lachse als ganze Fische aufgetafelt, gesotten oder in einer Teighülle verpackt.

Zutaten für vier Personen:

600 g Lachsfilet, Wacholderbeeren, Zucker, Dill, Zitronensaft, Zwiebel, Butter, Meißner Riesling, Fischfond, süße Sahne, Salz, weißer Pfeffer, helle und dunkle Weinbeeren, Majoranblättchen

Für den Lachs in Traubensauce werden die Filetstücke mit zerdrückten Wachholderbeeren, Zucker, Dill und Zitronensaft eingerieben, aber ohne Salz, das macht das Fischfleisch fest. Wenigstens eine Nacht sollen die Filets nun liegen. Dann werden kleine Zwiebelwürfel in etwas Butter glasig angeschwenkt, mit Meißner Riesling abgelöscht und mit Fischfond (gibt es in Feinkostläden) aufgefüllt. Dies alles auf ein Drittel einkochen, dann süße Sahne unterziehen und mit Salz, Zitronensaft, etwas Zucker und gemahlenem weißen Pfeffer abschmecken. Dazu helle und dunkle Weinbeeren halbieren, entkernen und in die Sauce geben. Zum Ende die Lachsfilets portionieren, in zerlassener Butter und etwas Riesling dünsten. Den Lachs nun auf einem heißen Teller anrichten, mit der Sauce überziehen und mit frischen Majoranblättchen garnieren. Dazu passen frisch gepellte Kartoffeln, leicht in Kräuterbutter geschwenkt.

FREIBERGER BAUERHASE

Friedrich der Freudige, auch der Gebissene genannt, gab 1292 in Freiberg ein großes Gasthmahl, zu dem viele höher gestellte weltliche und geistliche Herren geladen wurden. Auch der Abt des 1233 gegründeten Barfüßerklosters, Bruno mit Namen, gehörte dazu. Dieser hielt sich für einen Feinschmecker, aß und trank viel und predigte immerzu Genügsamkeit. Als im Verlauf des Festes Mitternacht vorrüber war, trug der Hofkoch Bauer einen angenehm duftenden Hasenbraten auf. Bruno wies Durchlaucht darauf hin, es sei gerade ein Fastentag angebrochen, und ob er sich versündigen wolle. Frevlern, so der Abt, die sogar an Feiertagen Fleisch essen würden, röche es aus dem Hals wie nach Assa foedita (Stinkasant = Teufelsdreck, im Orient beliebte Gewürzpflanze. Im Mittelalter auch in Deutschland für Schaf- und Hammelfleisch verwendet. Durchdringender Knoblauchgeruch). Dann fiel er vom Schemel und sechs Bedienstete mussten ihn in sein Gefährt tragen. Bei einer späteren Gelegenheit in Freiberg passierte Gleiches, und wieder brachte Hofkoch Bauer einen Hasenbraten nach Mitternacht, und wieder brach gerade ein Fastentag an. Bauer bekam eine derbe Predigt gehalten, grinste und beteuerte, dies sei ein Hase, den jeder gute Christ an einem Fastentag essen könne, ohne zu sündigen. Was Bruno nicht wusste: der Hase war aus Kuchenteig hergestellt und sah nur aus wie ein Braten. Der Abt, nunmehr bis zur Weißglut gereizt, wollte den „Hasenbraten" ergreifen und fortschleudern, verlor aber das Gleichgewicht und stürzte. Nur mit Hilfe zahlreicher Lakaien kam er mühsam wieder in die Senkrechte.

Von nun an war Bauers Hase bekannt und als Fastengebäck unentbehrlich geworden. Manche behaupten, pfiffige Zeitgenossen hätten das Durcheinander später ausgenutzt und zur Fastenzeit das berühmte Gebäck durch einen echten Meister Langohr ersetzt. Jedenfalls nannte man den Kuchen zunächst Bruno Hase. Dagegen schritt der Klerus aber bald ein.

Zutaten:

Mehl, Hefe, Butter, Zucker, Korinthen, geriebene Bittermandeln, süße geriebene Mandeln, Zitronat, Muskatblüte, geriebene Zitronenschale, lauwarme Milch, Eigelb, Mandelsplitter, Gummi-Brillantine (Glasur)

Aus den Zutaten wird ein Teig bereitet, dem man schließlich die Form eines Hasen gibt. Er wird mit Eigelb eingestrichen, mit Mandelsplittern bestreut, gebacken und danach mit Glasur überzogen.

SÄCHSISCHER PUDDING

Ursprünglich war ein Pudding, das Wort wird Ende des 17. Jahrhunderts ins Deutsche übernommen, eine salzige Angelegenheit. Er geht zurück auf den römischen „Botelus“ (bei Apicius), einem mit Rinderfett, Mandeln, Pinienkernen, Mehl und Gewürzen gefüllten Darm. Botelus basiert auf dem „Boto“ der Asturier, die Rinderdärme mit Fett, Mehl und vielen Gewürzen stopfen. Ähnliches kannten auch die alten Griechen, nämlich „physke“, eine Dickwurst aus Blut und Mehl.

Bei den „Frühfranzosen“ wurde aus Botelus „Boudin“. Noch heute wird im Land der Trikolore Blutwurst Boudin genannt.

Der englische Pudding markiert einen Übergang vom salzigen zum süßen Pudding, wobei der Darm durch Tuch, später durch eine spezielle Puddingform ersetzt wurde.

Zutaten für ca. zehn Personen:

1/2 l Milch, das Mark einer Vanilleschote, 160 g Butter, wenig Salz, 160 g Mehl, 10 Eigelb und 10 Eiklar, 220 g Zucker, etwas Stärkemehl, 160 g in Weinbrand eingeweichte Sultaninen, zusätzlich etwas Butter und Sandzucker zum Ausstreichen der Form

Milch, Butter und das Vanillemark zum Kochen bringen und Salz zugeben. Das gesamte Mehl in die Milch schütten und rühren, bis sich der Teig vom Boden löst. Anschließend die Eigelbe, Zucker und Stärke vermischen. Eiklar steifschlagen und langsam in das Zucker-Stärkegemisch einmengen. Keine leichte Aufgabe, diesen Schnee vorsichtig unter die Eigelbmasse zu heben, anschließend die Sultaninen zufügen, vorher in Mehl wälzen, damit sie später nicht im Teig absinken. Runde kleine Auflaufformen mit Butter ausstreichen und mit Zucker ausstreuen, bis die Innenseiten vollständig bedeckt sind. Die Formen 3/4 voll füllen, in ein Wasserbad (eine hochrandige Pfanne mit kochendem Wasser) stellen und bei 190 Grad etwa eine Stunde in der Herdröhre garen. Herausnehmen, noch eine Weile ruhen lassen und dann auf einem Essteller mit Vanille- und Himbeersauce anrichten.

Die Historie des Dresdner Weihnachtsstollens ist zwiespältig. Um es vorauszuschicken, ein absolutes Rezept dafür war nie auffindbar, und es gab auch niemals ein solches. Schon gar nicht ein Dresdner Originalrezept, denn der Stollen ist keine Dresdner Erfindung, er wurde hier nur besonders populär. Stollen war das ganze Mittelalter, und vielfach auch noch später, immer nur ein Fastengebäck. Er bestand aus Mehl, Wasser und Bierhefe. Stollen hatte nicht die Funktion einer Speise. Er gehörte zu den christlichen Symbolen, genau wie die Hostien, von denen auch niemand ein Rezept erfahren wollte. Weder in Rumpoldts New Kochbuch (1581) noch in Amaranthes Frauenzimmer-Lexikon (1715) oder Marpergers Küch- und Kellerdictionarium (1716) ist die Rede von Dresdner Christstollen.

Selbst der Hofhistoriker Bernhard von Rohr kennt in seinem Hauswirtschaftsbuch 1721 mit immerhin 1500 Seiten keinen Dresdner Christstollen. Auch die General-Consumtions-Accis (= Ordnung) des Kurfürstentums Sachsen Anno 1707, in der alle bekannten Lebensmittel, Genussmittel und sonstige Waren Erwähnung finden, sagt nichts zu einem Dresdner Stollen aus.

Diese Fastengebäcke Stollen waren deshalb abgabenpflichtig, weil sie eben nicht wie Hostien in der Kirche vergeben, sondern wie Brote auf der Straße verkauft wurden. Gegen Ende des 18. Jahrhunderts gibt es Rezepte für sächsisches Brot, die jedoch alle den halleschen Wecken gleichen.

1730 fand im sächsischen Zeithain eine militärische Veranstaltung zu Ehren Augusts des Starken und seiner Gäste statt. Genau wie heute ging es bei Feierlichkeiten des Staates um Superlative. Kulturgeschichtlich wird das Spektakel als Zeithainer Lager unvergessen bleiben. Über diese Angelegenheit gibt es einen zeitgenössischen Kupferstich mit Namen: „Lob und Ruhm des löblichen Becker Handwerks“ von Elias Beack aus dem Jahr 1730. Abgebildet ist ein Riesenweißbrot, für das sogar extra ein Backofen hergestellt wurde. Vielfach wird diese Kreation als Stollengebäck ausgegeben. Aber alles spricht dagegen, selbst in der Bildunterschrift ist die Rede vom „großen Strutz“.

Strutz und Stollen bezeichnen aber nicht das gleiche Gebäck. Alte sächsische Wörterbücher erwähnen Strutz als

längliches Brot in Form der Wecken. Man kann ergänzen: aus weißem Mehl für die Obrigkeit – Herrenbrot genannt –, aus dunklem für das allgemeine Volk.

In dem Buch „Die historische Küche", Wien 1888, wird extra darauf verwiesen, dass dazu feines weißes Mehl aus Frankreich geholt wurde – für ein weißes Brot.

1. *Als Zutaten werden Mehl, Hefe, Milch und 3600 Eier genannt. Für die Stollenbereitung in Sachsen wurden nie Eier verwendet.*
2. *Es fehlen sämtliche typischen Zutaten wie Rosinen, Zitronat und Mandeln.*
3. *Besagtes Gebäck wurde zwischen dem 28. Mai und dem 24. Juni hergestellt. In diesem Zeitraum wurde in Sachsen niemals Christstollen gebacken. Stollen war immer ein Begleiter der Weihnachtszeit.*
4. *Das auf dem Kupferstich gezeigte Messer ist ein damals übliches Köchemesser, wie es in den herrschaftlichen und eben auch fürstlichen Küchen verwendet wurde. Bartolomeo Scappi, Leibkoch des Papstes Pius V., hat davon in seinem berühmten Kochbuch „Opera" von 1570 gleich mehrere abgebildet. Für Christstollen wurden kräftige, unbiegsame aber dennoch dünne Messerklingen verwendet, damit das Gebäck keinen Schaden nahm und glatte Scheiben entstanden. Später gab es Schneideapparate ähnlich den Brotschneidern, mit einem beweglichen Messer auf einem Holzbrett montiert. Nur nicht sichelförmig wie beim Brotschneider, sondern eher einem Bumerang gleichend.*

Striezel haben nichts gemeinsam mit Christstollen, sie sind Hefezöpfe, die man auch in Bayern kennt, und man bot sie auf dem Striezelmarkt an. Unter Christstollen verstehen wir heute ein schweres Hefegebäck mit Rosinen, Mandeln, Zitronat, viel Butter und Zucker, gelegentlich mit Marzipan, aber ohne Eier, das immer um die Weihnachtszeit gebacken wird. 1842 verweist der Chef der Bünauschen Küche in Dahlen und Autor des Zweibänders „Der Dresdner Koch", Friedrich Baumann, darauf, Christstollen sei kalt zu essen. So bekannt war der Stollen noch nicht, sonst wäre dieser Hinweis wohl überflüssig.

Christstollen mit Rosinen, Mandeln, Trockenfrüchten, Zucker und Butter waren dennoch vorher nicht unbekannt. Seit 1457 buk nämlich der Hofküchenchef und Bäcker Heinrich Drasdow im Schloss zu Torgau für vermögende Kunden Weihnachtsstollen mit besagten Zutaten, die teilweise nur in Apotheken erhältlich waren. Diese Geschichte hat jedoch einen historischen Hintergrund. Eine illegale Produktion von Stollen mit Butter in der Fastenzeit gehörte zu den riskanten Angelegenheiten. Es waren die Söhne von Kurfürst Ernst, Friedrich III. (der Weise) und Johann (der Beständige), die für eine Suspension tierischer Produkte während der Fastenzeit beim Papst in Rom schriftlich Vorsprache hielten. Sie residierten damals in Torgau, wegen der Spaltung der wettinischen Herrschaft in Albertiner und Ernestiner. Am 28. August 1490 unterschrieb Papst Innozenz VIII. in Rom einen diesbezüglichen Dispens, in welchem er dem Ersuchen Friedrichs des Weisen und Johanns des Beständigen stattgab. Dieses als Butterbrief bekannt gewordene Schreiben ging nach Torgau, galt aber sowohl für das ernestinische als auch das albertinische Sachsen. Mit Butterbriefen wurde seitens des Vatikans ein reger Handel betrieben, ähnlich dem Verkauf von Ablassbriefen.

Bei Inanspruchnahme der Freigabe mussten die Bürger in Freiberg für den Erhalt ihres Domes spenden. In Torgau richtete man einen Butterkasten ein, in welchem Geld für eine steinerne Brücke über die Elbe gesammelt wurde, deren Bau auch tatsächlich 1499 beendet werden konnte.

Als 1550 Papst Julius III. eine allgemeine Freigabe von einigen sonst in der Fastenzeit verbotenen Lebensmitteln für die gesamte Christenheit offerierte, wurden die Butterbriefe überflüssig.

Drasdow jedenfalls besaß für seinen Christstollen sogar einen kurfürstlichen Privilegienbrief, eine Art Patent. Bald wurde er ziemlich wohlhabend. Dass er wissentlich jahrelang gegen die Fastengebote verstieß, wurde von seinen Kunden (mit hohem Einkommen) stillschweigend geduldet. Wahrscheinlich sanktionierte Innozenz auch nur, was längst überall gang und gäbe schien. Gerichte mit Milch, Eiern und Butter standen während der Fastenzeit längst auf den Speiseplänen selbst der frommen Brüder, wie Küchenzettel vom Tegernsee-Kloster belegen.

Drasdow kaufte sich ein Haus vor dem Schloss in Torgau, das dem großen Stadtbrand 1482 zum Opfer fiel. Später wohnte er gleich neben dem Markt, wo zwischen 1814 und 1964 Nachkommen des Drasdow eine bekannte Bäckerei erfolgreich führten. Das historische drasdowsche Stollenrezept blieb allerdings vorläufig in Privathand, bis es im 18. Jahrhundert schließlich in die Öffentlichkeit geriet.

Die Dresdner popularisierten den Stollen nicht nur, sie machten ihn zu ihrem Gebäck und sie machten ihn immer perfekter. Durch die nuschelige Aussprache der Dresdner wurde mit der Zeit aus Drasdower eben Dresdner Stollen, und der Torgauer Hofbäcker geriet rasch in Vergessenheit.

Ende des 19. Jahrhunderts bestätigte dann der königlich-sächsische Hofbäcker G. Adam in Pillnitz, Stollen sei keine Dresdner Schöpfung, er werde aber hier seit langer Zeit besonders popularisiert. Er und seine Innungskollegen spendierten dem sächsischen Königspaar alljährlich ein 40-pfündiges Sonderexemplar als Weihnachtspräsent. Wichtig sei die Qualität der Hefe, des Mehles, die Kontrollierbarkeit und Berechnung der Backzeit, die Ofenhitze sowie das Verhältnis von Butter und Mehl im Grundteig. Dresdner Stollen, von schwerer Stollenmasse, bestünde aus 8 Pfund Mehl, 1¼ Pfund Zucker, 4 Pfund Butter, ¼ Pfund Bittermandel. Alle anderen Ingredienzien wie süße Mandeln, Rosinen, Zitronat oder Rum können nach Belieben, weil für den direkten Backvorgang unerheblich, Verwendung finden.

Fünftes Kapitel

Was man bei der Bereitung von mancherley Kuchen und anderem Backwerk zu beachten habe.

Dresdner Weihnachtsstollen von feinerer Art

§. 124

Es mag viele geheimnisvolle Rezepte auf Erden geben, doch liegen sie alle offener zutage, als das Geheimrezept für den echten Christstollen, dessen Siegelbewahrerin die Altdresdner Hausfrau war. Wenn an dieser Stelle eines zu treuen Händen verraten sei, so ist es ein bewährtes Rezept — allein das Geheimrezept ist es nicht. Von ihm wird viel gemunkelt. Es wird erzählt, es hielte sich mit Milch gar nicht auf, es kenne nur die fette, schiere Sahne. Es geht die Rede von einer Metze (8 Pfd. Mehl) gestäubten Weizenmehles. Diese Metze verschlingt begierig 4 Pfd. der besten Tafelbutter, reißt 6 Pfd. entkernte Sultaninen an sich, sättigt sich mit 2 Pfd. gestossenen und einer Hand voll bitteren Mandeln. Begehrt einen hohen Splitterhaufen glasigen Zitronats, gehobelte Orangenschale, nimmt auch einen Hauch Muskatblüte an — leise wie mit kraftloser Hand über ein Stück Zucker gerieben —, verlangt nach einem guten Schuß Arrak und nimmt den Zucker beileibe nicht in der neumodisch kristallisierten Pulverart, sondern will ihn nach guter, alter Hausfrauenart vom gewichtigen, in blaues Papier geschlagenen Hut, und auch das nur gemörsert, gesiebt und auf der Zitrone abgerieben. Diese Metze Weizenmehl verschwindet geradezu, ertrinkt und erstickt unter der Üppigkeit der anderen Zutaten. Sie schluckt noch 2 Kannen süßen Rahm, direkt vom Lande bezogen.

Das ist ein fettes, gutes, dennoch aber ein nacktes Grundrezept. Was enthielt das Tütchen im Pompadour, dessen Inhalt die Hausfrau im letzten Augenblick über die Backmulde stiebte? Was enthielt die kleine Kristallphiole, aus der sie im letzten Augenblick ein Tröpfchen in die fertige Masse taute? Wir wissen es nicht. Wir werden auch nie erfahren, was für eine kleine Nuß es war, die sie über das Reibeisen gleiten ließ, als der Stollen fertig gepudert auf dem Brett ruhte.

Ein solcher Stollen ist kein Kuchen mehr zu nennen: es ist ein schweres Marzipan, eine schiere Leckerei, die im sächsischen Bürgerhaus auf dem Tische neben buntgoldenen Tassen Meißner Porzellans um die Weihnachtszeit herum duftet. — Jedoch gemengt, geformt und gebacken ist der Christstollen noch ein unfertiges Kindlein. Mit 2 Pfd. zerlassener heißer Butter wird er langsam und sanft betaut und getränkt, Zucker vanilleduftend sinkt wie Schneewolken auf ihn hernieder, bis er endlich heimgetragen wird, mit einer Fahne süßen Duftes hinter sich, die in den Tagen vor dem Fest die ganze Stadt durchzieht und aus allen Backstuben, aus allen Hausfluren wundersüß herausatmet.

Aus: „Neues Dresdner Koch-Back- und Wirtschaftsbuch", Ronneburg und Leipzig 1805

OSTERLAMMKEULE IM HEU

Der Frühling gibt dem Osterfest sein Gepräge. Ein alter Brauch ist das gemeinsame Osterfrühstück. Hier wurde in der Gemeinschaft die Faste gebrochen. Durch den Verzehr von grünem Gemüse am Gründonnerstag deutet man symbolisch den Eintritt in die (alles ergrünen lassende) Frühlingszeit an. Zuweilen spielen dabei neunerlei Kräuter eine Rolle, wobei die Brennnessel nicht fehlen darf. In Suppen und Gemüsespeisen aß man genießerisch das frische Grün in sich hinein. Der Genuss von Honig sollte Glück und in Verbindung mit Hirse zusammen Geld bringen, was dem Mythos nach auch für Eierspeisen zutrifft. Zu den bevorzugten Gerichten in Sachsen, aber auch der Oberlausitz und Nordböhmens, gehören gekochte und geräucherte Schinken. Auch warmer Schinken mit Spinat und kleinen Bratkartoffeln ist üblich. In alten Kochbüchern finden sich zuweilen Hinweise auf Wildbraten in Fichtennadeln oder Lammbraten in Heu.

Zutaten für 6 Personen:

1 Lammkeule, Salz, Pfeffer, Öl, 1 Knoblauchzehe, frische Minzblätter, frischer Majoran und Rosmarin, Thymian, geriebene Zitronenschale, Weinbrand, Heu

Die Lammkeule salzen, pfeffern und in einer tiefen Pfanne rundherum anbraten. Eine Knoblauchzehe schälen, zerschneiden und mit Salz gut zerreiben. Mit frischen Minzblättern, frischem Majoran und Rosmarin, Thymian sowie etwas geriebener Zitronenschale und Öl verrühren. Weinbrand unterziehen und mit dem Gemisch die Keule einreiben. Bei 180 Grad noch ca. 30 Minuten braten, dabei mehrmals wenden. Dann eine zweite Pfanne mit Heu auslegen, den halb garen Braten darin versenken und gänzlich mit Heu bedecken, einen Deckel aufsetzen und die Pfanne im Bratrohr bei gleicher Temperatur nochmals 45 Minuten garen. Dazu isst man frisch gebackenes Brot und grüne knackige Salate.

HUHN IN ROTEM LANDWEIN

Unsere Vorfahren frönten zuweilen noch dem Hahnenopfer, das mancherorts zum Erntedankfest üblich war. Wichtig schien dabei, ob man den Kamm von einem weißen oder einem schwarzen Hahn hatte. Der weiße wehrt Unheil ab und sitzt deshalb noch heute vergoldet auf mancher Kirchturmspitze. Der schwarze gehört dem Teufel, der eine schwarze Hahnenfeder am Hut trägt. Das zahme Federvieh war ein Spitzenreiter in sächsischen Küchen.

Zutaten für vier Personen:

1 Huhn, Butter, Speck, Zwiebeln, Champignons, roter Landwein, Sahne, frische Salbeiblätter und frischer Thymian

Das Huhn wird sorgsam geviertelt. In einer Kasserolle etwas Butter zerlassen und darin Speckwürfel glasig anschwitzen, gehackte Zwiebeln dazutun und bedeckt kurze Zeit dünsten. Nach wenigen Minuten blättrig geschnittene Champignons hinzufügen und wieder alles kurz dünsten lassen. Nun in einem Sautoir die Hähnchenteile in Butter goldgelb anbraten, nach und nach mit rotem Landwein ablöschen, Zwiebel-Speck-Champignons untermischen, mit Rotwein auffüllen und zwanzig Minuten köcheln lassen. Dann frische Salbeiblätter und frischen Thymian hacken. Sahne und die gehackten Kräuter zugeben, umrühren und servieren. Dazu aß man „in Butter anprenzt probst semel", in Butter goldbraun gebratene Weißbrotscheiben.

SPARGEL MIT ORANGENSAUCE

Immer zu Himmelfahrt war in Diesbar Heiratsmarkt. Der Brauch geht auf das 1270 umgebaute Klarissinnen-Kloster zurück. An besagtem Tag konnten die Nonnen ihre Angehörigen empfangen. Manche blaublütige Jungfrau nutzte die Gelegenheit zum Absprung ins weltliche Leben, indem sie einem der zahlreichen männlichen Besucher Heiratsabsichten signalisierte. Im Würz- und Heilkräutergarten der Nonnen von „Divesvere Diesbar“ wuchs Spargel. Diesbarer Spargelessen haben also Tradition, und man aß ihn mit Vergnügen, denn Spargel

und Maiengefühle gehören nicht zufällig zusammen. Aber schon zu Johanni, dem 24. Juni, so sagt eine alte Bauernregel, wirkt er leicht verbittert und neigt zur Geschmacklosigkeit – dann ist das Ende der Spargelzeit gekommen.

Die einfachste, aber raffinierteste Art, Spargel zu essen: Über die noch sanft dampfenden Köpfe das Gelbe eines weich gekochten Hühnereis fließen lassen und alles ganz leicht mit Muskat anstäuben. Man meide mit ruhigem Gewissen solche Gastwirtschaften, in denen zur Spargelzeit Spargel als Beilage angeboten wird – Spargel ist dann nämlich stets Hauptsache, niemals Anhängsel:
Den frischen Spargel gleichmäßig schälen und in Salzwasser mit einer Prise Zucker, ein wenig Zitronenschale und einem Stückchen Butter etwa 15 Minuten kochen. Ob er gar ist, wird am Kopf der Spargelstange geprüft. Für die Sauce süße Sahne cremig schlagen und den Saft frisch gepresster Orangen unterziehen. Dann mit gemahlenem weißen Pfeffer und ein wenig Zucker abschmecken. Nun fasst man die Spargelstange am Ende mit den Fingern, taucht den Spargelkopf in die Sauce und steckt ihn in den Mund. Ist alles perfekt zubereitet, spürt der Kenner sofort den Genuss.

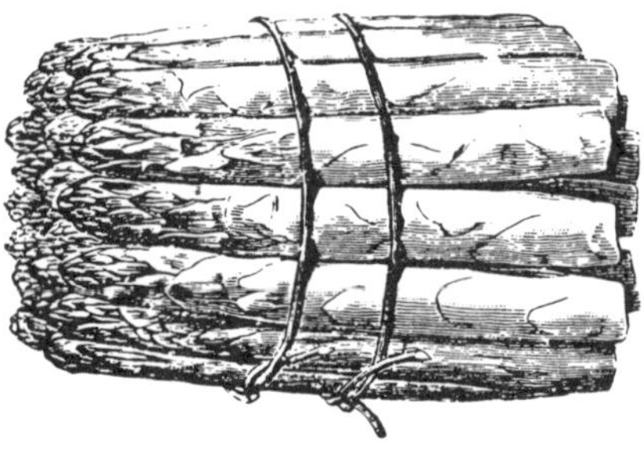

GEBACKENES SCHWEINEHIRN

So vorzüglich Rindfleisch schon immer zubereitet wurde, es stand auch in Sachsen gezwungenermaßen erst an dritter Stelle der Lieblingsessen. Nummer eins war das Schwein – gefolgt vom Schaf. Schafe dienten nebenbei noch der Wollerzeugung. Ochsen und Kühe halfen dem Landsmann beim Ackern, Letztere gaben Milch für Butter und Käse. Schweine indes wurden fast ausschließlich zum Verzehr gehalten. Bei ihnen galt das Gehirn als Delikatesse. Schon deshalb, weil davon nicht viel vorhanden ist. Und wovon es wenig gibt, davon steigt der Wert.

Für vier Personen:

2 Schweinehirne, 1 Zwiebel, Essig, 1 TL Salz, 10 Pfefferkörner, 1 Lorbeerblatt, Paniermehl, Mehl, 1 Ei, Butter

Die Hirne werden bei öfterem Wasserwechsel mindestens eine Stunde gereinigt. Dann wird die Haut vorsichtig abgezogen. In reichlich kochendem Wasser, das mit einigen Tropfen Essig, einem Teelöffel Salz, einer Zwiebel, zehn Pfefferkörnern und einem Lorbeerblatt versehen wurde, blanchiert man das Hirn nur vier Minuten lang, nimmt es heraus in kaltes Wasser, trocknet das Hirn dann ab, schneidet es in jeweils vier Teile, die paniert werden wie ein Schnitzel. Es wird in Mehl gewälzt, durch geschlagenes Ei gezogen und in fein gemahlene Semmelkrume gedrückt. In steigender Butter werden die panierten Hirnscheiben goldgelb gebacken und trocken angerichtet. Als Beilage schmeckt grüner Salat am besten, den man nach dem Waschen gut abtropfen lässt und durch eine Zitronen-Zuckermarinade zieht. Vorsicht bei der Verwendung von Öl, es macht die Blätter schlaff. Und weil in Sachsen nichts ohne Kartoffeln geht, wird niemand zum gebackenen Schweinehirn auf einen Klecks Mauke verzichten wollen.

GOLDGELBE EIERKRUSTELN

Ein ganz besonderes Dresdner Original war die Eierhanne. Wie sie wirklich hieß, kann niemand sagen. Dort, wo heute auf dem Altmarkt Autos parken, verkaufte eine pfiffige Dresdnerin Anfang des 19. Jahrhunderts Hühnereier. Rotwangig soll sie gewesen sein, pausbäckig, wie man sich eine gesunde Bauersfrau vorstellt. Mit ihrem Aussehen warb sie für ihre Ware. Eier bot die Hanne nicht nur roh an, teilweise waren sie schon gekocht und man konnte die beliebten Produkte vom Hühnerhof gleich neben der Verkäuferin essen. Abends trampte die Eierhanne durch zahlreiche Wirtshäuser der Innenstadt und rief den fidelen Gästen am Stammtisch zu „Warme Eier, meine Herren", worauf das ganze Lokal in Gelächter verfiel. Eier lagen damals günstig im Preis, waren aber wesentlich kleiner als heutige. Etwas „für'n Äppel un e Ei" zu bekommen heißt, es billig zu erstehen. Eier sind aus der Koch- und Backkunst nicht wegzudenken.

Zutaten für vier Personen:

Eier, Hartkäsewürfel, Kochschinken, frische Champignons, Butter, Öl oder Schmalz, Mehl, Semmelmehl, Salz, Pfeffer, Muskat, Petersilie und Kalbsbouillon

Für die Eierkrusteln hart gekochte Eier in Scheiben schneiden. Wenig weiße Grundsauce von dicker Konsistenz herstellen und bei ständigem Rühren fünf Minuten auskochen. Die Eierscheiben mit etwas Sauce binden, kleine Hartkäsewürfel dazugeben, mit Salz und Pfeffer und Muskat würzen und die Masse kalt stellen. Inzwischen kleine Würfel von Kochschinken und frischen Champignons in Butter anbraten, gehackte Petersilie einstreuen und die entstandene Flüssigkeit verdunsten lassen. Dann das Schinken-Pilzgemisch vom Herd nehmen, ebenfalls erkalten lassen und schließlich unter die Eiermasse rühren, gut durchmengen. In einer hochrandigen Kasserolle Öl oder Schmalz erhitzen. Nun mit einem Esslöffel eierförmige Kroketten abstechen und panieren. Dazu die Krusteln zunächst in Mehl, dann in geschlagenem Eigelb wenden und zum Schluss in fein geriebenem Semmelmehl drehen. Die Panade leicht andrücken und die Krusteln vorsichtig in das heiße Fett geben, dabei muss es leise zischen. Je Seite etwa fünf Minuten frittieren, bis die Krusteln goldgelb knusprig geworden sind. Man kann die Krusteln gleich essen, wie sie aus der Kasserolle kommen. Besser ist es jedoch, Tomatensauce extra dazuzugeben, Reis oder Mauke nebenbei und viel grünen Salat, nur durch Zucker-Zitronenwasser gezogen, ohne Öl.

GÄNSEFETT-BEMMCHEN

Als Karl-Ludwig Freiherr von Pöllnitz einst seinen Bestseller „La Saxe galante“ – „Das galante Sachsen“ veröffentlichte, entlarvte er versehentlich auch die ständigen kulinarischen Seitensprünge des sächsischen Hofadels.

August der Starke engagierte sogar französische Chefköche, deren Gehaltskonten schon bald auf Betreiben der schönen Aurora von Königsmark erheblich aufgestockt wurden. Die bezaubernde Gräfin vergötterte nämlich Gerichte und Rezepturen aus Versailles und Umgebung. Mit Zuckerwerk, welches extra vom Bosporus an die Elbe geholt wurde, fütterte die Türkin Fatime ihren August. Auch die Reichsgräfin Cosel begeisterte sich an der französischen grande cuisine, während die Konkurrenz in Person der Lubomirska für polnische Delikatessen zuständig war. Nur Anna Katharina, die Tochter von August Rex und spätere Gräfin Orzelska, steht noch immer in dem Verdacht, sächsische Hausmannskost gemocht und bei Hofe Gänsefettbemmchen verzehrt zu haben: Für die Bemme nimmt man in der Regel Schwarzbrot.

Zubereitung:

Darmfett einer Gans, Zwiebeln, 1 Apfel, 1 Zweig Estragon, Beifuß, Majoran, Bratfett, Schweineschmalz

Das Gänseschmalz wird so zubereitet: Das Darmfett einer Gans säubern, über Nacht wässern, dann klein schneiden und mit gewürfelten Zwiebeln und den geviertelten, entkernten Stücken eines Apfels im Schmortopf bei schwacher Hitze auslassen. Wenn die Grieben glasig werden, einen Zweig Estragon, Beifuß und etwas Majoran hinzugeben, alles kurz ziehen lassen. Nun das Fett durch ein Sieb gießen und mit dem ebenfalls durch ein Sieb gegossenen Bratfett der dazugehörigen Weihnachtsgans mischen. Streichfähig wird das Gänseschmalz, wenn man es drei zu eins mit Schweineschmalz mischt. Bestreicht man nun die Bemme mit dem erkalteten Gänseschmalz, so ist der würzige Geschmack an sich schon ein Leckerbissen. Aufbessern kann der Genießer dieses delikate Produkt mit Reibekäse oder einer Scheibe Emmentaler.

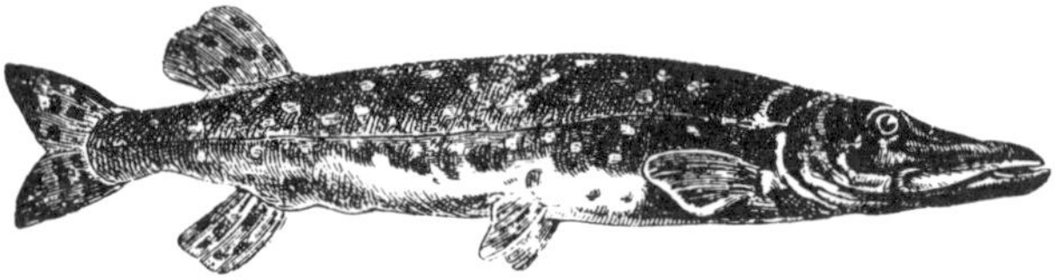

HECHTFILET MIT SÜSSER SAHNE

In den Teichen um Moritzburg herum fing man einst den Hai der Binnengewässer – den Hecht. Ob sein Fleisch heute noch so schmackhaft ist wie vor zweihundertfünfzig Jahren – wer will das sagen. Auf jeden Fall aßen die geladenen Gäste des sächsischen Hofes gern süße Saucen zum kernig gedünsteten Hechtfilet, so wie der 1746 verstorbene Oberhofküchenmeister Friedrich August von Brandenstein das Gericht zubereitete. Erfunden hat er die Sauce allerdings auch nicht, denn die Rezeptur war bereits im Mittelalter bekannt.

Man zerreibt Saucenlebkuchen und mischt ihn mit gehackten süßen Mandeln. Frische Pflaumen in kleine Würfel schneiden und in Butter anschwenken, das Lebkuchen-Mandel-Gemisch sowie etwas Honig und Rosinen zugeben. Fängt es an zu brutzeln, wird Weißwein zugegossen und alles eingekocht. Nur wenig süße Sahne dazugeben und die Sauce vom Feuer nehmen. Für Feinschmecker streute Brandenstein noch gehackten Fenchelsamen hinein.

Eingeweihte wissen, dass jeder Hecht ab zwei Kilogramm Masse etwa 30 Gramm Leber in seinem Innersten birgt. Diese muss beim Ausnehmen des Fisches vorsorglich beiseite gelegt werden, weil es sich um eine Delikatesse handelt. In heißer Butter gebraten und sparsamst gesalzen garniert man damit die mit der süßen Sauce überzogenen Hechtfilets. Ein wirklich sächsisches Gericht für den vollkommenen Genuss.

HASENRÜCKEN MIT KARTOFFELPUFFER

Ein sächsisches Essen von Feinschmeckerniveau sind in Butter gebratene Hasenrücken mit Kartoffelpuffer. Die Kombination deutet auf erzgebirgische Regionalküche hin. Genau das ist sie auch.

Zutaten für vier Personen:

2 Hasenrücken, 2 Möhren, 1/2 Sellerieknolle, 2 Zwiebeln, Öl, Salz, Senf, Pfefferkörner, Wachholderbeeren, roter Landwein, Butter, süße Sahne, Johannisbeergelee, Kartoffeln, Eier, Mehl, saure Sahne

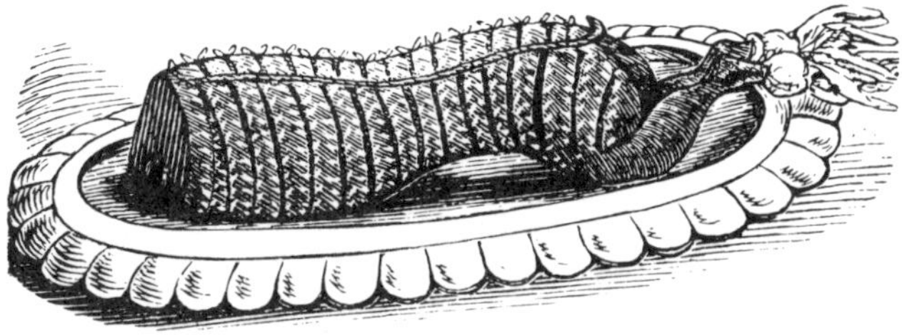

Von den Hasenrücken werden die Rückenfilets ausgelöst und in daumendicke Scheiben geschnitten. Die Knochen grob hacken, mit Möhren, Sellerie und Zwiebelwürfeln scharf in Öl anbraten, etwas Salz, Senf, einige Pfefferkörner und Wacholderbeeren hinzugeben. Mit rotem Landwein ablöschen und die Flüssigkeit wieder reduzieren lassen. Diesen Vorgang mehrmals wiederholen, bis ein brauner Fond entsteht, den man so lange einkocht, dass eine Kaffeetasse voll übrig bleibt. Die Sauce nun vom Herd nehmen, mit kalten Butterstückchen verquirlen, süße Sahne zugeben und einen Esslöffel Johannisbeergelee beifügen und stehen lassen. In einer Pfanne Butter zerlassen, bis sie steigt, dann die Scheiben vom Hasenrückenfilet unter ständigem Wenden etwa vier Minuten straff braten, jetzt erst salzen und pfeffern – am Herdrand stehen lassen. Auf jeden Teller etwas von der Sauce geben und die Filets darauf anrichten.

Dazu gehören Kartoffelpuffer: Rohe Kartoffeln reiben, mit Eiern, etwas Mehl und Salz verrühren. Entsteht nach dem Reiben der Kartoffeln zu viel Flüssigkeit, muss davon ein wenig abgegossen werden. Nun zieht man unter die Masse noch saure Sahne und geriebene Zwiebeln. Öl oder Schmalz in einer Pfanne erhitzen, dahinein mit einer Kelle etwas von der Kartoffelpuffermasse geben und flach andrücken, damit kleine runde Fladen entstehen. Diese müssen auf jeder Seite etwa drei Minuten backen, bis sie beidseitig goldgelb geworden sind. Die Kartoffelpuffer neben dem Filet anrichten. An Festtagen gehören zu Hasenrücken mit Kartoffelpuffer noch Steinpilze, in Speck-Zwiebel-Würfeln angeschwenkt und mit Schnittlauch bestreut.

Das Allerley ist etwas anderes als das Allerlei. Kein Mischmasch von zerkochten Gemüsen. Man kann es als Hauptgericht essen, obwohl ein zartes Kalbssteak oder eine frisch gebratene Poulardenbrust klassisch dazu passen.

Allerley ist keine sächsische Erfindung, es wurde aber in Leipzig besonders kultiviert und trägt deshalb verdientermaßen diesen Namen.

Frische Gemüse hatten nämlich in der deutschen Küche über Jahrhunderte hinweg keinen besonders guten Ruf und vor allem keine Chance in der Alltags- und Festküche. Genauso wurden sie küchentechnisch auch behandelt. Noch bis zum Anfang des 20. Jahrhunderts galt Gemüse als Arme-Leute-Essen, als billiger Sattmacher, als Speise in der Fastenzeit oder als breiig zerkochtes „Zugemüß". In Frankreich dagegen war der Stellenwert der Gemüse ungleich höher angesiedelt. Schon bei Ludwig XIV. zog man mit viel Aufwand in Gewächshäusern und Nutzgartenanlagen Obst und Gemüse, die zumindest für den Königshof zu allen Jahreszeiten verfügbar waren. Beispielsweise entdeckte die feine Gesellschaft von Versailles um 1700 die jungen, kräftig grünen Zuckererbsen als Gaumenkitzel. Die Mesdemoiselles nahmen sich am Abend ein Schüsselchen mit ins Schlafgemach und lutschten die kulinarische Neuigkeit, wie man heute eine Weinbrandpraline genießt.

Gemüse bissfest zuzubereiten, wie für das „Allerley" notwendig, ist aber eine Kochtechnik, die bis dahin in Europa unbekannt, dafür aber in China (vorzugsweise im Wok) seit jeher übliche Küchenpraxis war. Die chinesische Küche kennt keine pappigen Gemüse.

Seit 1601 versuchten erst Jesuitenpadres, dann Franziskaner- und Dominikanermönche, das Reich der Mitte zu missionieren. Zwar machten die Jesuiten zunächst keinen schlechten Eindruck, doch das Unternehmen misslang gründlich. Zwischen 1721 und 1735 schickte Kaiser Schi-tschung die Fremdenlegionäre vom Stamm der Franziskaner und Dominikaner wieder gen Heimat. Nach über 100 Jahren Chinaerfahrung hatten die Herrschaften natürlich einiges in Sachen Kulinaria kennengelernt. Als sie in ihre Ordensstandorte nach Deutschland und Frankreich zurückkehrten, popularisierten die gescheiterten Boten des Christentums unter anderen auch die chinesischen Zubereitungsvarianten von Gemüse und das nötige Geschmacksempfinden dafür. Auf fruchtbarsten Boden fielen die neuen Erkenntnisse eben in Frankreich, wo gerade in Adelskreisen eine Gemüsemanie ausgebrochen war. Man entwickelte ein Gemüseallerlei und nannte es „Macédoine de légumes". *(vgl.: Dubois & Bernard, La Cuisine Classique, Paris 1881 / Kling, Die französische Küche, Paris 1938 / Kling, Die moderne Küche, Murten 1938)*

In Frankreich entstand auch zuerst der jahreszeitliche Bezug in der Zusammenstellung dieser Kreation als Frühlingsgemüse. Frische grüne Erbsenschoten verglichen die Damen und Herren des Hofes beispielsweise mit Mai-

blumen, dem seinerzeit schönsten Sinnbild des Lenzes. Junger Kohlrabi, Blumenkohl, Zuckererbsen, Morcheln, Karotten und Spargel-Klößchen mit Chapelure (Mie de pain) und gefüllte Krebsnasen gehörten noch nicht dazu.

Diese Gemüsenovität brachten Messe-Handelsreisende und Dominikanermönche etwa um 1750 aus Paris mit nach Leipzig, wo seit langem ein Dominikanerkloster existierte. Das erklärt, warum Susanne Eger das Allerley in ihrem „Leipziger Kochbuch" noch nicht kannte.

Wie damals alles, was aus Frankreich stammte, wurde das Allerley schnell beliebt. Die Verwendung von Morcheln zu Krebs-, Fisch- und Geflügelgerichten ist zumindest in den damaligen Leipziger Küchen nicht ungewöhnlich und mindestens seit 1660 üblich. *(vgl.: Erler, Leipziger Magisterschmäuse des 16./17. und 18. Jahrhunderts, Leipzig 1905)*

Schließlich wurde in Leipzig das französische Macédoine de légumes ergänzt mit der Krebsvariante und den Brotklößchen. Legt man die Tatsache zugrunde, dass ein Gericht erst etwa nach 20 Jahren Praxis und genügend Akzeptanz in der Bevölkerung in ein Regionalkochbuch aufgenommen wird, so deckt sich dies mit dem Kochbuch von Christian Wolf. *(vgl.: J. Christian Wolf, Neues Leipziger Kochbuch, Leipzig 1774)* Wolf war Gastronom in Leipzig und sein Kochbuch das erste von einem Gastronomie-Profi verfasste kulinarische Werk der Messestadt.

Nach wie vor wurde das Allerley aber noch anonym eben als schlichtes Allerley bezeichnet, auch wegen der unkonventionellen Zubereitung der Zutaten. Mit der Zuwanderung großer Teile der Landbevölkerung in Folge der allgemeinen Industrialisierung ab der Biedermeier-Zeit Ende der 30er-Jahre des 19. Jahrhunderts entstanden an den Rändern der Städte (wie auch in Leipzig) Wohnsiedlungen in Form von Mietskasernen. Weil die Lebensmittelindustrie derzeit noch in den Kinderschuhen steckte, die Lebensmittelversorgung der neuen Kleinbürger nicht gerade üppig war und die Löhne bescheiden, legte man Kleingärten am Rande der Stadt an. Hier verbrachten viele Arbeiter nicht nur den Großteil ihrer Freizeit, sondern hielten sich auch Kaninchen Hühner und pflanzten für die Eigenversorgung Gemüse, Obst und Kartoffeln an. Mitinitiator war übrigens der Leipziger Arzt D. G. M. Schreber (1801–1861). Im Rahmen einer Veranstaltung der Leipziger Kleingärtner in den 50er-Jahren des 19. Jahrhunderts und in Gegenwart von Herrn Schreber wurde eine Art Leipziger Allerley aufgetafelt. Und weil alle verwendeten Gemüsesorten aus eigener Ernte stammten, gab man dem Gericht stolz den Beinamen „Leipziger Allerley".

Kurios ist allerdings: Das Allerley kam als Macédoine de légumes aus Frankreich, um gut 100 Jahre später als sehr verfeinerte regionale Spezialität und hochgerühmt dahin zurückzukehren, unter der Bezeichnung „Macédoine à la mode de Leipsic". *(vgl.: J. Gouffé, Die feine Küche, Leipzig 1872)*

Die sächsischen Hausfrauen, die sich Küchenpersonal leisten konnten, richteten ihr Allerley stets persönlich an. Sie kamen mit hochrotem Kopf als Letzte an die Tafel, wissend, die nun aus der Küche auf Meißner Porzellanplatten aufgetragene Spezialität war makellos. Nach Überlieferungen sollen Mütter vor der Zustimmung zur Hochzeit des Sohnes geprüft haben, ob die angehende Frau Schwiegertochter in der Lage war, das Allerley fachgerecht zu bereiten.

Zutaten sind junge Erbsen, Kohlrabi, Karotten, Blumenkohl, Semmelmehl, Eier, Rinderbrühe, etwas Milch und Wasser, Butter, Spargel, Morcheln und Flusskrebse.

In wenig Wasser werden die Schotenkerne gekocht, und etwas Butter hinzugegeben. Ebenso verfährt man mit den jungen Karotten (vorher abbürsten oder schälen) und den kleinen Kohlrabis. Statt Wasser kann auch Fleischbrühe verwendet werden. Den Blumenkohl in Röschen zerpflücken, in wenig Salzwasser (und Milch) und etwas Butter dünsten. Den Spargel sorgfältig schälen, in ca. 5 cm lange Stücke schneiden und vorsichtig in Salzwasser mit einer Prise Zucker kochen. Morcheln müssen vom Sand gereinigt, in Wasser erhitzt werden, damit der Schmutz herausfällt. Danach in Butter dünsten.

Das Gericht lebt von der Sorgfalt der Zubereitung. Die Krebse abbürsten, in kochendes Wasser werfen und 10 Minuten kochen lassen, bis sie rot werden. Dann den Schwanz abdrehen, Schalen ablösen, die Nasen aufheben. Krebsschalen im Mörser gut zerreiben und in Butter aufkochen. Aus Semmelmehl, Butter, Eigelb, Satz, Muskat einen Teig bereiten, geschlagenes Eiklar unterziehen. Mit einem Teil der Masse die Krebsnasen füllen und diese in Butter braten, das Krebsfleisch mit der anderen Hälfte der Masse mischen, kleine Klößchen abstechen und in Rinderbrühe ziehen lassen. Zum Ende das Gemüse sorgsam anrichten, die gefüllten Krebsnasen obenauf. Den Blumenkohl mit etwas Krebsbutter beträufeln, die aus den gestoßenen Schalen entstand. Für die anderen Gemüse etwas sauce mousseline herstellen und diese damit überziehen.

S'Lied vom Leibz'ger Allerlee

1
Welt, de weeßt: ä heilges Feier
Glieht in meiner Dichterbrust;
Niemals freehnde meine Leier,
Niemals scheeder Sinnenlust
Immer eegal lieb' ich dies Grundprinzip:
Meines Liedes erhawne Deene
Schöpf ich aus der Hibbokrene.

2
Doch welch niejegannde Gludhen
Fiel' ich pletzlich in mir flamm'?
Sinnlich rohr Wasserfludhen
Loffen mir in Mund zusamm'!
Weh', Weh', o Weh',
Leipz'ger Allerlee!
Stols der vaderländschen Giche,
Mei Prinzip geht in de Briche!

3
Drum so butzt mir das Gemiese.
Doch recht safdig muss es sin,
Schabt de Meehre mir, de sieße,
Schneidt den Gollerawi dinn!
Bohnen, Blumengohl,
Schoden nich sowohl,
Sondern ooch in vollen Glanse
Zeige sich de Spargelflanse!

4
Von des Krebses rodher Leiche
fix das Schwänzschen losgedreht!
Fillt mit gelwen Budderdeiche
bis an Rand sei Banserkleed!
Un de Sache wills,
dass der Morchelbils
Mit der Kleeßchen langer Reihe
Gaum und Oogen uns erfreie.

5
Bradet endlich Galbsgotledden
als den Schlusssteen eirer Mieh!
De Olymbjer, mecht ich wedden,
Neiden uns dies Pracht Menie!
Fromm, frei, freehlich, frisch
setz ich mich an Disch,
winsche gedderfunkenfreidig:
Prost Mahlzeit allerseidig.

Leipzig 1889

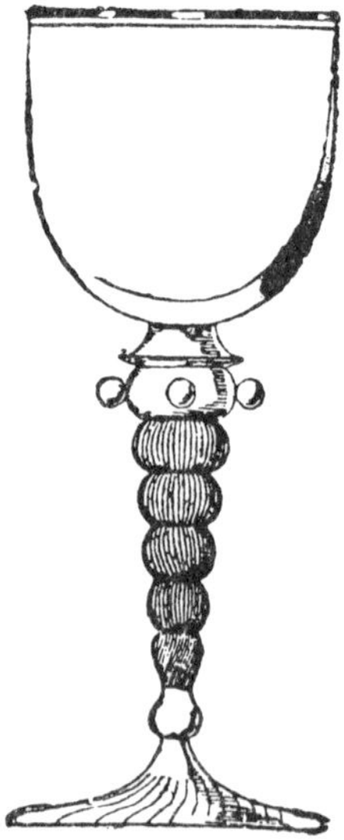

Die 50 besten historischen sächsischen Gerichte (ohne Süßspeisen)

1. Warmbiersuppe mit Zimt
2. Kartoffelsuppe mit Speck- und Zwiebelwürfeln und Blutwurst
3. Pflückhecht in Rahm mit Sauerkraut
4. Aal grün mit Wurzelgemüse und Majoran-Bratkartoffeln
5. Marinierter Hering mit Salzkartoffeln
6. Gebratene Heringe mit Rote-Betesalat und Kartoffelbrei
7. Karpfen blau mit Kopfsalat, Butterkartoffeln und frisch geraspeltem Meerrettich
8. Forelle gebraten, mit grüner Sauce und Kartoffeln
9. Heringshäckerle mit Rapunzelsalat und Kartoffeldressing
10. Lachsfilet in Weinbeerensauce
11. Panierte gebackene Rinderzunge mit Kartoffelsalat
12. Gefüllte gekochte Rinderzunge mit Rosinensauce
13. Braunes Ragout vom Kalbskopf
14. Rinder-Sauerbraten in Bieressigsauce mit Apfelrotkohl (auch mit Kirschen, Preiselbeeren oder Pflaumen) und grünen Klößen
15. Rinderrouladen mit Speck, Zwiebeln und Gewürzgurke gefüllt, im Senfrahm mit Klößen
16. Geschmorte Wildschweinkeule in Pflaumensauce mit Stamper
17. Gefüllte Kalbsbrust mit jungem Gemüse
18. Majoranfleisch – grobe geschmorte Schweinefleischstücke mit viel Sauce, braunen Zwiebelringen und frischem Majoran
19. Junge Ente mit Grünerbsenmus
20. Gänseklein mit kleinen gelben Rüben, Kohlrabi und Kräutern
21. Gänsebraten mit Beifußsauce und Klößen
22. Schweinenackenbraten mit Kümmel-Weinkraut
23. Gedämpfte Schweineschulter mit Meerrettichsauce und Krautsalat
24. Kaninchenbraten mit Klößen
25. Krautwickel mit Lachs und Forelle als Füllung
26. Krautwickel mit Schweinehackfleisch als Füllung, Kümmelsauce und Kartoffelbrei
27. Milchreis mit Zucker, Zimt und viel brauner Butter obenauf (Lieblingsgericht von König Friedrich August III.)
28. Gebratene Kartoffelkloßscheiben mit Rührei, frischen Pilzen und viel Petersilie
29. Leipziger Allerlei (das Original)
30. Lammrücken mit Selleriepüree überbacken
31. Buttermilchgetzen mit Knackwurstscheiben
32. Marinierter Sächsischer Presskopf – Ochsenmaulsalat mit Essig und Öl

33. Sülze von Schweinsfüßen und Schweineohr, mit Essig-Öl-Zwiebelmarinade und Bratkartoffeln
34. Frischer Stangenspargel mit Pfeffer, Aprikosensauce und Butterkartoffeln
35. Schwarzwurzeln und Steinpilze in Rahm, mit Kräutern, Bratkartoffeln oder dickem Reis
36. Gekochtes Rinderherz mit brauner süß-saurer Kapernsauce und Kartoffelbrei
37. Hasenbraten mit Rotkraut und Speckklößen
38. Schusterpfanne mit Spalken (aus dem Vogtland entlehnt)
39. Gekochter Dorsch mit Senfsauce, brauner Butter, Rotkraut und Salzkartoffeln
40. Sächsische Plinsen (Eierpfannkuchen) mit Spinat gefüllt und mit Reibekäse überbacken
41. Rehpfeffer mit Schwamme und Stamper (den Namen ...pfeffer erhält das Gericht, wenn es mit frischem Blut abgebunden wird, sonst handelt es sich um ein Ragout)
42. Saure Nierchen mit Senfgurke und Kartoffelbrei
43. Zibbel-Klump (Lammfleischwürfel in Zwiebelbrühe) mit Kartoffelkößen und Selleriesalat
44. Grüner Bohneneintopf mit Lammfleisch, Einbrenne, frischem Thymian und Kartoffelstücken
45. Leinöl mit Pellkartoffeln und Quark
46. Süß-saurer Linseneintopf mit Knackwurstscheiben
47. Bachkrebse in weißer Kräutersauce mit Hopfensprossen
48. Gehackte Leber im Schweinenetz (aus gehackter Leber, etwas Schweinehack, Eiern, geriebener Semmel und Wiesenkräutern einen Teig kneten, in Schweinenetz füllen und in steigender Butter langsam braten, mit braunen Zwiebelringen bestreuen)
49. Weiße-Bohnen-Eintopf mit geräuchertem Schweinebauch
50. Kuttelflecke mit sauren Gurken- und Kartoffelstücken

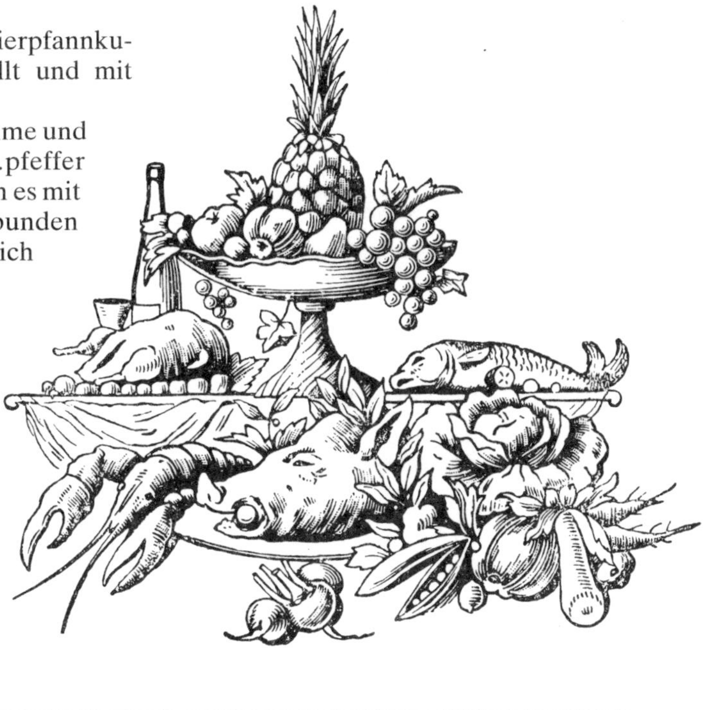

Sächsische Menüs aus der Küchenpraxis

Menü 1

Geräucherte Bachforelle
Rapünzchen im Kartoffeldressing

*

Gedämpfte Würfel von der Lammkeule
Morcheln in Schnittlauchsauce
Kräuterklößchen

*

Küsterpudding mit Birnensalat

Menü 2

Terrine von Steinpilzen
Himbeeressig und Sesamplätzchen

*

Kraftbrühe vom Lachs

*

Gebackene Scheiben von der Kalbshaxe
Karottenpüree und marinierte Kartoffelscheiben

*

Frischkäse mit Honigsauce
Minze

Menü 3

Steckrübensuppe
mit gebackenem Flusskrebs

*

Schwarzwurzeln im Kräuterschaum

*

Gebratene Entenbrust
Gurken-Senfsauce, gefüllter Kohlrabi
Kartoffeltörtchen

*

Grütze von Strauchfrüchten, Vanilleeis

Menü 4 Kresseschaumsuppe

*

Gebratene Ziegenleber
Rahmmangold und Kartoffelplätzchen

*

Gefüllte Zuchtwachtel
Steinpilzsauce, gedünstete Petersilienwurzel
Kartoffelpraline

*

Haselnussplinsen mit Quittenkompott

Menü 5 Grüne Erbsenrahmsuppe
mit gerösteten Schwarzbrotkrusteln

*

Frikassee vom Hecht
mit Spargelspitzen und Zwiebelgräupchen

*

Kräutergefüllter Kalbsrücken
Pfifferlinge und Kartoffelauflauf

*

Salat von Gewürzorangen, Schmätzchen

Menü 6 Krebsschwänze in Dilljoghurt

*

Bärlauchsuppe mit Zucchiniblüte

*

Gefüllte Fasanenbrust
auf Champignonwürfeln
Kerbelwurzeln und Kartoffelfeingebäck

*

Erdbeersülze im Hefeteigring, Vanillesauce

Menü 7 Grüner Aal in Gelee

*

Löwenzahnsuppe
mit Brieswürfeln

*

Gefüllte Kalbsbrust
Lauchstangen mit Semmelbrösel
Rahmkartoffeln

*

Baumkuchenterrine mit Zimtbirne

Menü 8 Kalbskopfsülze
Marinade von Walnussöl

*

Sauerkrautsuppe nach Prinz Xaver

*

Lammkoteletts
mit Porreestreifen im Senfrahm
Kartoffelstrudel

*

Mohnauflauf, marinierte Weinbeeren,
Weinschaumsauce

Menü 9

Heringshäckerle
auf Schwarzbrottaler, Zwiebelsalat

*

Rinderbouillon mit Fänzeln

*

Rücken vom Schmalreh
Schwarze Johannisbeerensauce
Waldpilze im Strudelsack

*

Frischer Ziegenkäse
Zitronenbutter und Weißbrot

*

Kleckselkuchen mit Kaffee

Menü 10

Marinierter Schellfisch
und Linsensalat

*

Brennnessel-Schaumsuppe
mit Pfifferlingen und Pimpinelle

*

Ragout vom Ochsenmaul
mit Wurzelgemüsen, grünen Bohnen
Kartoffelklöße

*

Quarkkrapfen und Himbeersauce

Kulinarische Randnotizen

Die wirkliche Herkunft des Borsdorfer Apfels

Eine nur vermeintlich sächsische Spezialität

In der Literatur wird der Borsdorfer Apfel auch Borsdörfer, Porsdörfer, Porschdörfer, Borstendörfer, Borstapfel, Borster, Borsteler, Postapfel oder Maschansker (in Österreich) genannt.

Grimm *(Deutsches Wörterbuch Band 2, Leipzig 1860)* gibt als mögliche Herkunftsbezeichnung einen Ort Borsdorf bei Meißen oder im Vogtland oder in Böhmen an. Auf das böhmische Borsdorf verweist auch der Brockhaus *(Universallexikon Band 3, Leipzig 1892)*, es soll etwa 30 km nördlich von Brünn gelegen sein. Spätere Brockhausausgaben verzichten auf diese Angaben und geben keine Herkunftsbezeichnungen mehr an. Das Wörterbuch der Obersächsischen und Erzgebirgischen Mundarten *(Müller/Fraureuth, Dresden 1911)*, nennt einen Ort in der Nähe des Tharandter Waldes bei Dresden, der allerdings Pohrsdorf geschrieben wird. Ein Borsdorf existiert auch 10 km östlich von Leipzig.

Im böhmischen Borsdorf wurden zwar an Markttagen Äpfel der Sorte Borsdorfer gehandelt, allerdings unter der Bezeichnung „Meißner Apfel". Sogar die französische Küche kennt diesen Ausdruck: Pommes de Misnie oder Reinette bâtarde ou de Misnie. *(vgl: Scheichelbauer/Giblhauser, Gastronomisches Lexikon, Wien 1908)*

Marperger *(Vollständiges Küch- und Keller Dictionarium, Hamburg 1716)* erwähnt, Borsdorfer Äpfel wüchsen zwischen Meißen und Dresden. Das stimmt, sagt aber nichts über die Herkunft aus. J. Bernhard von Rohr *(siehe Literaturverzeichnis)* ergänzt 1721: „In der Ebene will der Borsdorfer Apfel nicht gern wachsen, sondern lieber an hohen Orten, wo es ein wenig gebirglich ist, also ist er aus den Weinbergen sehr köstlich". Das „Appetitlexikon" *(Habs/Rosner: Appetit-Lexikon, Wien 1894)* kommt der Angelegenheit am nächsten und meldet: Borsdorfer kämen aus Thüringen und Sachsen.

Mit großer Wahrscheinlichkeit ist der Borsdorfer Apfel die einzige kultivierte Apfelsorte, die noch aus frühmittelalterlichen Zeiten stammt. Gezogen wurde der Borsdorfer von den Zisterzienser-Mönchen in den Weinbergen des Klosters Pforte im Klostergut Borsendorf bei Dornburg an der Saale. *(vgl.: Heyne, Deutsche Hausaltertümer, Bd. 2 – Das deutsche Nahrungswesen von den ältesten Zeiten bis zum 16. Jh., Leipzig 1901)*

Dort wird seine Qualität in einer Urkunde des Jahres 1239 gerühmt. Nachweislich wanderten Zisterzienser-Mönche ab dem 12./13. Jh. nach Osten in die sächsischen Neulandgebiete und gründeten 1162 das Kloster Cella Sanctae Mariae-Altenzella, das einst bedeutendste Kloster Sachsens. Es unterstand der Markgrafenschaft Meißen. Diese Zisterzienser sind die Begründer des Obst- und Gemüseanbaus in der Meißner Gegend (Lommatzscher Pflege), betrieben Weinbau und siedelten den Borsendorfer Apfel in den Weinbergen zwischen Meißen und Dresden an, so wie sie es aus den Weinbergen an der Saale kannten.

Im sächsischen Sprachgebrauch wurde mit der Zeit aus Borsendorf Borsdorf. Als nämlich der Apfel in der Meißner Gegend bekannt wurde, existierten die hießigen Ortschaften mit Namen Borsdorf noch gar nicht. Bei der frühzeitigen Berühmtheit der Apfelsorte ist sogar eher anzunehmen, dass Handelsflecken, die mit Borsdorfer Äpfeln in Berührung kamen oder in deren Nähe solche Apfelbäume standen, sich bei Ortsgründung nach dem Borsdorfer Apfel, also Borsdorf benannten.

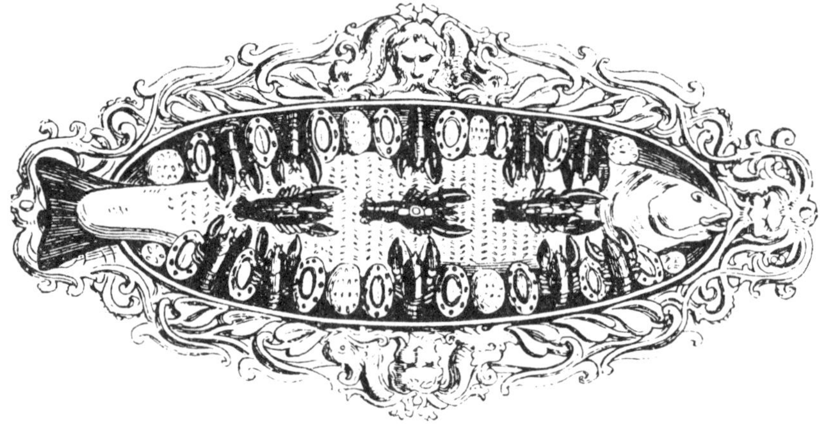

Das geladene Rohr im Fischerkahn

Von der ersten sächsischen Fischereiordnung

Ein köstliches Vergnügen versprach es stets zu werden, wenn die einstigen sächsischen Kurfürsten zum großen Fischerstechen auf der Elbe oder der Mulde riefen. Mit langen Spießen versehen verfolgten sie vor allem die zu ihren Laichplätzen ziehenden Lachse. Bis Anfang des 19. Jahrhunderts war dies noch möglich. Doch Vergnügen wird eben öfter erlebbar, wenn es nicht an Jahreszeiten gebunden ist. Um das Pläsier zu steigern und zu versüßen, baute man geeignete Vorführarenen wie im Leipziger Apfelgarten, wo 1717 detailgetreu überliefert ein solch grandios inszeniertes Fischerfest stattfand. Nicht nur, dass man dafür von der Attraktivität her geeignete Fische aussetzte, also Lachse, Störe, Hechte, Welse und echte Amurkarpfen mit einer Größe von mindestens einem Meter, das Ganze sah auch irgendwie majestätisch aus. So als würden hochseeerprobte Walfänger mit einer Harpune heldenhaft und wagemutig die Riesen der Meere besiegen wollen. Frei nach dem Motto von Vasco da Gama: „Was soll die Furcht – es ist das Meer, das vor uns zittert". Nebenbei warf man noch bezahlte Darsteller ins Wasser, die perfekt nachgestellte Notsituationen spielerisch darboten. Von extra errichteten Tribünen aus verfolgte der Hofstaat die kurfürstlichen Aktivitäten und das untertänige Volk war irgendwie integriert, schon weil es die Beute anschließend kaufen durfte. Schließlich „arbeiteten" die adeligen Promis zwar ohne Honorar, aber für die Finanzierung der kurfürstlichen Kurzweil sollte schon ein gutes Sümmchen ins Staatssäckel gelangen.

„Mir gehört alles", hatte einst der sächsische Kurfürst (Vater) August verkündet und erließ am 21.4.1572 die erste Fischereiordnung Sachsens, mit Androhung wirklich drastischer Strafen bei Zuwiderhandlung. Wer ohne Erlaubnis fischte, musste unter dem Galgen auf einen Schemel treten. Dann wurden ihm die Hände mit dem Galgenstrick auf dem Rücken zusammengebunden und der Schemel unter den Füßen weggestoßen – so schwebte der Delinquent geraume Zeit unter tüchtigen Schmerzen mit verbogenen Armen am Gerät. Zuletzt verwiesen ihn die Behörden auch noch des Landes. Wurde er rückfällig, blühte ihm der landesväterliche Verkauf seiner selbst mit Aussicht auf einen Galeerenjob oder der Strang, diesmal nicht um die Handgelenke, sondern um den Hals. Kontrollierbar waren die Bestimmungen landesweit aber eher nicht. Hin und wieder ging zwar ein Missetäter ins Netz der Justiz, die jedoch ließ meist Gnade vor Recht ergehen. Beispielsweise als im Jahr 1616 der Gauernitzer Bauer Martin Richter mit Schießprügel und Hamen (langstieliger Köcher) bewaffnet beim Angeln erwischt wurde. Deshalb waren die folgenden Fischereiordnungen bis zu der von August dem Starken 1711 vielmehr Verhaltensregeln zum Schutz des Fischbestandes als Gesetzbuch gegen die Sünder. Die Süßwasser-Flossentiere gehörten gerade an den zahlreichen Fastentagen als unverzichtbares Nahrungsmittel in die bäuerlichen Kochtöpfe. In den Elbdörfern entstanden deshalb bald Fischer-Innungen, die ohne kurfürstliche Mitwirkung selbst streng auf Mindestgröße und Art und Weise des Fanges achteten. Gerade die fischreichen Flüsse und kleinen Seen der Sächsischen Schweiz erklärte man zu Gemeindegewässern, in denen nur Mitglieder der Innung fischen und auch den Fang verkaufen durften, nicht nur zum Essen: Forellenfett half gegen Warzenbildung, Aalfett gegen Haarausfall und Hämorriden, Hechtkieferpulver machte eine schwere Geburt leichter, und verrenkte Glieder verband man mit Aalhaut.

Damit war der Fisch restlos gegessen oder, besser gesagt, es wurde alles verwendet.

Das Salz in der Suppe

Der kurfürstliche Salzbann

Heute ist Salz ein billiges Würzmittel, das zudem angeblich Glück bringt, wenn man es sich vor dem eigentlichen Würzen der Speisen lässig über die linke Schulter wirft. Vor allem ist es lebensnotwendig. Tiere scheinen einen automatischen Kochsalzmesser intus zu haben, um ihren Bedarf zu regulieren. Sie finden auf Anhieb ihre Salzlecke. Der Homo sapiens verfügt dagegen nicht über geografisches Salzfeeling. Nur Eskimos und einige andere Völker scheren sich in keiner Weise darum. Sie decken ihren Salzbedarf ausschließlich durch Fleischverzehr und sind die eigentliche Ausnahme. Weil aber sonst ohne Salzzusatz bei den meisten Menschen gar nichts in der Ernährung geht, musste man sich wohl oder übel kümmern. Tütensalz im Supermarkt gab es noch nicht. Nach einigen Wochen Salzentzug droht unserem Kreislauf immerhin der sichere Kollaps. Zeitweise erhielten die weißen Kristallkrümel deshalb den Wert von Goldnuggets. Auf Gold kann man schließlich verzichten, ohne Salz aber nicht leben. Im Römischen Reich der Kaiserzeit beinhaltete die Löhnung der Truppen nicht nur Münzen, sondern auch Salz. In diesem Zusammenhang steht der italienische Begriff für Münze (nämlich Soldo gleich Salz), aber auch das Salär für Gehalt. Wer den Zugang zum Salz hatte, konnte ein Vermögen verdienen. Die Salzsteuern in den europäischen Ländern des 16. Jahrhunderts waren deshalb enorm hoch und Mindestabnahmen vorgeschrieben. Manchmal wusste der einfache Mann gar nichts damit anzufangen, weil ihm die eigentlich zu salzende Nahrung fehlte. Seit jeher galt Salz als Symbol von Macht, aber auch von Gastfreundschaft. Um dessen Besitz und Handelskontrolle hatten die Völker immer wieder ernsthaft Zoff miteinander. Aber Salz war vor allem auch immer ein probates Mittel zur Regulierung der Staatsfinanzen durch Steuern. Obwohl kein zweites „Lebensmittel" in so gigantischen Vorräten auf Mutter Erde zur Verfügung steht, blieb es immer rar und heiß umkämpft. Sachsen war ein salzarmes Land. Wohl deshalb war das erste Schiff auf der Elbe sicherlich ein Salzschiff. Es brachte die kostbare Fracht von den Förderstätten in Halle nach Dresden ins Salzhaus oberhalb des heutigen Terrassenufers. Schon im Jahr 1361 beschenkte Markgraf Friedrich der Strenge Dresden mit dem freien Salzschank und sich damit zum alleinigen Salzhändler im Lande. Von hier aus gingen auch die Salzlieferungen ins Böhmische. Sächsische Städte mussten ihren Bedarf aus diesem Salzhaus, der sogenannten Salzkasse, beziehen, was sich überaus positiv im Dresdner Steuersäckel bemerkbar machte. Fairerweise sei gesagt: der Kurfürst dachte dabei auch an die Kommune. So gab es zwar in Kamenz genau wie in zahlreichen anderen Ortschaften Sachsens zusätzliche Salzmärkte, die natürlich von der Dresdner Salzkasse bestückt werden mussten. Einzige Auflage des Landesvaters war, dass die Salzsteuer der Verzierung und Erhaltung der einheimischen Gebäude dienen musste.

1579 kam das Amt Artern zum Fürstentum Sachsen hinzu. Ein Jahr danach kaufte Kurfürst August I. die dortige Saline zum Preis von 40 000 Gulden, um sie 5 Jahre später zum gleichen Preis wieder an die Schwarzburger Grafen abzutreten. Ob sich dahinter ein betriebswirtschaftlicher Coup verbarg, sei dahingestellt. Von nun an bestand in Sachsen ständiger Salzmangel. Die Hallische Saline gehörte derzeit dem Erzbistum Magdeburg und entsprechend den Ergebnissen des Westfälischen Friedens von 1648 dem Kurfürsten von Brandenburg. Der legte natürlich auch die Preise fest. Zwar lieferte die inzwischen wieder zu Sachsen gehörende Saline Artern ab 1723 „weißes Gold“, aber Kursachsen bezog zudem teures Salz aus Halle und Seesalz aus Portugal, das als Baysalz über Hamburg auf der Elbe nach Dresden kam. Wegen seines dunklen Aussehens musste es hier erst umgesotten werden, sonst taugte es nur zum Pökeln. 1727 erinnerte ein alter Bergmann August den Starken an ehemalige erfolglose Solebohrungen in Kösen. Der reagierte schnell und diesmal wurde man fündig. Ab 1731 produzierte Kösen erstklassiges Salz. Es kam aber noch besser. Ein gewisser Borlach hatte den Kurfürsten Friedrich August II. 1744 überreden können, beim Rittergut Dürrenberg in der Nähe von Leipzig nach Salz zu suchen. Auch das war erfolgreich und 1765 verließ das erste Salz die Dürrenberger Pfannen.

Mit den Salinen Artern, Kösen, Dürrenberg und einigen kleineren Salinen wie Kötzschau und Teudlitz deckte Sachsen seinen Salzbedarf Ende des 18. Jahrhunderts aus eigener Kraft ab.

Jetzt konnten Köche, Hausfrauen, Hochzeitspaare und Gastwirte Salz wieder nach Herzenslust als Glücksbringer verstreuen, wäre da nicht der Staat, also der Kurfürst gewesen. Im Jahr 1778 erließ Friedrich August III. *(als König von Sachsen Friedrich August I.)* einen Salzbann für die Dresdner Bürger. Danach musste jede Person ab einem Alter von 10 Jahren der Salzkasse jährlich 2 Metzen Salz abkaufen, natürlich zu gesalzenen Preisen. Sachsen als ehemaliger Hauptabnehmer der Hallenser Saline senkte den Import bis 1781 jährlich von einst 3200 auf nur noch 72 Tonnen.

Damit begann das Aus für die Halloren. Auf Interventionen des brandenburgischen Kurfürsten hinsichtlich des klaren Embargoverhaltens reagierte der Dresdner Hof mit genüsslichem Gähnen. So clever sich der Kurfürst diesbezüglich auch gab, als 1815 beim Wiener Kongress infolge der Befreiungskriege die Beute verteilt wurde, stand Friedrich August III., seit 1806 sächsischer König, auf der verkehrten Seite. Die Saline Dürrenberg ging an Preußen und eine wichtige finanzielle Quelle für die sächsischen Staatsfinanzen verloren.

Zwiebelmusterung – Ein Irrtum macht Weltkarriere

Zwiebeln verwendeten schon fellbekleidete Steinzeit-Hobbyköche für ihre fossile Hochkulinarik. Wilde Zwiebeln wuchsen nämlich bereits in den Ur-Schrebergärten gleich hinter der Eigenheimhöhle. Seine Laufbahn begann diese Tränendrüsenerregerin als Medizin für alle Zipperlein. Zwiebelsaft sei ein Beruhigungsmittel für erregte Nerven, töte Keime und Bakterien ab. Südländer verdanken ihm ihre blendend weißen Zähne. Er beschleunigt den Blutkreislauf, dient als Antipestmittel, Warzentöter bei Vollmond, und auf den Penis geschmiert als Verhütungsmittel – vorher natürlich, sagte der ägyptische Arzt Ibn al Jamil im 12. Jahrhundert. Zwiebeln waren allgegenwärtig im Leben unserer Vorfahren.

Der Zwiebel-Irrtum auf Meißner Porzellan begann mit der Porzellanherstellung selbst.

Bekanntlich meldete 1709 der Alchimist Böttger, im Zwangsdienst Augusts des Starken stehend, die in Europa erstmalige Herstellung eines Hartporzellans an. Daraufhin erhielt er vom Landesvater einen Arbeitsvertrag als erster Administrator. Böttger erfand das europäische Porzellan als Nebenprodukt seines eigentlichen Zieles, nämlich der Goldproduktion. Damals war die mit Zauberei verbundene und kostengünstige Erzeugung von Gold Mittelpunkt der Träume aller europäischen Herrscherhäuser. Heute wissen wir: es funktioniert, aber der Preis für die Fabrikation ist höher als der mit dem Verkauf des Goldes zu erzielende Gewinn. Böttger beschäftigte sich auch mit der von den Chinesen perfektionierten kobaltblauen Unterglasmalerei. Aber erst nach seinem Tod gelang es seinen Mitarbeitern Köhler, Höroldt und Stöltzel, die in China damals schon seit 500 Jahren praktizierte Unterglas-Kobaltmalerei in exklusiver Qualität nachzuerfinden. Seitens der Kunden der Manufaktur gab es immer wieder gezielte Wünsche hinsichtlich solcher Erzeugnisse. 1739 konnten der staunenden Öffentlichkeit endlich die ersten brauchbaren Ergebnisse vorgelegt werden. Darunter auch Kreationen mit dem berühmten fernöstlichen Dekor: Ein stilisiertes ostasiatisches Pflanzenbildwerk von beeindruckender Schönheit. Solche künstlerisch nachempfundene Blaumalerei wurde ab 1745 in strenger Abgrenzung von den sonstigen Bereichen der Manufaktur und nur durch spezielle Mitarbeiter ausgeführt. Man nannte das Geschirr volkstümlich „Zwiebelmuster“ und als solches erlangte es Weltberühmtheit. Seitdem hat es alle Wandlungen und Trends des Zeitgeschmacks schadlos überstanden. Die Bezeichnung Zwiebelmuster beruht allerdings auf der Verkennung der Frucht im Dekor, einem

fachlichen Irrtum, den kaum jemand wahrnahm. Zwar ähnelt dieses Gebilde in Form und Oberflächenstruktur tatsächlich stark einer Zwiebel, in Wirklichkeit wurde aber ein Granatapfel abgebildet. Für die Beliebtheit hatte diese optische Täuschung keine Bedeutung. Das Zwiebelmuster wurde dennoch zum Kassenschlager. Die Meißner erkannten ziemlich rasch, was auf den Tafeln abendländischer Kulinariker als repräsentativer und zugleich nützlicher Gebrauchsgegenstand benötigt wurde, nämlich Porzellanteile mit Zwiebelmuster in bis dahin unbekannter Vielfalt, abgestimmt auf europäische Bedürfnisse, nicht nur als Schaustücke in Vitrinen liegend wie chinesische Vasen und Tiergestalten mit musealem Wert. Genau in dieser Zeit änderten sich zudem die Tafelsitten im Abendland, das Essverhalten sowieso. Rasant stieg der Bedarf an Gebrauchsporzellan und Geschirrvarianten, die in China niemand kannte, zum Beispiel Saucieren, Etageren, Kaffeetassen, Kakaobecher, Kannen, Messerbänkchen, Käse- und Zuckerdosen, Serviettenringen oder Sahnekännchen. Man verband geschickt Praktisches mit Schönem. Als Zielgruppe galt das aufstrebende Bürgertum, das sich in der Öffentlichkeit mit Zwiebelmustergeschirr prächtig darstellen konnte. Es war relativ preiswert, zugleich entzückende Blaumalerei und verkörperte zudem fremdländisches Flair. Damit war gesellschaftliches Ansehen garantiert.

Knoblauch – Tanz der Vampire und Graf Brühl

Inder, Ägypter, Babylonier, Athener, Phöniker, Perser und Römer – sie alle kannten und verwendeten Knoblauch.

Seine Eigenschaften verdankt er besonderen Inhaltsstoffen. Diese sind zwar allen Zwiebelarten eigen, aber unglaublich differenziert vorhanden. Jede Sorte Lilienpflanzen – und dazu gehört der Knofel – enthält sehr unterschiedliche individuelle Schwefelverbindungen, woraus auch die Geruchs- und Geschmacksvielfalt aller Zwiebelgewächse resultiert. Knoblauch galt im Altertum als Wunderdroge. Anzuwenden sei er bei Asthma, Gelbsucht, Darmgicht, Hämorriden oder Zahnschmerzen genauso wie bei Schlangenbissen oder Defiziten im Liebesverhalten, nämlich als Aphrodisiakum. Sowohl die Bibel erwähnt ihn als auch der Talmud. Dass Knoblauch antibakterielle Eigenschaften hat, ist seit mindestens 4000 Jahren bekannt. Deshalb nahmen ihn Seefahrer mit auf ihre langen Reisen über die Meere, um ihr Trinkwasser zu verbessern, bevor es in den Holzbottichen zu faulen begann.

Nur den antiken Göttern war der Knoblauchgeruch zuwider, deshalb durften auch Liebhaber der Knolle die heiligen Tempel nicht betreten, außer in Persien. Am Hofe des Großkönigs von Susa soll der tägliche Knoblauchverbrauch bei 20 kg gelegen haben.

In Mittel- und Westeuropa wird der Knoblauch mit der Einführung der christlichen Zeitrechnung bekannt, aber nicht salonfähig.

Don Quichotte verdarb er ein fest eingeplantes Liebesabenteuer mit einem Edelfräulein. Als es nämlich zur Sache ging, keuchte die Dame erregt und pustete dem Ritter fiesen Lauchatem ins Gesicht, worauf er angewidert schloss, es sei keine Adels-, sondern nur eine Bauersfrau, einem Ritter unwürdig.

Im 13. Jahrhundert bürgerten sich Knoblauch-Familiennamen ein. Da muss die Zehenknolle aber schon gesellschaftsfähig gewesen sein. Immerhin taucht zu der Zeit der Name in verschiedenen Ahnenreihen auf, beispielsweise in der vom Nationaldichter Herrn Geheimrat von Goethe 1291, als Heynemanns dictus Cnobloch.

Später wird Knoblauch sogar in die Liste der zu versteuernden Gartengewächse aufgenommen.

Trotzdem umgab dieses Gemüse stets ein Hauch von Mystik.

Für unsere Vorfahren war es schwer vorstellbar, dass der stinkende Knoblauch in die gleiche Pflanzenfamilie gehörte wie die Lilie, das Symbol der Reinheit und Lieblichkeit.

Aber noch heute ist Knoblauch geheimnisumwittert. Wer sich Knofelzehen in die Schuhe reibt und damit spazieren geht, riecht nach zwei Stunden aus dem Hals, als hätte er esslöffelweise Knoblauch verzehrt.

Wenn sich in einschlägigen Gruselfilmen um Mitternacht der Sargdeckel in einer Gruft vom Gemeindefriedhof öffnet, geht Gevatter Vampir auf Nahrungssuche bei einer schönen Jungfrau, um aus deren Halsschlagader Blut zu tanken. Hat er sie gefunden, erblickt aber kurz vor Erfüllung seiner Träume auf dem Sims einen Knoblauchzopf, flieht der Ärmste entsetzt. Hinter der seit Generationen für Gesprächsstoff sorgenden Legende steckt eine biochemische Wahrheit:

Vampire (und auch Werwölfe) sind keine reine Erfindung, sondern Phantasiebilder und deren übersteigerte Wahrnehmung im Krankheitsverlauf des Leidens an Porphyrie. Dabei handelt es sich um eine seltene (wahrscheinliche) Erbkrankheit mit gestörter Synthese des Blutfarbstoffes und erhöhter Lichtempfindlichkeit der Haut. Die Betroffenen suchen die Dunkelheit. Aus dieser Stoffwechselanomalie resultieren Blutarmut und Blässe, starker Haarwuchs, aufgesprungene rote Lippen, rot verfärbte Zähne und Verstümmelungen an Ohren, Nase und Fingerkuppen sowie Epilepsie. Früher konnten sich solche Patienten nur durch Trinken von Tierblut Linderung verschaffen. Kein Wunder, wenn ahnungslose Mitmenschen den Betreffenden Böses nachsagten.

Die Krankheit selbst tritt verstärkt in Gegenden auf, in denen aus Gründen der Abgeschiedenheit Inzucht keine Seltenheit ist. Inzucht aber ist eine zutiefst geheime Angelegenheit. Deshalb wurde auch über Jahrhunderte hinweg keine Verbindung zwischen Inzucht und der Krankheit erkannt. Die Story um den Grafen Dracula handelt in einer solchen Landschaft.

Von einigen Schwefelverbindungen ist bekannt, sie störten den Aufbau und die Funktion des roten Blutfarbstoffes. Für Porphyr-Gefährdete bedeutet dies jedoch stets höchste Gefahr, und deshalb meiden sie schon rein gefühlsmäßig (und vom Geruch her) den Knoblauch.

In Dresden fand diesbezüglich eine interessante und eigentlich denkwürdige Begebenheit statt, und der städtische Richtplatz war der traurige Ereignisort. Am 5. 6. 1755 wurde in der sächsischen Metropole ein gewisser Zeibig wegen Mordes öffentlich enthauptet.

Der damalige Schneidergeselle Wiedemann, an Porphyrie (und verstärkt an Epilepsie) leidend, richtete ein Bittgesuch an den sächsischen Premierminister und Reichsgrafen Heinrich von Brühl, zwecks Genesung von seiner Krankheit das Blut des Hingerichteten trinken zu dürfen.

Eine Registratur im Dresdner Archiv vermerkt, Brühl habe dem Ersuchen stattgegeben und Wiedemann auch das Blut des Delinquenten getrunken. Ob es geholfen hat, ist nicht überliefert.

Der Knoblauch indes hilft beim gesunden Menschen immer gegen irgendein Zipperlein. Die Zuordnung der so positiven Wirkstoffe ist jedoch längst noch nicht abgeschlossen.

Seine Verwendung in der Küche wird nicht von allen gemocht, ist aber dennoch nicht wegzudenken. Um seinem teilweise aufdringlichen Aroma zu entgehen, sollte man ihn nicht nur zum Fleisch und Gemüse hinzugeben, sondern vorher in heißem Fett kurz anbraten, dann verfliegen die Geruchsstoffe und der Geschmack wird erträglich. Sonst aber ist Knoblauch in der Küche eine Frage der regionalen Geschmacksentwicklung geblieben – manche mögen ihn, andere wieder nicht.

Eierschecke – eine sächsische Kuchen-Spezialität

„Den allertrübsten Fleck in Deutschland hab ich im Augenblick inne: Dresden, das Land der Kuchenfresser, die verwaschenste, farbloseste breiweichste Generation, die es in Deutschland gibt: Volk wie nasser Schwamm, nicht Welf, nicht Ghibellin, bloße träge Maulaufsperrer, die immer noch glauben, das alles geschehe bloß ‚draußen' und bloß, damit sie zu ihrem schlechten dünnen Kaffee alle Morgen eine interessante Zeitung zu lesen haben."

(Robert Prutz an Herwegh, 12. März 1848)

Die nördliche sächsische Eierscheckengrenze verläuft etwa auf der Linie Haldensleben-Doberlug-Kirchhain-Görlitz. Nördlicher davon ist Eierschecke entweder gar nicht oder nur sporadisch anzutreffen. Niemals aber in solcher Qualität wie in den Eierscheckenzentren Dresden und Leipzig.

Das Erzgebirge ist die südliche Grenze mit der Eierscheck vu Annabarg (Annaberger Eierschecke). In ihrer heutigen Qualität ist die Eierschecke etwa 100 Jahre alt.

Erst Ende des 17. Jahrhunderts wurden spezielle Öfen (Konditoreiöfen) entwickelt. Dort konnte feines Gebäck hergestellt werden (petits fours – „kleine Öfchen"). Vordem buk man alle Torten, Pasteten, größere Braten, Kuchen und Brot zusammen in großen Gemeinschaftsbacköfen, deren Temperatur kaum regelbar war. Brot sah damals auch etwas anders aus als heute, denn der Teig ging kaum auf, wurde mehr „getrocknet" als gebacken. Feines Backwerk konnte noch nicht hergestellt werden. Vor allem änderte sich ab Anfang des 18. Jahrhunderts die Qualität des Mehles. Der Stoff, aus dem erstklassige Kuchen bestehen, wurde nun fein wie Staub gemahlen und locker wie Schnee gebeutelt. Mit dem leichten, kleiearmen Mehl ließ sich jetzt lockerer und leckerer backen. War bis dahin die geschmacksprägende Hefe einziger Treibstoff für den Teig, so entdeckte man nun die Triebkraft der Eier. Um 1720 wurden die ersten mehleigebundenen Füllcremes „erfunden", die im weitesten Sinn mit eine Voraussetzung für Eierschecke sind.

Der Name stammt vom mittelhochdeutschen Wort „schecke, scheggen" ab, was soviel wie bunt machen oder streifig bedeutet. Angesichts der braunen Decke, der gelben Eier- und weißen Quarkmasse der Eierschecke im Querschnitt trifft dies auch optisch zu.

In einschlägigen Kuchenbüchern um 1800 erscheint die Eierschecke noch nicht. Auch im Deutschen Wörterbuch der Brüder Grimm (ab 1833) findet sie keine Erwähnung, genauso wenig wie im Dresdner Koch (1830) oder im Meisterwerk der Speisen und Getränke (Blüher, 1894).

Dafür meldet das Universallexikon der Kochkunst (Leipzig, 1897), Eierschecke sei ein sehr wohlschmeckender, in einigen Gegenden Sachsens üblicher Kuchen. Das Konditorei Lexikon von Bierbaum (Straßbourg 1898) bringt Eierschecke als Dresdner Spezialität, allerdings ohne Quark, nur mit Mandeln, Rosinen, Zucker, Butter und zerquirlten Eiern. Die Verwendung von Quark kommt erst nach 1920 in Mode und scheint das Verdienst der sächsischen Bäcker und Konditoren zu sein. In Weber's Radebeuler Konditoreifachschule wird 1939 sogar eine leichte billige und eine feine schwere Eierschecke propagiert.

Hierzu einige unterschiedliche Rezepte im Originaltext:

1. O. Bierbaum, Conditoreilexikon, Straßbourg 1898:

DRESDNER EIERSCHECKE

875 Gr. Guter Hefeteig wird ausgerollt, auf ein Kuchenblech gelegt, ein Rand herum gesetzt, gehen lassen und so folgende Masse, gut gequirlt, darauf gegossen: 16 Eigelb, 4 ganze Eier, 200 Gr. Zucker, 375 Gr. zerlassene Butter, 50 Gr. Mehl, Rosinen, Corinthen und Mandeln.

2. Universal-Lexikon der Kochkunst, Verlag J. J. Weber, Leipzig 1897

EIER-SCHECKE

Ein sehr wohlschmeckender, in einigen Gegenden Sachsens üblicher Kuchen. Man rührt 10 Eidotter mit 300 Gramm Zucker schaumig, fügt eine Stange feingestoßene Vanille hinzu, lässt 250 Gramm Butter über dem Feuer schmelzen, bis sie klar ist, und gießt sie unter fortwährendem Quirlen zu der Eiermasse, lässt jedoch den Satz zurück. Den inzwischen gut aufgegangenen Hefenteig rollt man auf dem Backblech auf, bestreicht ihn mit der Eiermasse, streut feingeschnittene Mandeln, Sultaninenrosinen und Korinthen darüber und lässt den Kuchen im wohlgeheizten Backofen hellbraun backen.

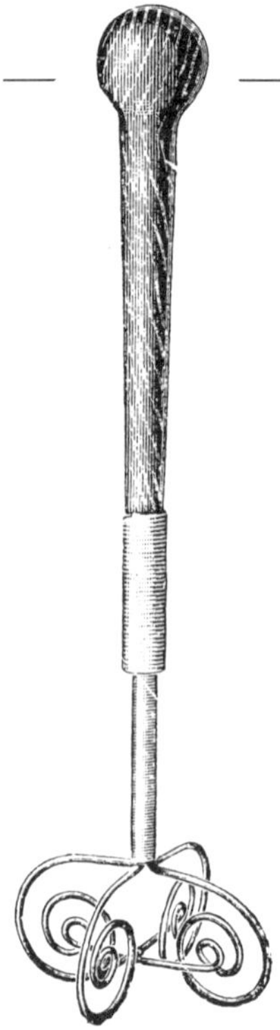

3. G. O. Ferrario, Deutsches Kochbuch, Dresden 1896

EIER-SCHECKE

Von einem Hefeteig macht man einen nicht zu dünnen Kuchen mit einem aufstehenden Rand. 135 Gramm Butter werden aufs Feuer gesetzt, 135 Gramm Mehl dazu geschüttet, 1 Minute geröstet und nach und nach 3/4 Liter Sahne aufgegossen, so dass man einen schönen, gleichmäßigen (nicht klumpigen) Crème erhält. Wenn der Crème erkaltet ist, rührt man 70 Gramm Zucker, 10 Eidotter, Muskatblüte, Zitronenschale und zuletzt den fest geschlagenen Schnee der 10 Eiweiß darunter. Bevor man diesen Guß auf den Kuchen gibt, muss man diesen gut stechen; dann bestreicht man ihn mit zerlassener Butter, streut geschnittene Mandeln und Sultaninenrosinen darauf. Kommt der Kuchen aus dem Ofen, so wird er gut gebuttert und mit Zucker bestreut. Auch kann man etwas Reibekäse überstreuen.

4. A. von Bülow (Herausg. Zeitschrift „Küche im Monat", Berlin) Deutsche Kochkunst, Zeulenroda/Thür. 1936

EIERSCHECKE – DRESDNER REZEPT

Man stellt einen Hefeteig her, legt ihn auf das Backblech und bepinselt ihn mit zerlassener Butter. Darauf gibt man eine Mischung von 125 g abgezogener, grob gehackter Mandeln und 125 g gesäuberten Sultaninen. Ueber diese wird die folgende Eiermasse gestrichen: Man kocht 3/4 Liter Milch mit 125 g Butter auf, gießt 1/2 Liter kalte, mit 125 g Mehl verquirlte Milch dazu und kocht einen dicken Brei davon. Wenn die Masse abgekühlt ist, rührt man 10 Eigelb, die man mit 100 g Zucker vermischt hat, langsam dazu und zieht den Schnee der 10 Eiweiß zuletzt darunter. Ist die Masse auf dem Teig verteilt, so kommt er gleich in den Ofen und wird 20–30 Minuten gebacken.

Erst 1939 kommt, wie im nachfolgenden Rezept, die Quarkmasse hinzu:

5. Weber's bildlicher Fachunterricht zu Höchstleistungen in moderner Konditorei 3. Auflage, E. Weber, Internationaler Konditorei-Fachverlag, Radebeul-Dresden 1939:

EIERSCHECKE
für 1 Backblech im Ausmaß von 42 x 84 cm, ergibt 64 Stück

1 kg fertiger Hefeteig, dünn gerollt und auf ein gefettetes starkes Blech gelegt, wird 3 mm stark mit fertiger Quarkmasse bestrichen. Darauf werden 300 g Streusel, 80 g Rosinen und 60 g gehobelte weiße Mandeln gestreut. Danach wird die Aufstrichmasse für Eierschecke darübergestrichen und das Ganze heiß gebacken.

Nach dem Ausbacken wird der Kuchen mit aufgelöster Butter bestrichen und mit Vanillebackzucker bestreut. Die einzelnen Stücke schneidet man 5 x 10 cm groß. Der Kuchen muss beim Backen auf allen vier Seiten mit einem Rand umgeben sein, weil die Masse im Ofen flüssig wird. Auch der Ofen muss eine gerade Backfläche haben. Als Quarkmasse wird dieselbe verwendet, wie unter Quarkkuchen genannt ist.

AUFSTRICHMASSE I. FÜR SCHWERE, FEINE EIERSCHECKE:

600 g Butter, 150 g fertige Vanillekrem, 15 g geriebene bittere Mandeln, $^1/_8$ Li. Schlagsahne, 8 Eier, 25 g Mehl
Butter, Sahne und Vanillekrem werden gut schaumig gerührt und die Eier nach und nach darunter gegeben, zuletzt die Mandeln und das Mehl.

AUFSTRICHMASSE II. FÜR LEICHTE, BILLIGE EIERSCHECKE:

Hefeteig und Quarkmasse werden wie oben verarbeitet, nur kommen darauf 100 g Rosinen und folgende Masse: 12 Eiweiß, 190 g Staubzucker, 12 Eigelb, 100 g Mehl, $^1/_4$ Li. Steife Sahne, 15 g fein geriebene bittere Mandeln und etwas abgeriebene Zitronenschale.

Von Konditor zu Konditor und Haushalt zu Haushalt wird die Eierschecke individuell ziemlich verschieden zubereitet.

In der Koch- und Backliteratur der DDR gab es zahlreiche Variationen von Eierschecken, mit Schokoladenüberzug, mit Aprikosen oder Pfirsichen zwischen Quark und Eiermasse oder mit Kokosraspeln verfeinert.

So kann man sich irren. Am Anfang war nicht das Wort, sondern der Löffel.

Lange bevor sich nämlich der Ur-Homo-sapiens eine Muttersprache ausdachte, schnitzte er sich aus Holz, Beckenknochen, Elfenbein, Muschel- oder Fruchtschalen Löffel als Schlürfhilfe zum Genießen seiner Eintöpfe.

Als Symbol hat der Löffel zudem steilere Karriere gemacht als jedes andere Besteckteil.

Für die gedeckte Tafel sind Löffel verschiedenster Formen unentbehrlich. Dass ihre Herstellung einst eine Domäne sächsischer Gebrauchsindustrie war, ist weniger bekannt.

In einem Bericht von 1785 an den Kurfürsten Friedrich August III. wird erwähnt, die Löffelmacherei im Erzgebirge bestünde bereits mehr als 300 Jahre.

Was heute kaum noch bekannt ist, bezeugen die ältesten erhaltenen Kirchenbücher.

Mit der Entstehung der Eisenindustrie in den Gegenden von Schwarzenberg-Aue im 15. Jahrhundert verdingten sich zahlreiche Erzgebirgler als Blecharbeiter, Blechschmiede und Löffelmacher. Mittelpunkt der Löffelherstellung wurde seit etwa 1450 die Stadt Beierfeld. Zuzüglich der eingepfarrten Ortschaften Wildenau und Sachsenfeld befand sich hier das Zentrum der modernen Löffelherstellung Europas.

Die Löffel des 15. und 16. Jahrhunderts wurden roh aus einem Stück Eisen geschmiedet. Bis zu drei Dutzend schaffte ein Meister damals pro Tag. Diese Qualitätsprodukte waren schier unverwüstlich und wurden nach ganz Europa und Übersee exportiert. Zwischen 1700 und 1710 begann man die Löffel aus Blech zu fertigen und kalt zu täufen. Gleichzeitig erfanden die Beierfelder ein Verfahren, wonach die Löffel in industriemäßiger Arbeitsteilung aus vorgefertigten Blechplatten gestanzt, poliert, gebeizt und verpackt wurden. Dies führte zur Verdopplung der Produktion. Auf Wunsch der Kunden konnten die Rohlinge entweder englisch oder auf deutsche Art verzinnt werden, wobei man sie im schwarzen Zustand je nachdem vor oder nach der Beize mit einem Schwanzhammer polierte. Eine wichtige Rolle für die Löffelmacherei und den Export spielten Beierfelder Handelsleute. Sie waren

Ed. Heinrich Fröhlich. Metallwarenfabrik in Beierfeld

nachweisbar auf den Märkten in Frankfurt/Main, Leipzig, Halle, Dresden, Rostock, Goslar, Magdeburg, Frankreich, England und Amerika. Für Lieferungen auf die Märkte in Übersee erhielten die Verpackungskisten schon seit Anfang des 18. Jahrhunderts wasserdichte Zinkeinsätze. Ab 1750 bot man statt der üblichen zwei Hauptsorten mehrere Varianten an. Um 1810 erreichte die Kollektion 70 verschiedene Löffelmuster, vom groben Bauern- bis zum Potagenlöffel, mit einem Jahresergebnis von 200000 Dutzend. Schon 1725 hatten Hammerschmiede aus dem Schwarzwald die für damalige Verhältnisse modernste Technik der Löffelmacherei im Erzgebirge praktisch in ihre Heimat „übernommen". Nach den Hungerjahren 1771–73 verließen zudem zahlreiche Beierfelder Löffelmacher das Erzgebirge und wurden aufgrund ihrer Fertigkeiten gern gesehene Arbeiter in Frankreich, Schlesien, Böhmen und Preußen. Damit begann auch die Konkurrenz für die Beierfelder Löffelmacher. Aus der Not heraus verlegten sich nun einige auf die Herstellung „gemedelter" Löffel und wurden Löffelstecher. Mittels schraffierter Stempel verzierten die „Künstler" ihr Produkt mit Figuren und Abbildungen, teilweise mit Lackfarbenauftrag. Solche Löffel dienten meist als Schmuck, Andenken oder später – mit Heldensprüchen versehen – als Reliquie für Verehrer von König, Kaiser und Vaterland. In den Zwanzigerjahren des 20. Jahrhunderts war es dann abrupt vorbei mit der Löffelherstellung im Erzgebirge.

Zum Andenken an die fleißigen Löffelmacher führt die Gemeinde Beierfeld seit 1995 alljährlich am Wochenende zu Himmelfahrt das Löffelmacherfest durch. Nach einigen Gläsern Beierfelder Löffelmacherlikör werden die alten Zeiten wieder lebendig, zumindest vor dem geistigen Auge.

Eine vergessene sächsische Spezialität – Schwarze Nüsse

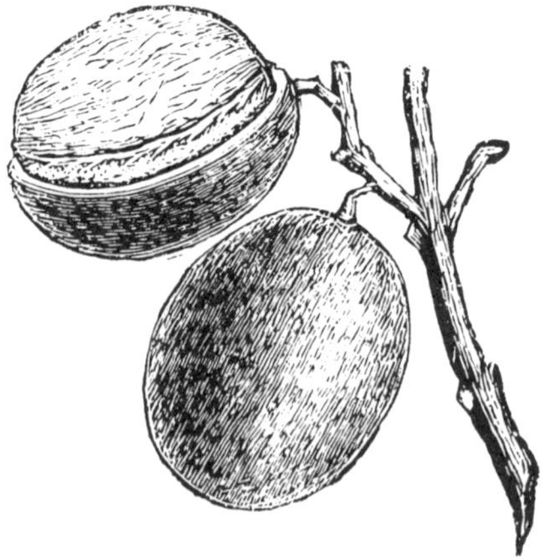

Es gibt sie nur einmal im Jahr, die schwarzen Nüsse. Die Urgroßmutter kannte das Rezept noch, heute kauft man sie fertig in Delikatessläden. Aber die wenigsten wissen noch, was sich dahinter verbirgt und wie selbst gemachte schmecken.

In der 1. Hälfte des Monats Juli abgenommene grüne Walnüsse, deren innere Schale noch weich ist, durchsticht man mehrmals rundherum mit einer Spicknadel, einer Rouladennadel oder einem Holzspieß. Dann müssen die Nüsse, um ihnen das Bittere zu nehmen, noch 14 Tage in kaltem Wasser liegen, welches täglich erneuert wird. Schließlich kocht man sie in leichtem Salzwasser auf mäßiger Hitze, bis sie weich werden. Eine Nacht lang bleiben sie nun wieder in kaltem Wasser liegen.

Morgens auf ein Sieb legen und abtropfen lassen. Nun 500 Gramm Nüsse abwiegen. 600 Gramm Zucker mit einem halben Liter Wasser verkochen. Dieses Zuckerwasser über die Nüsse gießen. Am nächsten Tag den Zuckersaft mit etwas Kartoffelstärke sirupartig einkochen und darin die Nüsse einlegen. Man wiederholt diesen Vorgang 6 Tage lang und gibt bei Bedarf noch etwas Zucker hinzu. Beim letzten Aufkochen müssen unbedingt Nelken und Zimtstangen dazugegeben werden. Am sechsten Tag den Zuckersirup wieder aufkochen, die Nüsse darin kurz wallen lassen und in Schraubgläser füllen. Ist der Sirup kalt, schüttet man ihn über die Nüsse ins Glas. Weil der Sirup immer nur kalt auf die Nüsse gegeben wird, bleiben sie saftig.

Gut abgedichtet halten sich die Nüsse bis zu einem Jahr. Man kann sie als Kompott essen, zu Wildgerichten, aber auch zur Weihnachtsgans.

Sachsen – Zentrum der Schokoladenindustrie

Vor 1800 kannte ein Großteil der Bevölkerung das Produkt (Ess-)Schokolade nicht oder kaum. Die erste europäische Schokoladenfabrik entstand ungefähr zwischen 1615 und 1649 im spanischen Cadiz, genauer ist das Datum nicht festzulegen. Dabei handelte es sich noch um Manufakturbetriebe, die Schokolade als Gesundheitspastillen für Apotheken nach altmexikanischem Vorbild herstellten, wie es in der Leipziger Apotheken Succolada 1669 genannt ist. Am 11. Februar 1727 kam durch die Vermittlung der sächsischen Regierung zwischen Händlern und Apothekern ein Vergleich zustande, aus dem hervorgeht, dass die Apotheker bestimmte Rohstoffe ganz oder gestoßen führen könnten, nicht aber medizinische Präparate daraus machen dürften. Unter anderem sei ihnen gestattet, von den Opiaten und Giften Chocolade anzubieten. *(vgl.: Die Dresdner Handelsinnung 1654–1904, Dresden 1904)*

Ein damals praktiziertes Verfahren der Schokoladenherstellung beschreibt das sächsische Kochbuch „Die erfahrene und belehrende Wirtschafterin – oder deutliche Anweisung zu allem, was eine angehende Hausfrau außer der Küche von der Wirtschaft zu wissen nöthig hat, um derselben zweckmäßig vorstehen zu können", Pirna 1808.
Darin heißt es:

CHOCOLATE ZU MACHEN

Man stößt 2 Pfund Cacao so lange, bis er in Fluß kommt; schüttet dann 5 Pfund klar gestoßenen Meliszucker darunter; setzt einen eisernen Mörser auf das Feuer und rührt es fleißig, bis man den Finger nicht mehr darinnen leiden kann. Dann stößt man die Masse wieder, bis sie flüssig wird; drückt sie in Formen, und lässt sie erkalten. Man kann auch etwa 4 Loth gerösteten Reis dazuthun. Die Chocolate ohne Vanille heißt Gesundheitschocolate. Ehe man den Cacao stößt, muß man den Mörser auf einem Windofen oder über dem Feuer so heiß werden lassen, dass er zischt, wenn man Wasser eingießet. Zu feiner Chocolate nimmt man 2 Pfund Cacao, 4 Pfund Zucker, etliche Quentchen Cardamomen, 2 Loth gestoßenen Zimt, auch noch andere beliebige Gewürze und Vanillenöl.

Schulwandtafel: Max Eschner „Schokoladebereitung", F. E. Wachsmuth, Leipzig

Dagegen erwähnt Bruckmann *(vgl.: Fr. Ernst Bruckmann, Relatio – de avellaua mexicana vulgo Cacao, Braunschweig 1728)* bereits Schocoladentorte, Schocoladenkränze und Chocoladenkonfekt.

Da es noch keine Schokoladenfirmen in Deutschland gab, importierte schon das 1745 in Leipzig gegründete Handelshaus Riquet & Co. Kakao zur Herstellung von Schokolade für den Haushalt nach obigem Rezept. Nach bisherigen Erkenntnissen entstand die erste deutsche Schokoladenfabrik (Manufaktur) etwa 1756 oder 1765 in Steinhude bei Hannover, eingerichtet durch Wilhelm von Schaumburg-Lippe (1724–1777). Um eine für damalige Verständnisse möglichst originale Herstellung zu garantieren, stellte man nur „Facharbeiter“ aus Portugal ein. Die Verarbeitung der Kakaobohne unterschied sich nicht von der besagten altmexikanischen Methode.

Erst Anfang des 19. Jahrhunderts entstanden mehr und mehr Schokoladenfabriken, vor allem in Sachsen; in Halle 1804 die „David Söhne AG“, in Leipzig 1821 die Firma „Wilhelm Felsche“ und im gleichen Jahr die „Chocolatenfirma Fiedler & Viehweger“ in Glauchau. Dazwischen geriet die Schokolade in Deutschland kurzfristig in Verruf. Der Grund dafür war, dass man dieses köstliche Produkt mit einigen auftretenden Vergiftungserscheinungen in Zusammenhang brachte *(vgl.: G. Klemm: Allg. Culturwissenschaften – Die materiellen Grundlagen menschlicher Kultur, Leipzig 1855 / Hartwich: Die menschlichen Genussmittel, Leipzig 1911)*

1823 wurde in Dresden die Firma von Jordan & Timaeus gegründet, zur Herstellung von „Speise Chokolade, Künstlerlebkuchen“ und ganz am Anfang von „Cichorien“. Jordan & Timaeus machten die Schokolade allgemein bekannt, demokratisierten diese überregional und wurden 1831 Hoflieferant. Von hier aus ging wahrscheinlich 1839 die erste Milchschokolade in die Welt.

Nach anderen Quellen soll Milchschokolade aber erst 1875 oder 1876 in der Schweiz durch Daniel Peter, einen Schwiegersohn von F. L. Cailler, marktreif vorgestellt worden sein. Die Caillers gründeten bereits 1819 in Vevey die erste Schweizer Schokoladenfabrik und verwendeten ab ca. 1820 Maschinen mit zwei Walzen, zwischen denen die bisher mit Hand und Rolle (nach altmexikanischer Methode) bearbeitete Masse geknetet wurde. *(vgl.: Sandgruber/Kühnel, Katalog zur Ausstellung Genuß & Kunst, Schloß Schallaburg 1994 / Tornius, Das Buch über die Schokolade, Leipzig 1931 / Mollenhauer, Aus der Kinderstube der Lebensmittelindustrie, Gernsbach 1988)*

Als 1828 der Holländer van Houten erstmalig entöltes Kakaopulver auf den Markt brachte, war mit der Trennung von Kakaobutter und Kakaomasse der Grundstein für ein breiteres Spektrum von Schokoladenerzeugnissen gelegt.

1830 wurde die Schokoladenfabrik Gauding in Leipzig gegründet, weiterhin in Dresden 1838 Lobeck & Co, 1843 Petzold & Aulhorn, 1858 Rüger im Lockwitzgrund bei Dresden und 1870 Hartwig & Vogel (Hersteller von Tellschokolade, Tellapfel und Cacao vero,

dem ersten reinentölten Kakaopulver in Deutschland), später Riedel & Engelmann mit der Schwerter Schokolade und Selbmann's Dampf-Schokoladenfabrik. Bei Petzold & Aulhorn soll 1848 die erste Tafelschokolade produziert worden sein. Allein die Dresdner Schokoladenfabriken stellten 1880 etwa 30% der gesamten in Deutschland produzierten Schokoladenerzeugnisse her. *(vgl.: Roder – Hrsg., Schokolade, Bremen 2002)*

Hinsichtlich des Bestrebens nach Verbesserungen ihrer Produkte wetteiferten die Schokoladenfirmen untereinander mit markigen Werbeslogans und ständigen Neuerungen, sodass nicht immer ganz klar war (und heute noch nicht ist), wer wirklich etwas erstmalig herausbrachte. Erst 1877 legte eine vom Reichsgesundheitsamt berufene Kommission von Sachverständigen des Verbandes deutscher Schokoladenfabrikanten eine Vereinbarung vor, die lebensmittelrechtlich festlegte, was Schokolade ist. Zusätze mussten demnach auf dem Etikett vermerkt sein und Schokolade im Sinne dieser Vereinbarung erhielt eine „Reinheitsmarke". *(vgl.: Dammer, Illustriertes Lexikon der Verfälschungen und Verunreinigungen der Nahrungs- und Genussmittel, Leipzig 1887)*

Die Entwicklung der sächsischen Schokoladenindustrie trieb den dazugehörigen Maschinenbau für Spezial- und Hilfsmaschinen für die Massenproduktion im eigenen Land in rasantem Tempo an. Schon zu Beginn der industriellen Produktion von Schokolade begann die 1834 gegründete Maschinenfabrik Lehman in Dresden innovative Technik zu entwickeln. Revolutionierend war beispielsweise 1840 die technische Neuerung des Mischens und Zerkleinerns der Schokoladenrohstoffe durch den Rundlauf mit Hilfe eines Granitwalzwerkes im sogenannten Melangeur (Kollergang). 1850 entstand die erste Kakao-Entölungs-Handpresse und wenige Jahre danach die hydraulische Presse mit Handpumpe. 1898 baute Lehmann die erste Längsreibemaschine als Vorläufer der späteren Conchen, deren Einsatz Feinheit und Geschmack der Schokolade weiter verbesserte. Um 1900 wurde schließlich das sogenannte Reformwalzwerk mit senkrecht stehenden Stahlwalzen entwickelt. Ab 1900 musste Lehmann seine Firma wegen notwendiger Produktionserweiterung nach Heidenau zwischen Dresden und Pirna verlegen.

Ebenso wichtig wurde für die Schokoladenindustrie und dazugehörige Kleinbetriebe die 1870 von Anton Reiche gegründete Firma für Schokoladenformen und Blechpackungen, Maschinen und Gerätschaften, die ihre Produkte sehr erfolgreich weltweit vertrieb.

Musterbuchseite für Schokoladenformen der Firma Anton Reiche

Von Bratäpfeln, Müffchen und anderen typisch sächsischen Leckereien

Natürlich, auch Worte können auf der Zunge zergehen. Aber bei Bratäpfeln hört der Spaß auf, die muss man kosten.

Das ist ein Klang, ein Duft, das sind Erinnerungen an Großmuttertraditionen. Uralte Weihnachtsvorfreude im Familienkreis, wenn in der Ofenröhre die Äpfel kreischend und zischend platzen, köstlich duften und unbeschreiblich munden.

Das war einst so im Bauernhaus genau wie in der bürgerlichen guten Stube oder im herrschaftlichen Schloss.

Gleich die älteste Erwähnung dieses Brauchtums führt in die höchsten Gesellschaftskreise. Nur dass da nicht von Äpfeln, sondern von Birnen die Rede ist.

Die Vorliebe für den Bratapfel jedenfalls hat sich der sächsische Hof bis zuletzt erhalten.

König Friedrich August III. briet mit seinen Kindern persönlich in der Advents- und Weihnachtszeit Bratäpfel, die er vorher selbst unter dem Weihnachtsbaum aussuchte.

Immerhin, Matthias Claudius feierte, fasziniert vom Duft in privatem Umfeld regelrechte Bratäpfelfeste.

Jean Paul lagerte im Herbst so viele Äpfel ein, dass er bis zum Sommer des nächsten Jahres Bratäpfel herstellen konnte. Als er 1822 in Dresden herbergte, mitten im Mai, bewirtete man ihn mit Bratäpfeln.

Ein Menschenalter später brachte Paul Lindau (1839–1919) in seinem Theaterstück „der Zankapfel“ (1876) den Bratapfel sogar auf die Bühne.

Eine feine Bratapfelfüllung von und für sächsische Labberguschen (Schleckermäuler) und für die Allgemeinheit sei hier beschrieben:

BRATÄPFEL MIT VANILLESAUCE

Man nehme Boskop-Äpfel, wasche diese und steche das Kerngehäuse aus. Für die Füllung Butter zerlassen und nacheinander gehackte Haselnüsse, etwas gemahlenen Zimt, etwas Zitronensaft, Honig und Rosinen hineingeben. Alles so lange rühren, bis es ein dicker Brei wird. Nun die Äpfel damit füllen, die Apfelschale ringsherum etwas einritzen und den gefüllten Apfel mit Butter übergossen bei 200 °C ca. 8–10 Minuten (je nach Größe) im Ofenrohr backen.

Der Bratapfel muss heiß gegessen werden. Er passt bestens zu Wildgerichten, zur Weihnachtsgans oder allein als Dessert mit Vanillesauce begossen.

Aber die Sachsen wären keine Süßguschen, hätten sie nicht noch andere Spezialitäten im Angebot, wie beispielsweise:

PFLAUMENMUS-MÜFFCHEN

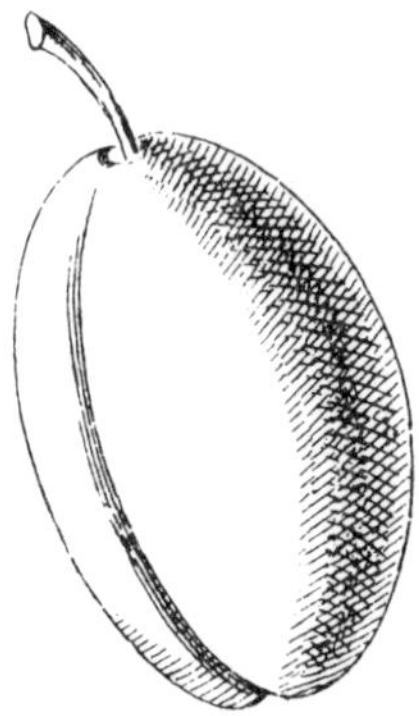

Blätterteig wird 3 x 4 cm groß und talerdick ausgestrichen, am äußersten Rand von der Hälfte des Teiges werden Häufchen von Pflaumenmus (oder Backpflaumen) gesetzt, der leer gelassene Teig darüber geschlagen, dann mit einem Backrädl die Müffchen wie Pfannkuchen abgerädelt. Diese dann auf ein mit Backpapier belegtes Blech gesetzt, mit zerquirlten Ei bestrichen, mit gehackten Mandeln und Zucker bestreut und sodann schön gelbbraun gebacken.

PFLAUMENHÜCKCHEN

sind Müffchen, die vor Ende der Garzeit mit Zucker oder Zuckersirup belegt oder übergossen werden, wodurch das Backwerk glaciert.

ARME RITTER MIT APFELMUS

Sie sind zwar schon Bestandteil des Kochbuches von Frantz de Rontzier *(Wolfenbüttel 1598)*, dennoch gehören Arme Ritter in den sächsischen Süßspeisenschatz.

Altbackene Weißbrotscheiben werden in einem zerquirlten Gemisch von Milch, Eiern und Zucker eingeweicht, dann in geriebenen Semmelbröseln gewälzt und in tiefem Fett braun gebacken. Anschließend mit Zimt und Zucker bestreut und mit Apfelmus serviert. Arme Ritter werden veredelt zu reichen Rittern, indem man zwischen zwei Brotscheiben noch Marmelade als Füllung streicht, diese aneinanderpresst, einweicht und dann brät.

HEIDELBEERGETZEN

Aus Mehl, Milch, Eiern, Selterswasser und einer Prise Salz einen dicken Eierkuchenteig bereiten. In einer „Getzenpfanne“ (hochrandige Eisengusspfanne) Schmalz erhitzen, die Getzenmasse etwa 1 cm dick gleichmäßig einfüllen, die gewaschenen, abgetropften Heidelbeeren sofort auf den Teig verteilen und den Getzen in der Ofenröhre etwa 30 Minuten backen. Der Teig muss gut durchbacken und am Rand knusprig sein. Vor dem Essen dick mit Zucker und Zimt bestreuen und lauwarm servieren.

KIRSCHEN IM WEINSCHAUM

Kirschen gut waschen, entsteinen, mit Zucker unter Zugabe von 3 Esslöffeln Wasser dünsten, erkalten lassen und ohne Saft in Schalen füllen. Weißwein, Eier und Zitronensaft mischen und auf kleiner Flamme bei ständigem Rühren mit einem Schneebesen erhitzen, bis eine kremige Bindung erfolgt. Vom Herd nehmen, etwas abkühlen lassen und über die Kirschen geben. Alles mit Schokoladenstreuseln und gehackten Haselnüssen verzieren.

WÜRZBIRNEN

Birnen schälen, halbieren, Kerngehäuse und Blüte entfernen, abspülen und mit Zitronensaft beträufeln. Rotwein mit Johannisbeersaft, Zucker, Nelken, Zimt und geriebener Zitronenschale aufkochen, die Birnen darin bissfest kochen und herausnehmen. Die Rotweinflüssigkeit mit noch ein wenig Zucker zu Sirup einkochen, erkalten lassen und über die Birnen geben. Mit Schlagsahne oder Vanillesauce und gehackten Haselnüssen zu Tisch geben.

PFLAUMENPRALINE

Backpflaumen in kleine Stücke schneiden, zu gleichen Teilen mit Puderzucker kneten, etwas Zitronensaft zugeben und daraus walnussgroße Kugeln formen. Die Kugeln in gehackten Haselnüssen wenden, alles durch flüssige Kuvertüre ziehen und erkalten lassen. Sächsische Labberguschen fügen der Pflaumenmasse noch etwas Marzipan bei, wodurch alles noch süßer wird.

APFELKLÖSSE

Aus Mehl, Eiern und Milch mit ein wenig Salz einen nicht zu festen Teig herstellen und kleine Würfel von geschälten Äpfeln untermischen, eine Messerspitze Zimt dazugeben und alles gut durchziehen lassen. In einem großen Topf (wie für Kartoffelklöße) Wasser aufkochen, salzen, mit feuchtem Suppenlöffel Klöße von der Masse abstechen und diese darin etwa 15–20 Minuten ziehen lassen.

Die fertigen Klöße herausnehmen, mit gebräunter flüssiger Butter übergießen und mit Zucker und Zimt bestreuen. Dazu passen kalte Vanillesauce und gehackte Nüsse obenauf.

SCHMÄTZCHEN (einfache Variante)

2 Eiweiß, 125 g Staubzucker, 1 Teelöffel Vanillezucker und Mandeln. Das Eiweiß zu steifem Schnee schlagen und nach und nach den Vanillezucker mit einem Drittel des gesiebten Staubzuckers daruntergeben. Anschließend den Rest des Zuckers mit einem Löffel unterziehen, damit die Masse nicht schmierig wird. Auf ein gefettetes, mit Mehl bestäubtes Backblech runde Formen spritzen (Spritzsack mit Tülle), mit geriebenen Mandeln bestreuen und bei ca. 180 °C etwa 15–20 Minuten backen.

KRÄBBELCHEN ODER QUARKSPITZEN

50 g Butter, 100 g Zucker, 1 Zitrone, 1 Vanillestange, 3 Eier, 200 g Quark, 50 g Sultaninen, 30 g geriebene süße Mandeln, 1 Päckchen Backpulver, 200 g Mehl, 500 g Kokosfett.

Zerlassene Butter mit Zucker, Zitronensaft und abgeriebener Zitronenschale, Vanillemark und den Eiern verrühren. Quark, Sultaninen und Mandeln zufügen. Backpulver und das Mehl vermischen und ebenfalls zufügen. Aus der Masse mit einem Esslöffel Klößchen abstechen und im siedenden Fett goldbraun backen. Die Kräbbelchen müssen lauwarm gegessen werden, beim Draufbeißen noch etwas knacken und vorher mit Puderzucker bestreut werden. Dazu passt eine Sauce aus Himbeeren oder Schokolade.

Küchenordnung von Gottes Gnaden Christian Herzog zu Sachsen des Heiligen Römischen Reiches 9. Juni im Jahre 1590 (Auszug)

Am sächsischen Hof gab es im Lauf der Jahrhunderte und unter den verschiedenen Wettiner Fürsten und Kurfürsten und polnischen Königen sehr viele Veränderungen der Küchenordnung. Dies hängt natürlich damit zusammen, dass immer wieder gespart werden musste. Genau wie heute wurden zuerst im Hinterland Etatkürzungen vollzogen. Bis auf August den Starken waren die Wettiner eigentlich Landesfürsten und Könige, die zumindest wussten, dass nur so viel ausgegeben werden kann wie vorhanden ist. Und um wirtschaftlich zu sein, muss mehr eingenommen als ausgegeben werden.

In der Praxis wurden deshalb klare Anweisungen gegeben:

„... das wir aus erforderung der notdurft nicht umgehen mögen unsere Küchenordnung in etlichen Punkten zu ändern und dieselbe unseren angenommenen Küchenmeister Carl von Friesen, dem Hausvoigt Hansen Thilen auch unseren beiden Küchenschreibern Hans (Johann) Deckarten und Melchior Schleinitzen zuzustellen.

Nach welcher sich auch jeder unser bestellten Mundköche, Ritterköche, Bratmeister und gemeine Köche, auch ihr Gehülfen und junge ihrer geleisteten Pflichte innehabender bestallung und von sich gegebenen Reues verhalten und derselben jederzeit soviel ein jeder betrifft willig und gehorsamlich volge thun und nachsehen sollen.

Karl Friesen (Carl von Friesen)	Küchenmeister
Hans Thiel	Hausvoigt
Hans (Johann) Deckart	Küchenschreiber im Hoflager[1]
Melchior Schleinitz	Küchenschreiber of der Reise
Balzer Trost und Melchior Mildne	Ihre Schreiber
Asmus Müller, Georg Kittel und Peter Heinitz	Mundköche
Miertten Sittich, Barthel Schwarz und Jacob Andres	Ihre Knechte
U(b)rban Zipfer	Bratenmeister
Hans Fideles und Daniel Schulze	Knechte
Jonas Kümmer	Ansteckjunge (für Herd- und Kaminfeuer)
Paul Wendt und Heinrich Hoffman	Ritterköche
Peter Franz	Ihr Knecht
Georg Pitsch	Ihr Junge (für Dinge, die sogar dem Knecht zu niedrig waren)

Paul Schmidt und Wolf Wachs	Kesselscheuer
Hans Kling, Barthel Hans, Georg Kitzing	der Mundköche Jungen
Melchior Klem, Michael Schmorkau, Matthes Püffer, Georg Schmiedt	Bratenwender
Wenzel Specht	Kolenanschütter
Joachim Randt	Rauchmeister
Georg Krause	sein Knecht
Georg Borman	Hofschlechter
Merten Menzer	sein Knecht
Christoff Vogel, Hans Otto	Hoffischer
Elias Schon	Einkeüffer
Matthes Reif, Hans Eger	Koletreger
Hans N(K)ahl	Thorwart

[1] *Deckhart, Johann Hans, New, kunstreich und nützliches Kochbuch. Darinn allerley nützliche und seltzame Speisen und Trachten, nicht allein von Wildpret, Vogeln, Fischen und Fleisch, sondern auch gebackener, alß Mürtzepanen, Dortten, Pastetten, Kuchen und dergleichen für allerley Stands Personen, auch in allerley Haußhaltungen, und nach Gelegenheit der Zeit, Gasterey und Pancketen, oder sonsten, wie dergleichen uffn Nohtfall für krancke Leute schnell und balde, mit geringen und leichten Unkosten zuvorfertigen beschrieben durch Johan Deckhardt, weiland Churf: Sächß: Küchenschreibber zu Dreßden, Leipzig, Grosse 1611*

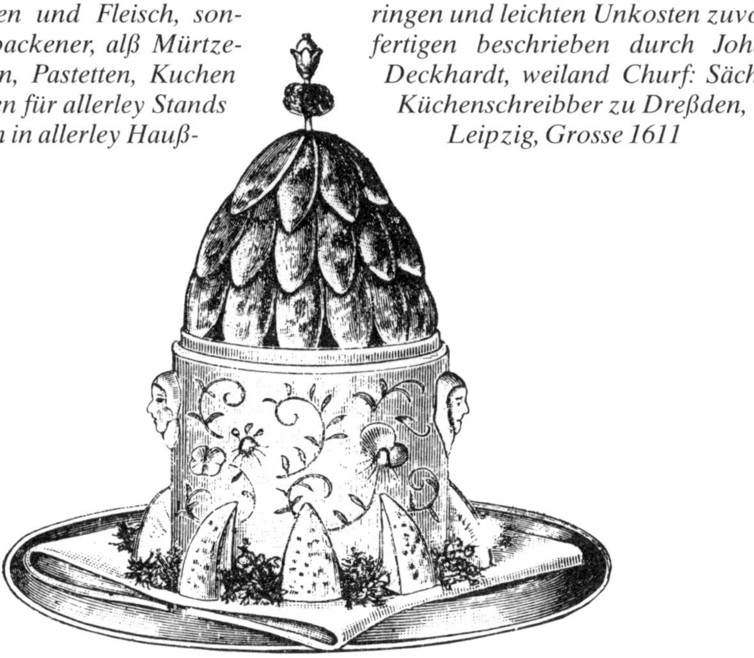

KURFÜRSTENTAFEL

- Morgens 2 Essen auf 3 Gänge als jedergang
- Abends 8 Essen vor 3 Gänge als jedergang

OF NACHFOLGENDE TISCHE SOLLEN DIE RITTERKÖCHE ANRICHTEN

Eine runde Taffel vor die Kammerjunkern. Darauf zu Mittage so und zu abend auch so essen.

Eine Taffel vors frauenzimmer darauf Morgens und Abends jedes mal 12 essen. Ein Tisch der Edlen Purschen und den Trabanten vom Adel, so sie wache haben allen zu gleich 6 essen jede Malzeit. Ein Tisch ins Probierhaus. Zwene Tischköche und Keller und Cämmer Personen, sollen eine jedere Malzeit funff essen gegeben werden. Und was of denoben vemeltenn Tischen allen oberigk bleiben wirdet, Das sollen die Bredtdiener, Stubenheizer und Schusselwescherin zugeniessen haben.

Doch das nichts aufgetragene, verschleifft (verschlissen) oder vergeben, sondern das oberigen Hauß Armen Leuthen aufgetheilet werden. Wan wir auch ausserhalben unseres gewonlichen Hofflagers of der Reise sein, soll den Kammer Rathen Canzley Hoff Predicanten, Medicis und anderen aus der Silberkuche wie bishero ein Tisch gehalten und zwelff Essen gegeben werden.

Im wesentlichen Hoflager aber, soll solcher Tisch abgehen, und sich ein jeder selbst mit Kost versehen.

Aber obbemelte Tische soll sonst niemandes ohne unsern sonderlichen heuhelich außgespeist werden, wie dann auch niemandt, werden in Küch, Keller oder anderen ortten außer halb unsern sonderlichen verordnung sondern ein jeder in der Hoffstuben gespeiset werden soll.

FREMDE FÜRSTEN
(in der Fremde = auf Reisen)

Auf Reisen ist mitzunehmen Butter, Keß, Speck, Fisch, Würze soviel bedarf. Es ist jährlich auf Egidi ein verschlag zu machen, was wir ein Jahr an Fohren, grüne Lachsen, Schmerlen, Krebsen, Lampreten, Neunaugen, Äschen, Karpfen und anderen Fischen vor unsere Küche bedarftig, damit solches bei unserem Fischmeister bestellt werde. Auch die Reiseköche bestellen im voraus und lassen sich die Waaren an den betreffenden Ort bringen. (…)

Es ist darauf zu achten, dass die Küchentür fleissig zugehalten wird, das niemanden fremds aus den Inventaris etwas entnehme."

9. Juni im Jahre 1590

(vgl.: Archiv Sächsische Landesbibliothek – SLUB –, Dokument Mscr. Dresd. J 20a, 4)

Gewürze und Zucker wurden den Köchen durch den Hausvoigt und den Küchenschreiber zugeteilt. Nicht benötigte Zutaten zog der Schreiber wieder ein. Die Küchenschreiber mussten täglich, dann zusammenfassend wöchentlich, monatlich und quartalsweise notieren, was eingekauft und verbraucht wurde (und für was es gebraucht wurde) und was der Bestand auswies. Es gab also ständig Inventuren.

Zumindest wird aus diesem Dokument klar, dass die unteren Chargen des Hofes um 1600 keine „Personalverpflegung" mehr erhielten und schon gar nicht Verpflegung als Teil der Entlohnung, wie das bei August dem Starken wieder üblich war, wo der Küchenchef sowohl Felle vom Wild, Federn vom Geflügel und die übrig gebliebenen Fleisch-, Gemüse- oder sonstigen Platten an die Restaurants Dresdens auf eigene Rechnung verkaufen konnte.

Tischregeln und Küchenordnung des Johann Georg I. (1585–1656) vom 22. Februar 1618 (Auszüge)

TISCHREGELN

„4 Schüsseln mit Obst, Butter und Brot:

Regeln für den Fall, das Churfürstin und Churfürst allein speisen:

Zwölf warme Essen:

Frühsuppe, Käse, Obst – Abends sollen 6 warme Essen zugerichtet sein".

„Ferner werden aus der Hofküche von der Ritterseiten geleistet und zugerichtete; zwei Essen für Kammerjungfern usw., 5 Essen für Musikanten, sowie obst und gemüs."

Ansonsten ist die Küchenordnung von 1618 nahezu identisch mit der von 1590.

Die Anzahl und Bezeichnung der Küchenposten der Hofküche und ihrer Nebenbeschäftigten deckt sich mit der Hofordnung von 1590.

(vgl.: 10024 Geheimer Rat (Geheimes Archiv), Dresdner Hauptstaatsarchiv Loc. 8690/44, Hofküche 1573–1697, u. a. sowie) 10024 Geheimer Rat (Geheimes Archiv). Dresdner Hauptstaatsarchiv, Loc. 7167/13, Bestallung des Oberküchenmeisters und des Oberschenken, 1650–1775 mit verschiedenen Küchen- und Kellerordnungen)

Eintöpfe – Ein Schatz deutscher und sächsischer Küche

Die Geschichte der Eintopfgerichte wurde bisher noch nicht geschrieben. Fest steht: Sie repräsentieren am unverfälschtesten die National- und Regionalgerichte. Eintöpfe sind das intimste kulinarische Machwerk in jeder Landschaft, in jedem Ort und jeder Familie, weil sie wie keine andere Speise die Möglichkeiten des individuellen Geschmacks offen lassen und möglich machen. Die oft verbreitete Ansicht, Eintöpfe seien Ergebnis der Resteverarbeitung in der Küche, ist schlicht falsch. Wie in aller Welt auch, gibt es aber gerade in der deutschen Küche eine Fülle volkstümlicher, schmackhafter Gerichte aus einem Topf, und von Nord bis Süd, von Ost bis West kennt jedes deutsche Land seine Eintopfgerichte, ob sie Schlesisches Himmelreich, Dickmusik, Rheinisches Blindhuhn, Pichelsteiner, Tippe Haas, Dobsche, Hamburger Plockfinken oder vielleicht Saure Kabbes heißen.

„Eintöpfe stehen am Beginn der bewussten Nahrungszubereitung. In der „Urzeit" des Bratens, Schmorens, Backens und Kochens war man besonders darauf angewiesen, was die jeweilige engste Natur- und Kulturlandschaft an Essbarem hervorbrachte. Deshalb sind die Eintöpfe auch reale kulinarische Spiegelbilder der Gegend, aus der sie stammen, sozusagen Regionalküche pur." *(vgl.: Maier Bruck, Würzige Eintöpfe, Gütersloh 1980)*

Ihr charakteristisches Merkmal ist die Fülle der unterschiedlichen Zutaten und die Menge überhaupt. Die meisten Eintöpfe sind das Hauptessen in der Zeit der Großfamilie. Noch heute schmeckt Eintopf in der Gemeinschaft besser. Und Gemeinschaftsessen drückt Stärke aus. Noch heute lassen selbst bedeutende Staatsmänner bei Besuchen ihrer Armeeeinheiten Eintopfgerichte aus der Gulaschkanone auftischen und löffeln mit der Truppe, um so den symbolischen Schulterschluss und die gemeinsame Sache zu verdeutlichen.

Da die Eintöpfe oft sehr viele, sogar geschmacklich gegensätzliche und von der Garzeit her höchst unterschiedliche Zutaten enthalten, ist es verständlich, dass der Geschmack aller Zutaten zusammen erst dann zur vollen Geltung kommt, wenn das Gericht lange Zeit gegart wird. Dann erst ergänzen sich alle Inhaltsstoffe harmonisch zu einem einheitlichen Genuss. Eintöpfe schmecken deshalb erst am Tag nach der Zubereitung wirklich gut.

Wegen ihrer meist nicht teuren Zutaten und der Tatsache, dass sie gerade in Notzeiten der breiten Bevölkerung über den Hunger halfen, galten sie jahrhundertelang als Arme-Leute-Essen.

Eintöpfe hießen früher Löffelspeisen. Löffelspeisen waren schließlich auch die Hauptmahlzeiten in der Familie an sieben Tagen in der Woche, mit nur ganz wenig Ausnahmen. Das „Allgemeine Haushaltungslexikon" *(siehe Quellenverzeichnis)* meldet 1751:

„Wir wissen, dass diese gerichte mit löffeln aus der suppenschüssel in den mund gebracht wird, also genossen und auf mancherley art zugerichtet wird. Man pflegt zu sagen: wer viel gute suppen isst, wird alt."

Als beliebteste Löffelspeise des Mittelalters und des Barock gilt die bereits erwähnte „Olla potrida". Wörtlich heißt die Übersetzung „fauliger Topf". Ihre Herkunft ist historisch gut belegt. Das Rezept dafür wurde etwa im 13. Jahrhundert von Pilgern aus Santiago de Compostela in Nordspanien mitgebracht. Dort soll im 9. Jahrhundert der heilige Jakob aus dem Meer gestiegen sein, über und über mit Muscheln bedeckt – den Jakobsmuscheln. Seit über tausend Jahren pilgern deshalb Gläubige über den Camino de Santiago an den heiligen Ort. Eine Tagesreise vor dem Ziel trafen sich die Pilger in einem Gasthaus, um am nächsten Tag gemeinsam in Santiago anzukommen. An diesem letzten Abend vor der religiösen Beglückung gab jeder Pilger, was er an Wegzehrung noch übrig hatte, der Wirt warf alles in einen Kessel, kochte und würzte das Gemenge irgendwie. Anschließend verspeisten es die Pilger gemeinsam. So kommt es, dass im ersten Olla-potrida-Rezept der Kochbuchliteratur, erschienen in Markus Rumpolts Klassiker „Ein new Kochbuch" (Frankfurt am Main, 1581) 90 Zutaten benötigt werden und die Suppe zur Löffelspeise für Könige und Kaiser hochstilisiert wird. Rumpolt war übrigens einige Zeit Küchenchef am Dresdner Hof.

Im Dresdner Tafel-Silberbestand existierten sogenannte Urnes zum Oblios, nach französischem Vorbild auf Weisung von August dem Starken: kunstvoll gear-

beitete Behältnisse für die Olla potrida. 1718 waren zwei, 1880 vier derartige Terrinen aufgelistet. Bei einer Prunktafel im Moritzburger Schloss 1933 sind noch zwei dieser prächtigen Olla-potrida-Terrinen zu sehen. Heute gelten diese Meisterwerke des Tafelgeschirrs als verschollen. *(vgl.: Arnold, Dresdner Hofsilber des 18. Jahrhunderts, Dresden 1994)*

Sächsische Eintöpfe waren stets schwere Löffelspeisen, die zudem mit einer Einbrenne angedickt wurden. Dazu wird Schmalz oder Butter zerlassen, mit Mehl im Verhältnis 1:1 verrührt und dann mit Bouillon oder Wasser aufgefüllt, glattgeschlagen und alles dem Eintopf zugegeben. Für braune Einbrenne wie beim Linsentopf muss das Mehl-Fettgemenge so lange auf der Feuerstelle gerührt werden, bis es eben zu bräunen beginnt.

Zu den beliebten sächsischen Eintöpfen aus Großmutters Repertoire gehören: Süß saure Linsen mit gebratener Blutwurst im Osterzgebirge, Linsen mit Backpflaumen in Aue (Westerzgebirge), weiße Bohnen mit Bauchspeck, gelbe Erbsen mit Schweinefleisch, Weißkrautsuppe mit Kaninchenklein, grüne Bohnen mit Hammelfleisch, Rindfleischtopf mit Kraut und Mehlklößchen, Gräupchen mit Geflügelklein, süß-saure Kuttelflecke, Kartoffelsuppe (allerorten anders und jeder behauptet, er habe die echte sächsische Kartoffelsuppe), Sauerkrautsuppe mit Kümmel und gerösteten Weißbrotwürfeln oder saure Kartoffelstücke mit Pfefferkuchen und Blutwurst (Schnellgericht an Waschtagen), Gemüsesuppe mit sächsischen Klößchen (Fleischklößchen – einmal naturbelassen, das andere Mal mit Spinatsaft grün gefärbt – Grün-Weiß, die Landesfarben), Wurzelgemüse in guter Brühe mit Karpfenstücken und geriebenen Meerrettichspänen, Weißkrautfänzeln mit Möhren, Schellfisch und viel Dill oder Pilze mit sauren Kartoffelstücken.

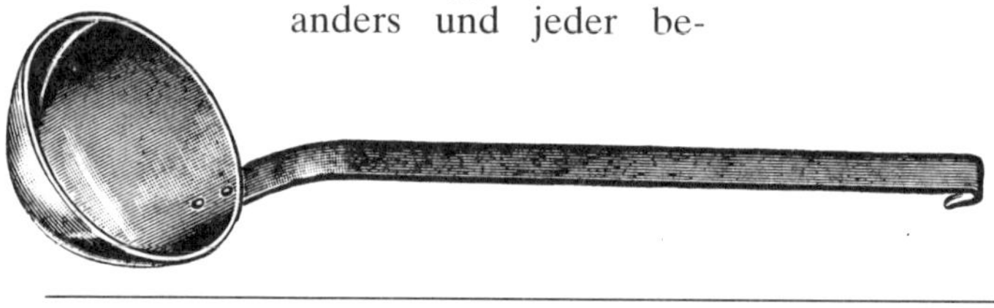

Als sich in den Siebzigern und Achtzigern des 20. Jahrhunderts die „Nouvelle cuisine“ in einer lukullischen Sackgasse befand, erinnerten sich Starköche der Eintöpfe und zelebrierten diese auf neue Art mit oft sündhaft teuren Inhalten (unter anderem mit Blattgold) für eine zahlungsfähige und -willige Klientel.

Heute sind Eintöpfe in gut geführten Nobelrestaurants genauso zu Hause wie im ordentlichen Ausflugslokal, und der kulinarische Laie sollte wissen, dass die Herstellung eines wohlschmeckenden Eintopfes, die richtige Dosierung der Zutaten und Gewürze, die korrekte Sämigkeit und die Beachtung der unterschiedlichen Kochzeiten der Ingredienzien gar nicht so einfach ist.

Die Kochkiste

Wann die Kochkiste in den Haushalten der Arbeiter, des kleinen und mittleren Bürgertums Einzug hielt, ist nicht mehr genau zu datieren. Jedenfalls tauchten in Dresden und Leipzig um 1903 die ersten Kochkistenbücher auf. Offensichtlich benutzte man sie aber schon ab der Mitte des 19. Jahrhunderts, die Methode selbst dürfte viel älter sein. Dabei handelt es sich um eine energiesparende Variante der Speisenzubereitung, besser gesagt der Vollendung, denn die Speisen mussten zuvor angekocht werden. Kochkisten konnte man um 1900 in jedem Haushaltswarengeschäft kaufen, aber jede alte Holzkiste tat es auch, sie musste nur dicht und gut verschließbar sein und entsprechend präpariert werden.

Zudem empfahl es sich, die Kiste mit einem Füllstoff auszukleiden, der die Hitze hielt und den Garprozess weiterführte. Heu, Holzwolle oder Zeitungspapier eigneten sich bestens dafür.

Die Kochkiste erfüllte nur dann ihren Zweck, wenn die darin zu garenden Gerichte den vorher auf dem Küchenherd erreichten Hitzegrad möglichst lange behielten. Vor allem war darauf zu achten, dass bei quellenden Nahrungsmitteln, also Hülsenfrüchten oder Reis, genügend Flüssigkeit beigefügt wurde. Kurz vor dem Einstellen sollten die Speisen richtig aufkochen und dann in der Kochkiste platziert werden. Sofort nach dem Einstellen der Töpfe wird ein Kissen oben aufgelegt und die Kiste fest verschlossen. Je voller die Töpfe sind, desto besser wird die Gartemperatur gehalten.

1903 heißt es über die Vorzüge der Kochkiste:

1. Die Gerichte können mit dem Morgenkaffee auf gleichem Feuer angekocht werden. Sie erfordern dann kein besonderes Heizmaterial. Ferner beanspruchen die Gerichte in der Kochkiste keine Überwachung. Sie erspart deshalb Zeit und Geld.
2. Sie verhindert Überkochen, Einkochen, Zerkochen und das Anbrennen.
3. Die Nahrungsmittel werden in der Kochkiste besser aufgeschlossen als auf dem Herd und sind darum leichter verdaulich.
4. Den Gerichten wird durch den festen Verschluss in der Kochkiste das volle Aroma erhalten. Sie werden deshalb schmackhafter sein.
5. Die Kochkiste hält alle Gerichte lange warm.
6. Die Gerichte können in der Kochkiste mitgenommen werden auf's Feld, auf den Bau, in die Fabrik und auf Landpartien.
7. In der Kochkiste werden die Töpfe sehr geschont und sind leicht zu reinigen.
8. Es leuchtet ein, dass die Kochkiste in keinem Haushalt fehlen sollte, vor allem nicht in dem derjenigen Hausfrauen, die am Vormittag vom Hause ferngehalten sind, sei es durch Arbeit zum Erwerb oder durch soziale und andere Pflichten.

Zu ausgewählten typisch sächsischen Kochkistengerichten gehörten:

1. BETTELLMANNSSUPPE

Rindfleischeintopf mit Graupen, Kartoffeln und Wurzelwerk. Vorkochzeit 30 Minuten, Garzeit in der Kochkiste 3–4 Stunden

2. GEPÖKELTE RINDERBRUST MIT MEERRETTICH UND BRÜHKARTOFFELN

Vorkochzeit 50 Minuten, Garzeit in der Kochkiste 4–5 Stunden

3. EINTÖPFE (LINSEN-, WEISSE BOHNEN-, ERBSEN- RINDFLEISCH-, KRAUT-, GRAUPENEINTOPF):

Vorkochzeit ca. 30 Minuten, Garzeit in der Kochkiste je nach Fleischsorte ca. 3 Stunden

4. WIEGEBRATEN

Dazu gehören gewiegtes (durch den Fleischwolf gelassenes) Rindfleisch und Schweinefleisch (3:1), Eier, altbackene Brötchen, Zwiebeln, Speck, Semmelmehl, Pfeffer, Salz, Zuckerfarbe, Schmalz, Wasser. Brötchen einweichen, Zwiebeln schälen und in Würfel schneiden, den Speck ebenso, in kochendem Wasser Salz und Zuckerfarbe (Couleur) auflösen und Mehl in kaltem Wasser anrühren.

Zubereitung: Fleisch mit Brötchen, Ei, Zwiebel, Speck, Salz und Pfeffer sorgfältig vermengen, mit der geriebenen Semmel und dem Fleisch einen Laib ohne Risse formen, diesen im Kochkistentopf in heißem Fett von allen Seiten anbraten, das gefärbte Wasser und das angerührte Mehl dazugeben, das Fleisch 15 Minuten schmoren lassen.

Vorkochzeit 15 Minuten, Garzeit in der Kochkiste 1½ Stunden

5. FISCHPUDDING

Gekochter Fisch (Schellfisch, Seelachs), Butter, Schmalz, altbackene eingeweichte Brötchen, kleine Zwiebeln, Salz, Pfeffer, Parmesan- oder Schweizerkäse, gehackte Petersilie

Zubereitung: Den gekochten Fisch in Stücke zerlegen, Eier trennen, Brötchen einweichen und gut ausdrücken, Zwiebeln schälen und in feine Würfel schneiden, Puddingform oder Kochkistentopf mit Schmalz ausstreichen. Butter schaumig rühren, Eigelb, Brötchen, Salz, Pfeffer, Käse, Petersilie und Fischfleisch hinzufügen, Eiklarschnee unterziehen, die Masse in die Form oder den Topf füllen und dies alles im Wasserbad 15 Minuten kochen.

Vorkochzeit 15 Minuten, Garzeit in der Kochkiste 2–3 Stunden

6. SÄCHSISCHES PFEFFERFLEISCH

Kalb- oder Rindfleisch, Schmalz, Zwiebeln, Mehl, Salz, Pfeffer

Zubereitung: Fleisch in Portionsstücke schneiden und wie Gulasch zubereiten, allerdings ohne Paprikapulver.

Vorkochzeit: 20 Minuten, Garzeit in der Kochkiste 3–4 Stunden

7. SAURE FLECKE

Vorkochzeit 1 Stunde, Garzeit in der Kochkiste 8–10 Stunden

8. SAUERBRATEN

Rindfleisch (Oberschale), Bieressig, Wasser, Salz, Zucker, Speck, GWD, Schmalz, Mehl, geschälte Zwiebeln, dunkles Brot

Zubereitung: Fleisch klopfen, waschen, in ein tiefes Gefäß legen: Essig mit Wasser und GWD aufkochen, heiß auf das Fleisch gießen, es muss mit Flüssigkeit bedeckt sein. Im Sommer 4–6, im Winter bis 14 Tage darin liegen lassen.

Am Tag der Zubereitung den Speck in 4 cm lange Streifen schneiden.

Nun das Fleisch gut abtropfen lassen, mit spitzem Messer in gleichen Abständen hineinstechen, Speckstreifen in die Einschnitte schieben (spicken). Fleisch salzen, mit dem Mehl in heißem Fett anbräunen, kochende Flüssigkeit (Essigwasser) zugießen, Zwiebeln, Brot und Zucker hinzufügen.

Vorkochzeit 30 Minuten, Garzeit in der Kochkiste 4–5 Stunden

9. SPANISCH-FRIKKO AUF SÄCHSISCH

Mageres Rindfleisch, Kartoffeln, Wasser, Salz, saure Milch oder saure Sahne, Pfeffer, Kümmel, Zwiebeln, gehackte Petersilie, Zuckercouleur, Mehl und Schmalz

Zubereitung: Fleisch in Würfel schneiden, geschälte Kartoffeln in Scheiben schneiden und kochen. In der sauren Milch oder sauren Sahne Salz, Pfeffer, Kümmel, Zwiebelwürfel, Petersilie, Zuckercouleur und Mehl verquirlen. Abwechselnd Fleisch und Kartoffeln in das Kochkistengefäß schichten, die Milch- oder Sahne darüber gießen, das Gefäß gut verschließen, in ein Wasserbad setzen und 1/2 Stunde ankochen.

Garzeit in der Kochkiste: 3–4 Stunden

10. KRAUTWICKEL

Weiß- oder Welschkraut, Wasser, Salz, gewiegtes Rindfleisch und gewiegtes Schweinefleisch (1:1), Salz, Pfeffer, gehackte Zwiebeln, Eier, Kümmel, eingeweichte altbackene Brötchen, Schmalz, Mehl, Zuckercouleur.

Zubereitung: Die äußeren Blätter vom Kraut vom Strunk ablösen, die starken Blattrippen etwas einschneiden und in Salzwasser halbgar kochen, herausnehmen und mit kaltem Wasser übergießen. Die größten Krautblätter nebeneinander legen, die kleinen darauf. Fleisch mit Ei, Salz, Pfeffer, Zwiebeln, Kümmel und den ausgedrückten Brötchen vermengen, kräftig abschmecken. Aus der Masse längliche Klößchen formen, in die Krautblätter einwickeln, diese mit weißem Garn umwickeln und im Kochkistentopf scharf anbraten. Dann 30 Minuten schmoren lassen.

Garzeit in der Kochkiste: 3 Stunden.

GWD – Gewürzdosis, fester Begriff in der bürgerlichen Küche um 1900: bestehend aus 4 Pfefferkörnern, 2 Pimentkörnern, 1 Nelke, 1 Lorbeerblatt. Bei diesem Verhältnis schmeckt keines der Gewürze vor.

Unter Wurzelwerk (für den Ansatz von Brühen und Fonds) versteht man damals wie heute ein Bündel aus Möhren, Porree, Sellerie und Petersilienwurzel.

Die Zubereitung von Speisen in der Kochkiste war eine Tendenz der Speisenzubereitung, die aus der Not geboren wurde, um Geld zu sparen. Viel und billig – das leidliche Thema der kleinbürgerlichen Küche. Im Zuge des wirtschaftlichen Aufstieges nach 1950 verschwanden die Kochkistenrezepte langsam. Aber noch 1952 wird die Kochkisten-Garzeit in manchen deutschen Kochbüchern als Serviceleistung angegeben.

Kulinarische Wörter im Sächsischen

Aalraupe	Fisch, in Sachsen Quappe genannt
Aalraupenöl	Leberfett der Quappe, wird oft mit dem Öl der Raute verwechselt, einer Pflanze (Rautenöl)
Abern	Erdäpfel, Kartoffeln
Abmache	Mehlsauce für Gemüse
Abreimen	Sahne von der Milch abschöpfen
Ampfer	Sauerlump, Sauerampfer, Sauerham
Anbrenne	Geröstetes Mehl zum Binden, mit Wasser eingerührtes Mehl für den gleichen Zweck nannte man Wilhelm
Aschkuchen	Napfkuchen, Bäbe
Aufklawastern	Butter dick aufstreichen, auf Brotscheiben, auch aufpappen, aufschmieren
Backs	Gebäck aus gekochten und geriebenen Kartoffeln, in Butter einseitig gebraten
Bahrling	Aus Semmelteig gebackene Brötchen in Stollenform
Bauernjunge	Blutwurst von 10 Zoll Länge, zum Preis von 6 Pfennig nur in der Stadt Hainichen, Freitagnachmittag zu haben
Baumwollenes	Einfaches Bier
Biskotchen	Kleine biskuitartige Zuckerkuchen
Blinder Hund	Brotsuppe ohne Butter, dagegen „Heißer Hund“: Brotstücke in heißem Wasser mit „guter“ Butter, Pfeffer und Salz. Empfohlen bei Magenbeschwerden oder Unwohlsein
Blinse/Plinse	Dünner Eierkuchen aus Eiern, Milch und Mehl bestehend
Bollbrot	Dreierbrötchen aus Wasserteig und Bollmehl (schlechtes Weizenmehl, dunkles Nachmehl), manchmal mit Korinthen

Brautsuppe	(Chemnitzer Gesellschaft) Zum Begräbnis benötigte man sogenannte Adjuvanten (Unterstützer), die Leichengeräte (Bahre, Stützen, Leinen, Kerzen, Tücher und Kruzifix) zur Verfügung stellten (schlicht verkauften) oder gegen Gebühr verliehen, die jeweilige musikalische Umrahmung der Feier übernahmen und die Trauerrede hielten. Bald wirkten Adjuvanten auch bei Trauungen mit. Sie erhielten dafür eine „Ergötzlichkeit“ als Abfindung. Allmählich wurde diese aber sehr reichlich und kostspielig. Der Brautvater gab nun ein Essen, Brautsuppe genannt, bestehend aus Suppe, Braten, Sülzen und Bier. Die Betreffenden erhielten die Mahlzeit noch in der Kirche während der Trauung, was oft störend wirkte. Die Chemnitzer Brautsuppe sollte 1685 durch Geld abgelöst werden. Die Folge war, dass nun der Brautvater neben der Geldzahlung trotzdem noch Speisen und Getränke zur Verfügung stellte. Ende des 18. Jh. hörte die Gesellschaft der Adjuvanten in der alten Form auf zu bestehen, und damit war auch die Brautsuppe vom Tisch. *(vgl.: Frenzel/Karg/Spamer: Grundriß der sächsischen Volkskunde, Leipzig 1932)*
Brauzeln	Auf der Ofenplatte geröstete kleine Kartoffeln, bei denen das Schälen nicht lohnt, die daher nur zerquetscht und mit Butter bestrichen werden
Brezelmährte	Zuckerwasser mit eingebrockten Brezelstückchen
Brischel	Scheibe von einem Stück Lebensmittel (Tranche)
Brodel	Semmel

Brösel	Geriebene Semmel oder Schwarzbrotstücke (mie de pain)
Bröschen	Bries – Thymusdrüse bei Kälbern
Brrklößchen	Gebratene Klößchen aus Pferdefleisch
Bube	Bier, das mit Zucker und oder Zitrone getrunken wird. Eine Form des Radlers, der damit eigentlich keine wirklich bayerische Erfindung ist
Dansch	Schlecht ausgebackenes Brot
Deichselbrot	Brot, Butter und Käse – Frühstück der Fuhrleute
Faustmauke	Gericht aus Heidemehl (Buchweizen), das in Wasser gequollen und zu einer kloßartigen Masse eingekocht in abgeflockten Teilen mit Butter oder Speck und Sirup übergossen wird. Auch dicker Grützebrei, der mit einem Löffel aus der Schüssel abgestochen wird.
Faustpinsel	Großes Glas Schnaps, das mit der ganzen Hand umfasst wurde
Fesselkuchen	Runder Kuchen aus Mehl und Sirup, handgroß, Festgebäck zur Annaberger Kät
Franzbrot	Feines Weizenbrötchen
Friesel	Schnittlauch
Fummel	Aufgeblasenes meißnisches Gebäck mit dünner Wand, eigentlich nicht zum Verzehr gedacht – die Story besagt: August der Starke ließ Post durch einen Reiter von der Albrechtsburg in Meißen nach Dresden holen – im Dorf Gauernitz huldigte aber der Postreiter dem Meißner Wein und der Liebe. Die ständige Postverspätung brachte den Kurfürsten auf die Idee, bei einem Meißner Bäcker ein sehr leichtes zerbrechliches Luftgebäck backen zu lassen, das der Postreiter auf der flachen Hand transportieren musste. Ein Absteigen vom Pferd war nun unmöglich, denn die Fummel musste er unversehrt in Dresden abliefern.
Gälchen (Pfifferling)	Gelblinge, kleine gelbe Pilze, werden ganz oder längs durchgeschnitten in Butter und Zwiebelwürfeln gebraten und mit Kräutern bestreut oder mit Rahm aufgefüllt.
Gamaschenknöpfe	Bezeichnung für Linsen und Graupen
Gänsewein	Scherzhaft für Wasser gebraucht
Georg-Schorsch	Bezeichnung für Kellner im Allgemeinen
Getzen	Speisen aus geriebenen rohen Kartoffeln, mit Mehl-, Milch- oder Buttermilchzusatz, Eiergetzen, Kirschengetzen – in der Pfanne gebraten, gelegentlich auch mit gebratenen Knackwurstscheiben

Gewiegtskließle	Sogenanntes Deutsches Beefsteak auf Erzgebirgisch (aus Hackfleisch, in der Regel mit gerösteten Zwiebelringen obenauf)
Gräupchenkuchen	Steuselkuchen (im sächsischen Vogtland)
Griefe	Würfelförmiges ausgelassenes Stück Speck – Speckgriefe, sie werden als Brotaufstrich gegessen, aber auch für Gemüse verwendet – Bohnen mit Speckgriefen, auch zum Kraut (Kohl) – Kohl ohne Speckgriefen schmeckt nicht (sagt der Volksmund)
Griebs	Kerngehäuse beim Apfel, meist mit Stiel
Grigeniffte	Klöße aus geriebenen rohen und gekochten Kartoffeln im Verhältnis 3:1 (Vogtland)
Grobsen	Apfelsorte, Meißner Grobsen, die erst im Dezember reif wird
Grünkraut	Meldengemüse, das den Spinat ersetzt – ein Gemisch von verschiedenen auf der Wiese wachsenden Pflanzen (Frühlingskräuter)
Haarluutsch	Kartoffelpuffer
Haaröl	Schnaps bei den Bergleuten in Freiberg
Hängekritscheln	Sorte von schwarzen Kirschen
Heimzen	Heimchen, altes Meißner Getreidemaß. Heimchen war zudem in Leipzig ein in Stollenform gebackenes Brot. Auf den Rittergütern um die Messestadt sagte man, es genüge zum Glück ein Heimchen (Heimige), eine Suppe und ein Käse.
Jakobinerkartoffeln	Die ersten selbst geernteten Kartoffeln, zu denen ein Kümmelschnaps getrunken wurde, um Darmbeschwerden zu verhüten
Kartoffelbonbons	Gekochte Kartoffeln durch eine Presse drücken. Leicht pfeffern und salzen. Angebratene Schinkenwürfel und glasig geschwenkte Zwiebelwürfel mit gehackter Petersilie unterziehen. Die Masse esslöffelgroß abstechen und auf etwa 15 x 15 cm große Strudelteigstücke legen, wie ein Bonbon zusammenlegen, mit Eigelb bepinseln und in der Röhre backen, mit Semmelbrösel überziehen.
Käulchen	Kleine Kuchen aus gekochter Kartoffelmasse und Quark, in Leinöl gebacken (etymologisch von Kaule)
Ketschwer	Quetscher Wein, aus Kötzschenbroda
Kräpfchen, Kräppelchen	Schmalzgebäck
Kreuselbeere	Heidel-, Erd-, Moosbeere
Laatsch	Dünner, schlechter Kaffee

Latschen	Kartoffelkäulchen aus rohen Kartoffeln
Lauch-Schnittlich	Schnittlauch
Lurke	Dünnes Getränk, von Lorka, dem römischen Landwein
Marcks	Mark – Rindermark, Markknochen. Marcks Krapfen = Markklößchen
Markusbrot	Ein Bissen Brot, der 1407 zur Zeit der großen Hungersnot in Sachsen 3 Pfennige kostete
Matz	Dicker Grießbrei, aber auch geronnene Milch, auch Masse mit Quark (auch Käse), Bier und Butter auf Brotscheiben
Maulraushängegemüse	Nudeln
Meddeln	Wenn Milch ausflockt, beispielsweise in heißem Kaffee, oder wenn sie sauer ist
Messerspringer	Alter harter Käse
Milchner, Milcher	Männlicher Hering
Mittelmuff	Einfacher Kuchen, eigentlich ein Pfannkuchen aus Mittelmehl (dunkles Mehl)
Mohler	Kinderausdruck für Bonbon
Müffeltaus	Eine Dresdner Biersorte
näppeln	Kaffee trinken (in Dresden)
Neunerlei (Neinerlaa)	Wird am Heiligen Abend serviert

Neunerlei hatte von Ort zu Ort des Erzgebirges unterschiedliche Bestandteile, deren Bedeutung allerdings ziemlich einheitlich blieben.

1. Bratwurst oder Schweinebraten mit Linsen für Glück und viel Geld im kommenden Jahr
2. Hering mit Apfelsalat
3. Grütze oder Hirsebrei – damit das Geld nicht ausgeht
4. Buttermilch, gegen Kopfschmerzen
5. Salat von Roten Rüben, wegen der roten Wangen, oder Krautsalat oder Kartoffelsalat
6. Süßkraut, damit die Arbeit leichter wird, oder Sauerkraut mit Braten oder Wurst, auch Karpfen oder Hammelfleisch – für Kraft und Energie
7. Klöße, damit viele Taler einkommen
8. Getrocknete Pilze, sauer als Salat oder gedämpft
9. Gebackene Pflaumen

Suppen wurden als Bier-, Fisch- oder Kartoffelsuppe zubereitet, während in manchen Gegenden davon Abstand genommen wurde, weil sonst im nächsten Jahr ständig die Nase tropfte.

	Andernorts gab es im Austausch Mehlklöße = großes Geld, Sellerie = Fruchtbarkeit Im Erzgebirge brachte die Mutter zum Heiligabend die Schüsseln mit dem Neunerlei mitten auf den Tisch, alle setzten sich rundherum – un's Löffeln gang lus.
Ochsenaugen	Zwei gebratene Spiegeleier nebeneinander
Ochsenzähne	Bohnengericht. Weiße Bohnen über Nacht einweichen, dann eine halbe Stunde kochen. In einer Form abwechselnd mit rohem gewürfelten Schweinenacken und Möhren schichten. Pfeffern und salzen und etwas braunen Rübensirup darübergießen. Dann im Backofen bei 180° eine Stunde hellbraun backen.
Ölgötz	Kartoffelgebäck mit Leinöl begossen
Örtenschmaus	Schmauserei, die im Herbst vom Dorfwirt angesetzt wurde, der alle Bewohner zu einer Zeche verleiten wollte. Nachmittags gab es freien Kuchen, Kaffee und Bier, abends freien Tanz, aber das abends Verzehrte musste voll bezahlt werden.
Ostersuppe	Biersuppe mit Eiern, Rosinen und Brot
Pflastersteine	Pfefferkuchengebäck
Quarkspitzen	Gebäck aus Quark, Eiern und Mehl, schneckenartig gedreht und in Schmalz gebacken
Räbchen, Leipziger	Mit Marzipan gefüllte Pflaumen, durch dicken Eierkuchenteig gezogen und in Schmalz, Öl oder Talg gebacken
Ränftel	Das obere und untere Brotende. Jede Wurst hat zwei Enden, ein Brot zwei Ränftel.
Runksen	Starke Scheibe Brot
Schieler	Meißner Landwein, dessen Farbe von Weiß ins Rot geht (von Schillerwein)
schier	Mager (Fleisch)
Schlabberkuks	Speisereste aus der Hofküche (zu Pillnitz, vor 200 Jahren), die arme Leute kauften oder gratis erhielten
Schlenkerbraten	Letzte Mahlzeit des Gesindes vor dem Abzug auf das Feld, manchmal auch Henkersmahlzeit
Schmätzchen	Kleine Pfeffernüsschen, aber mehr noch ein kleines Gebäck aus Zuckerschaum (Baiser, auch spanischer Wind oder Meringue)
Schoß	Altsächsisch für Mittelrippenstück beim Rind. Ursprünglich das letzte Stück vom Roastbeef mit Knochen zum Schwanz zu und einem Stück von der Lende.

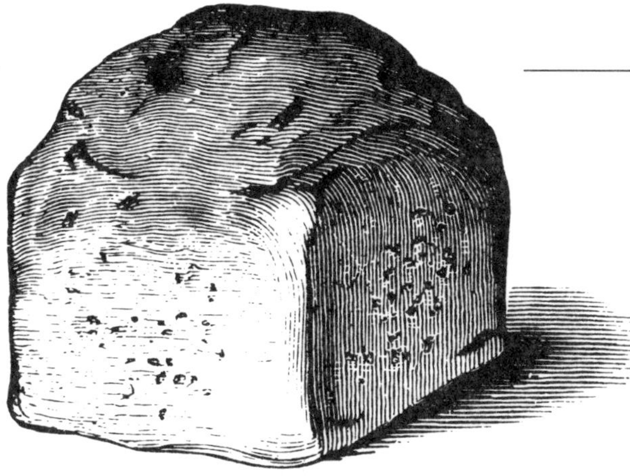

Schotten	10 Brotstücke mit saurer Milch oder Quark – früher beliebte Speise im Erzgebirge
Schwarzfleisch	Geräuchertes Fleisch (mit Sauerkraut)
Schwippchenmahlzeit	Schlachtfestessen (um Meißen, obere Elbdörfer)
Semmelsack	Leberwürstchen (wegen des Gehalts an Semmelteig)
Stöckelbier	Zuckerbier mit Holzstab zum Rühren
Strumpfsohlen	Kleine Kuchen aus Semmelteig mit Butterstreuseln (Leipzig)
Studentenfutter	Mandeln (oder Erdnüsse) mit Rosinen gemischt
Ulanenkartoffeln	Fest kochende längliche Kartoffeln schälen, halb gar kochen. Dann längs halbieren und aushöhlen. Die Kartoffelmasse mit Butter, Schnittlauch, ausgelassenen Speck- und Zwiebelwürfeln mischen und in die Höhlung geben, mit Eigelb bestreichen und überbacken. Zum Schluss mit feinen gebratenen Selleriestreifen bestreuen.
Vogelnester	Hartgekochte Eier schälen, mit einer gut gewürzten Hackmasse vollständig umhüllen und anschließend in tiefem Fett braten. Mit Kartoffelsalat sind Vogelnester ein Gründonnerstag-Essen.
Windbeutel	Hohles Gebäck aus Brandteig, mit Schlagsahne gefüllt
Zampe	Faustmauke
Zettelbrett	Gurkenhobel
Zibbel	Zwiebel
Ziemer	Krammetsvogel (Weindrossel)
Zudel	Gebäck aus Kartoffeln, Mehl und Milch

Menüfolgen des Sächsischen Hofes

Es folgen einige Reproduktionen von Menükarten zu Festessen des Sächsischen Hofes. Den Karten mit französischer Menüfolge sind erklärende Übersetzungen beigefügt.

Tafel

am 4. Juni 1889.

Kraftbrühe mit Eiern.	Xeres.
Caviar.	Kloß & Förster.
Steinbutt mit Béarner Sauce.	
Rindslende mit jungem Gemüse.	1875. Ch. Marquis de Terme.
Auerhahn mit Cumberland-Sauce.	1883. Rüdesheimer Hinterh.
Metzer Hühner, Gurkensalat, Johannisbeeren.	Deinhard & Comp., Cabinet.
Stangenspargel.	
Halbgefrorenes von Haselnüssen.	
Käse.	
Erdbeeren.	Lacrimae Christi.
Nachtisch.	

Festessen bei dem Prinzen Friedrich August von Sachsen

Festessen bei Eröffnung der Internationalen Ausstellung des Roten Kreuzes zu Leipzig am 4. Februar 1892

MENU DU 24 OCTOBRE
1887.

DÎNER.

Consommé aux noques.
Huîtres.
Saumon du Rhin, sauce béarnaise.
Jambon au vin de Bourgogne.
Filets de levrauts au gratin.
Cardons au velouté.
Poulardes rôties.
Salade, compote.
Gelée à la Moscovite.
Glaces à la Pückler-Muskau.
Gauffrettes.
Dessert, fruits.

Gala-Diner im herzoglichen Schloss zu Altenburg

MENÜ AM 24. OKTOBER 1887

Abendessen

Kraftbrühe mit Nocken
Suppeneinlage – Nocken können aus Fleisch, Gries, Brandteig, Rindermark u. a. bestehen

Austern

Rheinlachs vom Rost, mit Sauce Béarnaise
Béarner Sauce (Béarn – ehemalige französische Provinz) gilt in der klassischen Küche als selbstständige echte Sauce. Sie wird zwar wie eine holländische Sauce aufgeschlagen, aber unter Zusatz einer Reduktion, bestehend aus gehackten Schalotten, Estragon, Kerbel, Pfefferkörnern, Estragonessig und Weißwein.

Gekochter Schinken in Burgunderwein

Filets vom Junghasen in Kruste gebraten

Kardonen mit Weißweinsauce
Kardonen sind Distelgewächse wie die Artischocken, auch spanische Artischocke genannt und auch so behandelt

Gebratene Masthühner

Salat und Dunstobst

Gefrorenes Gelee
mit Einlage von gekochten Früchten, süß abgeschmeckt. Dieses Gelee wird in verschließbare, gut abgedichtete Formen gefüllt und wie Gefrorenes behandelt. Durch die niedrige Temperatur wird es mit einer Reifschicht überzogen. Man muss jedoch darauf achten, dass die Schicht nur dünn ist, da sich das Gelee sonst in einen ungenießbaren Eisblock verwandelt.

Eis nach Fürst Pückler

Waffeln

Dessert und Obst

Gala-Diner im königlichen Schloss zu Dresden bei der Feier des Wettin-Jubiläums

MENÜ VOM 18. JUNI 1889

Geflügelkraftbrühe Sévigné

nach einer französischen Schriftstellerin Marie von Rabutin-Chantal, Marquise von Sévigné, 1626–96
Geflügelkraftbrühe mit Geflügelfleischklößchen gefüllten und geschmorten Kopfsalatblättern, grünen Erbsen und Kerbel als Einlage

Kleine Mundbissen mit gewürfelten Forellenfilets

Gebratenes Rinderfilet mit Gemüsen umgeben

Brustfleisch vom Haselhuhn

Gebratene Gänseleberscheiben

mit Trüffelstücken und Madeira-Sauce, angerichtet in Schüsseln, die mit einer Teigkruste versehen sind

Poulardes

sind nicht geschlechtsreife Masthühner, hier mit Salat und Dunstobst serviert, dazu grüne Erbsen

Frascati

ist ein feines Café in Paris (gewesen), seit 1837. Bei Frascati-Kuchen handelt es sich um ein Orangen-Biskuit, in Scheiben geschnitten, übereinander in einer Schüssel angeordnet, mit englischer Orangencreme bestrichen und mit gehacktem Zitronat bestreut. Der Sockel sind in Butter gebratene Apfelscheiben, mit Aprikosenmarmelade bestrichen, mit Mandelstiften gespickt und mit Zucker bestreut.

Käse

Gefrorenes

Dessert

Das Menü des 100. Jagdreviers König Alberts von Sachsen in Villa Quistsana zu Schandau am 26. Septemer 1895

MENÜ VOM 26. SEPTEMBER 1895

Schwalbennestersuppe

Gedünsteter Steinbutt
mit Krebsschwänzen und Muscheln umlegt, überzogen mit einer weißen Sauce und Trüffelstücken

Rinderrückenstück
am Spieß gebraten, mit Gemüsen umlegt

Masthuhn
in Bouillon gedünstet, mit weißer Sauce überzogen, garniert mit Artischockenböden, Champignonköpfen, gedünsteter Geflügelleber und Pökelzunge

Creme von Straßburger Gänseleber

Rehrücken
umlegt mit gebratenen Lerchen, Salat und Dunstobst

Stangenspargel
dazu eine Butter-Eiersauce, mit Schlagsahne schaumig geschlagen

Cremig-gefrorenes mit Erdbeeren

Tausend-Blätter-Torte
Blätterteig 8-lagig, mit Marmelade oder Frangipancreme gefüllt, danach mit Fondant glaciert, die Seiten apricotiert und mit gerösteten Mandelsplittern bestreut

Süßspeisen

Obst

MENÜ VOM 1. JULI 1884

Krebssuppe

mit Weißbrotscheiben gebunden. Die Krebsschalen werden geschmort und geben den typischen Geschmack. Bei Hofe strich man gelegentlich das Krebsfleisch durch ein Sieb in den klaren Krebsfond (auf der Basis von Rinderbrühe), richtete auf dem Suppenteller breiig gekochten Reis an, goss die Krebsbrühe darüber und garnierte mit Spargel, Blumenkohlröschen, Selleriestücken, hartgekochten Eiern, Krebsklößchen und Champignonköpfen.
In der alten Küche bezog sich die Bezeichnung Bisque noch ausschließlich auf einen Mus, in dem Fall aus Krebsfleisch, das statt der Suppe aufgetragen wurde. In der Süßspeisenküche verstanden die Eisköche unter Bisque ein Rahmgefrorenes mit durchgestrichenen Früchten.

Beignets

Beignets sind Krapfen oder Schmalzgebackenes, können aber auch aus Gemüsen oder Fleisch hergestellt werden, was hier sicherlich zutrifft.

Steinbutt

Rehrücken

auf Reiche-Leute-Art, umlegt mit Champignonköpfen, Trüffelscheiben, Hühnerklößchen, gefüllten Oliven, Hahnenkämmen und brauner Trüffelsauce

Kleine Kalbfleischscheiben

aus der Nuss geschnitten und gut geklopft, werden in Butter gebraten. Wenn sie fertig sind, die Butter entfernen und braune Sauce daraufgeben, mit Zitronensaft verfeinern. Angerichtet wird in einer Schüssel, die mit geriebener Brotkrume bekrustet ist. Kleine grüne Erbsen nebenher.

Chaufroix

Hierbei handelt es sich um einen damals populären Irrtum. In der Regel ist es eine kalte Speise, die mit weißer Sulzsauce überzogen wird, in diesem Fall die Gänseleber. Richtig heißt es Chaud-froid. Chaufroix war ein berühmter französischer Koch, dem man zeitweise die Erfindung dieser Methode zuschrieb.

Chapons

sind Kapphühner, also kastrierte Masthähne, dazu Salat, und gedämpftes Tafelobst.

Stangenspargel

Timbale

Kasserollepastetchen auf Herzoginart: ausgerollter Mürbteig, durch zerlassene Butter gezogen, eine Kuppelform schneckenförmig damit ausgelegt und die Mitte der Form mit Aprikosenmarmelade und geschmorten Äpfeln gefüllt, Korinthen dazwischengestreut, Teigdeckel obenauf und gebacken

Käse

Gefrorenes

Dessert

Fest-Diner bei König Albert von Sachsen

6. Septembre 1889.

Consommé à l'impériale	Madère
Petites croustades	
Truites, sauce riche	Hochheimer
Aloyau à la portugaise	Château-Margaux
Suprême de veau	
Escalopes de foie gras à l'aspic	
Perdreaux, salade, compote	Grand crémant Impérial
Pommes au riz meringuées	
Fromage	
Glaces	
Dessert	Muscat Lunel

Gala-Diner bei König Albert von Sachsen, gegeben zu Ehren der Anwesenheit Kaiser Wilhelms II. in Dresden

MENÜ AM 6. 9. 1889
GALA-DINER ZU EHREN KAISER WILHELMS II.

Kraftbrühe auf kaiserliche Art
eine Geflügelkraftbrühe, leicht mit Tapioka gebunden
Einlage: Grüne Erbsen, Kerbel, Scheiben von Hahnenkämmen und Hahnennieren, kleine Geflügelklößchen

Kleine Krustenpastete
wahrscheinlich mit einem Ragout gefüllt

Gedünstete Forellen
mit einer hellen Sauce, zu der Austerwasser und Champignonfond benötigt werden, Trüffelessenz, mit Hummerbutter aufgeschlagen und mit Trüffelwürfeln garniert

Rinderrücken
umgeben von mit Kräutern gefüllten Tomaten, Tomatensauce – gebunden mit Glace – nebenher

Das Beste vom Kalb
geht nicht direkt hervor, liegt gewöhnlich in der Entscheidung des Küchenchefs, kann die Leber sein, aber auch das Filet, aber auch ein anderes schön zubereitetes Fleischstück. Überraschung

Talergroße Scheibchen von Gänseleber in Gelee

Junges gebratenes Rebhuhn, Salat und Dunstobst

Äpfel mit Reis in Schaumzucker

Käse, Gefrorenes und Süßspeise

Menu du 18. Décembre 1885.

Dîner

Huîtres.
Potage tortue à l'Anglaise.
Turbot sauce béarnaise.
Jambon au Bourgogne à la Duchesse.
Cotelettes de perdreaux à la Maréchal.
Homards à la Herrenhausen.
Selle de chevreuil rôtie.
Salade, Compote.
Asperges en branches sauce mousseline.
Plum-pouding à l'Anglaise.
Glaces pannachés.
Fromage, beurre.
Biscuits, fruits.

Gala-Diner des Herzogs Ernst von Sachsen-Altenburg, gegeben in Schloss Hummelshain

MENÜ AM 18. 12. 1885

Austern

Schildkrötensuppe

Steinbutt vom Rost mit Sauce Béarnaise
siehe Menü vom 24. 10. 1887

Gekochter Schinken in Burgunderwein

Rebhuhnbrust
mit Flügelknochen, garniert mit Spargelköpfen, grünen Erbsen, Madeirasauce und Trüffelscheiben

Hummer nach Art von Herrenhausen
einem Lustschloss des ehemaligen Königs Georg V. bei Hannover. Kaltes Hummerfleisch gemischt mit gehacktem Ei, Pfeffergurken, Kapern und Mayonnaise, auf Brotsockel, mit den Scheren angerichtet

Gebratener Rücken vom Rehbock

Salat und Dunstobst

Stangenspargel mit holländischer Sauce,
die mit Schlagsahne verfeinert wird

Plumpudding

Eierkuchen mit Gefrorenem

Käse, Butter

Biskuit und Früchte

7 Septembre 1889.

Consommé à la saxonne — Sherry
Beignets
Saumon du Rhin — Marcobrunner
Filet de boeuf à l'anglaise — Cos Labory
Perdreaux à la financière
Poulardes, salade, compote — Heidsieck-monopole
Brioche à la parisienne
Fromage
Glaces
Dessert — Cap Constantia

Parade-Diner bei S. M. dem König Albert in Dresden
aus Anlass der Kaisermanöver in Sachsen

MENÜ AM 7. SEPTEMBER 1889

Sächsische Rinderkraftbrühe

mit Streifen von Schinken und Zunge, kleingeschnittenem gekochtem Sauerkraut und gerösteten Weißbrotwürfeln als Einlage

Krapfen

auch Beignets genannt, sind in der Regel Fruchtstücke, die, durch den Backteig gezogen, in heißem Fett ausgebacken werden. Ebenso können auch Fleisch, Fisch und Gemüsestücke auf diese Art zubereitet werden. In der alten Küche wurde dick ausgerollter Reis oder Gries, zu Kugeln abgedreht, durch eine Art Backteig gezogen und in heißem Schmalz gebacken

Rheinlachs

Rinderfilet englische Art (à l'anglaise)

Das Filet muss so gebraten sein, dass es den Saft in sich behält, aber nicht mehr roh ist. Baumann gibt dazu in zerlassener Butter geschwenkte gekochte Kartoffel und etwas Sardellenbutter.

Rebhuhn nach Art des Finanzmannes oder – auf reiche Art

Mit Hahnenkämmen, Hahnennieren, blanchierten Oliven, Trüffelscheiben, ziselierten Champignonköpfen und Demiglace mit Trüffelessenz

Masthühner, Salat und Kompott

Pariser Brioches

Brioches sind kleine runde, mit viel Butter hergestellte Hefekuchen, verziert und mit einem ausgestochenen Teigstück als Haube obendrauf. Meist werden Brioches mit Rosinen oder Käse, aber auch mit jeder beliebigen geeigneten Füllung serviert. In Frankreich selbst versteht man unter Brioche ein birnenförmiges Frühstücksgebäck.

Käse

Gefrorenes

Dessert

Anhang

Sächsische Maße

Einheitliche Maße für Volumen, Massen und Strecken wurden in Sachsen erst am 17. August 1868, mit der Einführung der Maß- und Gewichtsordnung, gültig. Das heißt nicht, sie hätten nun überall Anwendung gefunden. 1872 fand in Sachsen die letzte eigene Münzprägung statt. Im Folgenden einige Maße aus den Bereichen, die mit Kulinaria in Verbindung stehen:

1 Fl. = 1 Florin = 1 Gulden
1 Neugroschen = 10 Pfennige (seit 1840)
1 Taler= 30 Neugroschen
1 Kufe (Biermaß) = 2 Fass = 758,52 Liter
1 Stübchen (Honig) = 5 Liter
1 Loth = 16 g ($16\frac{2}{3}$)
1 Metze (Mehl) = 3,125 Liter (noch bis 1936)
1 Mandel = 15 Stück
1 Großmandel = 16 Stück
1 Schock (Eier) = 60 Stück
1 Großschock= 64 Stück
1 sächsischer Zentner = 51,40 kg (bis 1936)
1 Pfund = 0,467 kg (ab 1900, 500 g)
1 Deka (wegen des böhmischen Einflusses) = 10 g
1 Dresdner Scheffel = 103 Liter
Lägel /Legel/Lögel = Holzfass mit ovalem Boden, hauptsächlich in Gebirgsgegenden, das in der Regel mehr breit als hoch ist und zwischen 40 und 70 Liter beinhalten kann. Als Bierfass in der Regel 45 Liter.
1 Leipziger Scheffel = 138 Liter
1 Eibenstocker Scheffel = 233 Liter

Bis Ende des 18. Jahrhunderts existierten in Sachsen 1.050 Scheffelmaße.
ab 1884 1 Scheffel = 50 Liter
1 Mäßchen = 1,662 Liter
1 Nösel = 0,487 Liter (Dresden)
= 0,602 Liter (Leipzig)
1 Quart = 2 Pfund = 1 kg
1 Kanne Bier = 0,94 Liter
1 Strunize = 30 Liter
1 Bierbranze = 350 Liter
1 Fuder = 1.000 Liter
1 Eymer = 60–70 Liter
1 Eimer = 29–29,4 Liter
1 Lachter = 7 Fuß = 1,9823 m
1 Freiberger Lachter = 1,9616 m
1 sächsische Hufe = 19,92 Ar
1 sächsische Elle = 0,57 m
1 Fuß (Sachsen) = zwischen 0,25 m und 0,31 m
1 Rute = 4,5 m
1 Postmeile = 9.060 m
1 Stunde = 4.530 m

Quellenverzeichnis

Alföldi/Rosenbaum: Das Kochbuch der Römer, München 1989

Allgemeines Haushaltungslexikon, darinnen enthalten was zur Gesundheit zu wissen nöthig, ferner ... verlegt bei Michael Blochberger, mit Königlich Pohlnischen und Churfürstlichen Sächsischen Allergnädigsten Privilegio, Leipzig 1751, Bd. III

Anthus, A.: Vorlesungen über die Kochkunst, Osnabrück 1881

Balzi, H.: Gastrosophie, Stuttgart 1931

Barczyk, M.: Essen und Trinken im Barock, Sigmaringen 1981

Baumann, J. F.: Der Dresdner Koch, Dresden 1844

Beutel, F. J.: Die moderne kalte Küche, Leipzig – Nordhausen ca. 1900

Bickelmann, G. C.: Lehrbuch der Koch- und Backkunst, Dresden 1861

Biehn, H.: Feste und Feiern im alten Europa, München o. J.

Bierbaum, O.: Conditorei Lexikon, Straßbourg 1898

Bierlinger, D.: Ein alemannisches Büchlein von guter Speis, München 1865

Blond, G. und G.: Der Mensch war immer schon genüsslich, Wien 1965

Bommer, S. und L.: Die Ernährung der Griechen und Römer, München 1943

Bursche, S.: Tafelzier des Barock, München 1974

Coler, J.: Calendarium, Wittenberg 1591

Creutz (Herausgeber): Magdeburgisches Kochbuch Bd. 1–3, Magdeburg 1797

Daehne, P.: Festschrift zum 50. Jubiläum der Sternburg Brauerei, Leipzig 1940 (Privatdruck)

Erler, G.: Leipziger Magisterschmäuse, Leipzig 1905

E.U.L.E.N. Spiegel: Wissenschaftlicher Informationsdienst des Europäischen Instituts für Lebensmittel- und Ernährungswissenschaft, Hochheim 16.11.1995

Fuchs/Hartmann: Gasthmahl der Völker, Stuttgart 1941

Gesner, C.: Vollkommenes Fischbuch, Frankfuhrt/M. 1670

Goldschmidt, P.: Das Weingesetz, Mainz 1930

Hartmann: Theorie und Praxis der Bäckerei, Berlin 1901

Helfrich/Dörner: Messer, Löffel, Gabel, Schwäbisch Hall 1957

Hilaire, J. v. St.: Die wahre Kochkunst, Pest ca. 1840

Horn, E.: Das altbayerische Küchenjahr, München 1974

dies.: Köstliches und Curiöses aus alten Kloster- und Pfarrküchen, Gütersloh 1983

dies.: Von Knötlein, Knödchen und Knödel, München 1976

dies.: Branntewein in Frauenhand, München 1977

Hussong, F.: Der Tisch der Jahrhunderte, Berlin 1937

Jacob, H. E.: Sage und Siegeszug des Kaffees, Berlin 1934

Jalowetz, E.: Pilsner Bier, Wien 1929

Johnson, H.: Weingeschichte, Bern/Stuttgart 1990

Klemm, G.: Allgemeine Culturwissenschaften Nahrung und Getränke, Leipzig 1855

Klett, A.: Neues Trenchier- und Plicatier Büchlein, Nürnberg 1677

König (Herausgeber): Das allerneuste Pariser Kochbuch, Straßburg 1752

Krünitz, J. G.: Oekonomische Enzyklopädie der Staats-, Stadt-, Haus- und Landwirtschaft Bd. 42, Brünn 1790

ders.: dto. Bd. 54

Lämmel, R.: Kulinarische Audienz am sächsischen Hof, Berlin 1991

Lämmel, R.: Der Geist der Kochkunst, Katalog zur Ausstellung „Kochbücher und Menükarten aus der Sammlung Lämmel" Schloss Weesenstein, 1999

Lehmann, E. A.: Großes Kochbuch, Dresden 1846

Lichtenfeld: Die Geschichte der Ernährung, Berlin 1913

Lindenheimer, A. A.: Das Kochbuch von Goethes Großmutter, Reprint Leipzig 1980

Löffler, F. L.: Neues Stuttgarter Kochbuch, Stuttgart 1921

Lößnitzer, E.: Deutsche Speisekarte, Berlin o.J.

Maaßen, C. G. v.: Weißheit des Essens, München 1928

Malortie, E. von: Das Menü Bd. 1+2, Hannover 1888

Marperger, J.: Vollständiges Küch- und Keller-Dictionarium, Hamburg 1716

Mercks, K.: Warenlexikon, Leipzig 1908

Montanari, M: Der Hunger und der Überfluss, München 1993

Mostar, K.: Die Kunst, Wilbret zu bereiten, München 1962

Moulin, L.: Augenlust und Tafelfreuden, Steinhagen 1989

Müller (Herausgeber): Das neuste und einfachste Kochbuch, Leipzig 1834
Müller/Frauenreuth: Wörterbuch der obersächsischen und erzgebirgischen Mundarten, Dresden 1914
Naegele, E.: Moderne Rezepte und Spezialgerichte, Hamburg ca. 1905
Neubauer, J.: Allerneuste Kochbuch, München 1774
Neues Dresdner Koch-, Back- und Wirtschaftsbuch, Leipzig 1805
Ost, H.: Kunst und Kochkunst, Neuenburg 1982
Payer, H. C. (Herausgeber): Gastfreundschaft, Tavernen und Gasthaus im Mittelalter, München/Wien 1983
Pernot, J.: Handlexikon der modernen Kochkunst, Nordhausen o. J.
Peters/Harnisch/Enders: Märkische Bauerntagebücher des 18. und 19. Jahrh., Weimar 1989
Petzold, E.: Die kleine Deutsche Köchin, Kirchberg i. S., ca. 1870
Pfeiffer: Vom sächsischen Weinbau, Dresden 1927
Pollmer/Fock/Gonder/Haug: Prost Mahlzeit, Köln 1994
Reichert, CH.: Land- und Gartenschatz, Bd. 1–5, Erfurt 1777
Reyniere, G. de la: Grundzüge des Gastronomischen Anstands, o. J.
Rohr, B. v.: Vollständiges Hauswirtschafts-Buch, Leipzig 1721/1751
Rontzier, F. de: Kunstbuch von mancherley Essen, Wolfenbüttel 1598
Rottenhöfer, J.: Neue vollständige theoretische und praktische Anweisung in der feinen Kochkunst, München 1877
Rumpolt, M.: Ein new Kochbuch, Mainz 1581 Leipzig 1976
Russwurm, A.V.: Das galante Europa, Stuttgart 1911, Geselligkeit, Stuttgart 1909, Elegantiae, Stuttgart, 1921
ders.: Kultur- und Sittengeschichte aller Zeiten, Bd. 13/14, o. J.
Schall, S.: Die Kunst, Kaffee zu trinken, München 1952
Scheichelbauer/Giblhauser: Gastronomisches Lexikon, Wien 1908
Schenk/Nauendorf: Lexikon der tropischen, sobtropischen und mediterranen Nahrungs- und Genussmittel, Herford 1966
Schiedlausky, G.: Essen und Trinken, München 1959
ders.: Tee, Kaffee, Schokolade, München 1961
Seebauer, L.: Neues Dresdner Bürgerliches Kochbuch, Dresden 1882
Seifert/Sametschek: Die Kochkunst in zwei Jahrtausenden, München o. J.
Stopp, Hugo (Hrsg.): Das Kochbuch der Sabina Welserin bei St. Anna in Augsburg 1553. Erste und einmalige Übersetzung und Bearbeitung, Heidelberg 1980
Strauß, Cl.L.: Mythologica – Das Rohe und das Gekochte, Frankfurt/M. 1971
Stutzenbacher, R.: Das Diner, Berlin 1895
Tannahill, R.: Kulturgeschichte des Essens, Wien/Berlin 1973
Tolksdorf, U.: Essen und Trinken in Ost- und West-Preußen, Marburg 1975
Tschiersch, E.: Neuestes Kochbuch, Hainichen um 1893
Vaerst, Eugen von, Gastrosphie, 2 Bände, München 1922
Verband der Köche: Das große Restaurationskochbuch, Frankfurt/M., 1905
Weber, P.: Gastronomische Bilder, Leipzig 1882
Wecker, A.: Ein köstliches new Kochbuch, Amberg 1597, Reprint 1977
Welser, Ph.: Kochbuch, Schloss Ambras, Nachdruck 1983
Wels, E.: Kochbuch der deutschen, französischen und englischen Küche, Dresden 1848
Wiegelmann, G.: Alltags- und Festtagsspeisen, Marburg 1967
Willan, A.: Great Cooks and Their Recipes, Maidenhead 1977
Wiswe, H: Kulturgeschichte der Kochkunst, München 1970
Ebnersche Buchhandlung: Ueber Schnecken, Krebse und Frösche, Ulm 1837
Rakebrand, Hilde: Meissner Tafelgeschirr des 18. Jahrhunderts, Darmstadt 1958
Rohr, J. B. von: Einleitung zur Ceremoniell-Wissenschaft, Berlin 1733
Zäch, R.: Die neuzeitliche Küche, Konstanz 1931
Zander, C.: Zanderfilets, Zürich 1992
Zinke: Allgemeines Oeconomisches Lexicon, Leipzig 1753

Handschriften von Absolventen der Dresdner Kochschule Wels, Große Plauesche Straße, von 1890–93
Handschriften von Absolventen der Fachschule der Köche-Innung zu Dresden – 1907
General-Consumtions-Accis = Ordnung seiner königlichen Majestät und churfürstlichen Durchlaucht Anno 1707, neu gedruckt Dresden 1791

Register der Rezepte

WILDGERICHTE

MEHL, SÜSS-SPEISEN, KUCHEN,

SONSTIGES

Inhaltsverzeichnis

Kochen wie zu Theodor Storms Zeiten

Antje Erdmann-Degenhardt,
Das Theodor-Storm-Kochbuch
Die Küchengeheimnisse
eines Dichters und seiner Landschaft

392 Seiten, zahlreiche zeitgenössische Illustrationen, gebunden

(ISBN 978-3-88042-677-1)

Auch gute Kenner der Novellen, Märchen und Gedichte Theodor Storms ahnen sicher nicht, dass dieser Dichter im alltäglichen Leben ein Feinschmecker war. Tatsächlich ging ihm eine harmonische Mittagstafel oder eine gehaltvolle Teestunde über alles. Auch sein Werk durchzieht gewissermaßen ein Duft von Roastbeef, Kalbsbraten, Karpfen, Räucherschinken mit und ohne Spargel, süßen Suppen, Grützen und – vor allem Kuchen, denn diesen aß Storm für sein Leben gern. Die sachkundige Autorin lüftet die Deckel der Kochtöpfe in den Stormschen Küchen in Husum, Segeberg, Potsdam, Heiligenstadt oder Hademarschen und bringt dabei erstaunlich viele Koch- und Backrezepte sowie Hinweise auf Schlachten, Entsaften oder Musbereiten zum Vorschein. Wer hätte da nicht Lust, das eine oder andere Rezept dieses liebevoll illustrierten Kochbuchs selbst einmal auszuprobieren?

Husum Verlag

Verlagsgruppe Husum
Postfach 1480
25804 Husum
www.verlagsgruppe.de